토플 NEW 보카

토플 NEW 보카

펴낸날 ｜ 2009년 1월 12일

펴낸이 ｜ 강 남 현

펴낸곳 ｜ 월드컴출판사

등록 ｜ 2000년 1월 17일

주소 ｜ 서울시 구로구 구로동 222-8 코오롱디지탈타워 빌란트 Ⅱ 1005호

전화 ｜ 02)3273-4300(대표)

팩스 ｜ 02)3273-4303

홈페이지 ｜ www.wcbooks.co.kr

이메일 ｜ wc4300@yahoo.co.kr

빈출도 높은 필수 어휘, 유의어까지 한번에 끝내자!

TOEFL VOCA

토플 NEW 보카

NEW

난이도

빈도순

품사별

유의어

MP3

들어가는 말

　최근 대입이나 기업 채용 시에 반영되는 TOEFL 점수의 비중이 확대되면서 고득점을 받기 위한 '토플러'들의 관심과 노력이 더욱 커지고 있다. 그런데 현재 iBT에서는 독해 부분의 지문이 길어져서 정확히 빨리 읽는 능력이 한층 더 중요해졌다. 독해 능력을 키우기 위해서는 기본적으로 문법을 숙지하고 있어야 하며 독서량을 늘려 배경지식을 증강시켜야 하는데, 이러한 수고가 성과를 거두는 데 전제가 되는 것이 바로 어휘력이다. 특히 TOEFL 독해 부분의 여러 가지 문제 유형 중에서 동의어를 찾거나, 주어진 내용을 paraphrasing하는 것, 또 유추할 수 있는 내용을 고르는 것 등은 어휘 능력에 대한 직접적인 평가라 할 수 있다. 게다가 이런 문제들이 한 지문 아래 나오기도 할 정도로 어휘 능력의 비중은 크다.

　어휘를 보강하기 위한 가장 이상적인 방법은 영자신문이나 주간지, CNN, AFN 등의 뉴스, 또는 교양 다큐멘터리 등을 통해 단어와 정보를 수집하여 자신만의 영단어 데이터베이스를 구축하는 것이나, 여건상 시간을 할애할 수 없는 사람들에게는 단어장 활용이 가장 현실적이고 효율적인 대안이다. 그러면 어떤 단어장을 선택할 것인가가 문제로 남는데, 이때에는 자신의 학습목표와 수준을 정확히 알아야 한다. 무조건 많은 단어가 든 것이나 단어 선정에 아무런 기준이 없는 어휘집은 TOEFL을 준비하는 사람들에게 도움이 안 되기 때문이다.

　단기간에 실력을 쌓으려면 TOEFL에 자주 등장한 단어의 적정량을 선별, 효과적으로 익힐 수 있도록 만든 책을 선택해야 한다. 이를 위해 월드컴 편집부는 『NEW토플보카』를 펴냈다. 『NEW토플보카』는 학습 효율성의 증강을 위해 TOEFL 빈출도가 높은 단어를 표제단어로 뽑고, 그 유의어들을 빈출도 순으로 배치했다. 또한 TOEFL 기초 어휘부터 고급 어휘까지 고루 수록하였고, 난이도를 표시하여 초보부터 고득점자까지 활용할 수 있도록 구성하였다. 그럼 여러분 모두 『NEW토플보카』를 통해 목표 점수에 한 걸음 더 다가갈 수 있기를 기원한다.

월드컴 단행본 편집부 일동

이 책의 특징

단기간에 성적을 올리는 방법 – 나누고 묶어서 효과적으로 !

첫째! 세 섹션으로 나눴다.

어휘 학습이란 결국 공부한 단어를 어떻게 최대한 오래 머릿속에 넣어두느냐가 관건. 하지만 어휘를 공부할 때 여러 가지 품사를 한 번에 외우다 보면 아무래도 기억하기가 쉽지 않다. 그래서 『NEW토플보카』는 Adjectives, Nouns, Verbs의 세 섹션으로 구성되었다. 동사와 명사는 문장을 구성하는 데 필수적이며 형용사는 의미 파악에 중요한 단서를 주기 때문에 어휘력뿐만 아니라 독해력의 기초가 된다. 『NEW토플보카』는 전체 표제단어 332개를 형용사 112개, 명사 120개, 동사 100개로 외우기 쉽게 품사별로 묶어, 최소한의 시간을 투자하여 최장기간 어휘를 자기 것으로 활용할 수 있도록 했다.

활용법 ➡ 급한 섹션부터 먼저 공부하자!

약한 품사를 우선적으로 보강한다. 자신이 없는 부분부터 머릿속에 채워 넣고 일단 자신감을 충전하자.

둘째!! 표제단어와 유의어들을 묶었다.

각 단어의 유의어를 일일이 사전을 뒤져가며 단어를 외우기란 시간도 걸리고 쉽지도 않은 일. 하지만 어휘력 다지기는 TOEFL 준비의 기본이 되는 공부이기에 『NEW토플보카』는 유의어들을 함께 묶어 실었다. 먼저 여러 단어들에 대한 공통적 개념을 설명하여 기초적, 중심적 어의를 파악할 수 있도록 하였으며, 동시에 각 단어에 대한 엄선된 예문을 들어 이해를 도왔다. 특히 예문에서는 각 단어가 갖는 미세한 의미의 차이도 함께 습득할 수 있도록 대표적 뜻을 표기하여, 독해나 작문을 할 때 어의를 기계적으로 적용시키는 것을 방지하고 낱말을 좀 더 능동적으로 사용할 수 있도록 했다.

활용법 ➡ 각각의 쓰임새를 비교하여 직접 활용하자!

예문을 통해 각 단어의 차이를 익히고 그 단어를 사용하여 짧은 작문을 해 본다. 야금야금 WRITING 공부도 함께 해결하자.

셋째!!! 빈출도 순으로 배치했다.

시험 준비에서 가장 중요한 것은 효율성. 이는 곧 자신이 치르고자 하는 시험에 도움이 되는 책을 선택하여 목적에 맞게 공부해야 한다는 말이다. 많은 어휘집들이 단어 수의 규모를 자랑하지만, 지나치게 방대한 단어들은 수험생들에게 부담만 가중시킨다. 이러한 판단에서 『NEW토플보카』는 양적인 수록보다는 필수 TOEFL 어휘의 집약에 집중했다. 여기에서 표제단어로 꼽힌 총 332개 어휘는 모두 높은 TOEFL 빈출도를 보이며, 그 아래 묶여 있는 4~7개의 유의어들 중에서도 가장 높은 빈출도를 기록한 것이다. 그 외 우선순위를 두어야 할 단어를 쉽게 알 수 있도록 유의어들도 모두 TOEFL에 등장하는 빈출도순으로 배치하였다.

활용법 ➧ ◖ 빈출도 순으로 파악하여 실전에 대비하자! ◗

단어 공부도 전략적으로 해야 한다. TOEFL에 자주 등장하는 단어부터 익혀서 공부한 것은 금방 써먹을 수 있도록 하자.

넷째!!!! MP3 파일로 빠른 암기가 가능하다.

눈으로만 봐서는 금방 잊는 법. 그래서 『NEW토플보카』는 원어민 발음으로 녹음한 MP3 파일을 제공한다. 이로써 기출 단어를 효과적으로 암기할 수 있으며, 단어의 정확한 발음까지 익히게 된다. 또한 실전 능력을 키워주는 TOEFL용 예문을 듣고 청취 실력까지 함께 키우는 생동감 있는 학습을 할 수 있다.

활용법 ➧ ◖ 듣고 귀를 열고, 읽고 입을 열자! ◗

MP3 파일로 귀를 열어주는 원어민 발음을 익힌다. 한국인이 취약한 LISTENING과 SPEAKING도 성적 UP!

이 책의 구성

A.본문

● 번호 내가 공부하는 표제단어가
몇 번째인지 알려준다.

● 단어와 의미
표제단어와 유의어들을 포
괄하는 개념을 알려준다.

체크박스 ●
확실히 외운 단어를
표시한다.

난이도 ●
단어의 쉽고 어려운
수준을 알 수 있다.
TOEFL 빈출도 다음
으로 활용한다.

● 예문
단어 사용의 이해를 높이
고, 각 단어 간의 의미차
를 파악한다.

단어의 배열 ●
우선순위를 쉽게 파악할
수 있도록 TOEFL 빈출
도가 높은 단어순으로 배
치하였다.

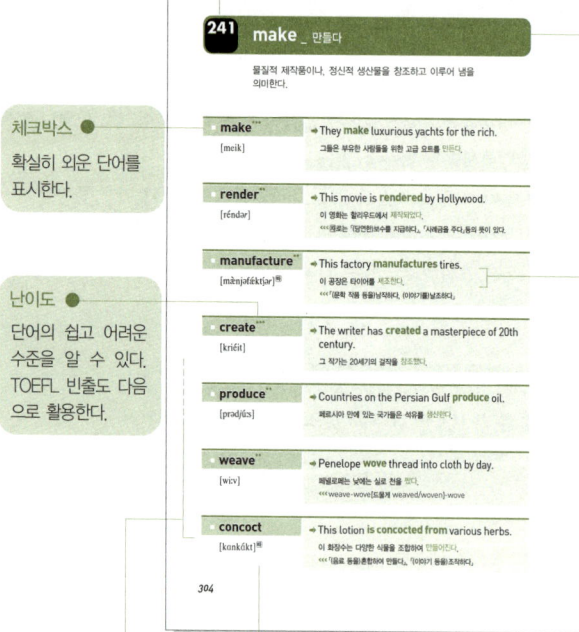

241 make_ 만들다

물질적 제작물이나, 정신적 생산물을 창조하고 이루어 냄을
의미한다.

make*** ➡ They make luxurious yachts for the rich.
[meik] 그들은 부유한 사람들을 위한 고급 요트를 만든다.

render** ➡ This movie is rendered by Hollywood.
[réndər] 이 영화는 할리우드에서 제작된다.
***렌더는 '(당연한)보수를 지급하다', 「서비스를 주다」등의 뜻이 있다.

manufacture** ➡ This factory manufactures tires.
[mæ̀njəfǽktʃər]타 이 공장은 타이어를 제조한다.
***「(공학 작용 등을)낳다(하다), (이야기를)날조하다」

create*** ➡ The writer has created a masterpiece of 20th
[kriéit] century.
그 작가는 20세기의 걸작을 창조했다.

produce** ➡ Countries on the Persian Gulf produce oil.
[prədjúːs] 페르시아 만에 있는 국가들은 석유를 생산한다.

weave** ➡ Penelope wove thread into cloth by day.
[wiːv] 페넬로페는 낮에는 실로 천을 짰다.
***weave-wove[도물적 weaved/woven]-wove

concoct ➡ This lotion is concocted from various herbs.
[kankákt]타 이 화장수는 다양한 식물을 조합하여 만들어진다.
***「(음료 등을)혼합하여 만들다, (이야기 등을)조작하다」

304

자동사와 타동사
Verb 섹션에서 아무 표시가 없는 단어는 자동사와 타동사 모두 가능한
것이다. 그 외에는 [자]와 [타]의 표시로 자동사로만 쓰이는 동사와 타동사
로만 쓰이는 동사를 구분하였다.

● 보충 설명 Adjectives 섹션에서는 한정적, 서술적 용법에 따라 Ⓐ, Ⓟ를 표기하였고, 그 외에는 자주 사용되는
의미나 관련 숙어, 용례를 표기하였다.

- 단어와 자주 같이 사용되는 전치사도 묶어서 하이라이트 표시했다.

  ex ➡ susceptible

    Stock market is **susceptible** to the rate of exchange and interest rates.

    주식시장은 환율과 금리에 민감하다.

- Nouns 섹션에서 종종 복수형으로 사용되는 명사는 (s)를 붙여 표기했고, 복수형으로 사용 했을 때 의미가 달라지는 명사는 **-s**로 표기했다.

- 보충설명에서 (괄호)가 「겹낫표」안에 있을 때에는 괄호 안의 내용이 겹낫표 안으로 한정되 며, 밖에 있을 때에는 뒤에 나오는 여러 가지 뜻에 걸쳐 적용된다.

  ex ➡ layman*

    Please translate that into **layman**'s term.

    문외한이 알아듣게 말해 주시오.

    「(성직자에 대한) 평신도」, 「속인」

  ex ➡ talent**

    The master found a boy who had a great **talent for** music.

    그 거장은 음악에 대한 대단한 재능이 있는 소년을 발굴했다.

    (타고난)「재주」, 「재능」

B. Self Test

표제단어 10개가 끝날 때마다 확실히 익혔는지 점검하기 위한 Self Test가 나온다. 16개의 문항은 모두 밑줄 친 단어의 의미를 찾거나 유의어를 찾는 문제이다. 페이지 하단에 정답 이 수록되어 그때그때 확인하여 자기 실력을 체크할 수 있다.

C. Take a Break

Adjectives, Nouns, Verbs의 각 섹션이 끝나는 곳에는 쉬어가는 코너를 실었다. 잠시 머 리를 식히면서 사진 속 풍경에 나오는 법률, 의료, 과학에 관련한 어휘들을 접해 보자.

TOEFL이란?

TOEFL은 비영어권 지원자를 대상으로 하는 영어 능력 시험으로 미국 비영리 교육 평가기관 EST(Educational Test Service)에서 주관하며, 180여 개에 이르는 국가에서 실시되고 있다. 우리나라에서는 한미교육위원단이 시행을 맡고 있는데, 2007년부터 등록업무를 프로메트릭 콜센터로 이관했다. TOEFL 성적은 전 세계 136개국 6000여개의 대학에서 인정하고, 정부기관이나 많은 기업체들이 채용과 인사에 반영할 만큼 중요성이 크다. 현재 iBT는 SPEAKING과 WRITING 부분에서 3개월 이내 한 번에 한하여 재채점 요구가 가능하다. 성적은 2년 동안 유효하며, 온라인이나 팩스, 우편 등으로 추가 성적표를 신청할 수 있다.

A. iBT 실전 전략

● READING
  iBT에서는 지문 요약과 paraphrasing 하기가 추가됐고 심도 있는 전문용어도 등장하기 때문에, 평소 글을 많이 읽고 주제를 파악하고 내용을 요약하는 연습을 해야 한다.

● LISTENING
  CBT나 PBT에 비해 시험시간이 상당히 늘어났고, 시험의 난이도도 높아졌다. 대화나 강의도 현장감 있게 연출된다. 강의가 나오는 문제에서는 각 단락의 요지를 정확히 파악하기 위해 빨리 노트 테이킹하는 습관을 들여야 한다.

● SPEAKING
  질문 후에는 약 15초의 시간이 주어지는데, 이때 자신의 논점을 정해야 한다. 유창한 발음보다는 논리성과 문법이 평가 기준이 되므로, 조리 있게 자신의 생각을 말하는 연습을 해야 한다.

● WRITING
  역시 자신의 의견을 논리적으로 펼치는 것이 중요하므로, 평소 다양한 배경지식을 쌓아야 한다. 타이핑만 허용되기 때문에 타자 연습을 해 놓는 것은 기본이다. 작문 시작 전에 논지의 방향을 잡아 개요를 작성하고, 시험이 끝나기 전에는 교정을 하여 오류를 점검한다.

B. iBT 평가 영역

영 역	내 용	소요 시간(분)	문제수	점수 범위	비 고
READING	약 700단어 정도로 이루어진 지문 3~5개가 나오며 각 지문마다 12~14문제가 출제된다.	60~100	36~70	0~30	Main Topic 선택 문제 없음
LISTENING	3~5분 길이의 강의를 듣고 답하는 형식이 4~6개이며, 각각 6개의 문제가 딸려 있다. 일부 지문은 토론을 포함한다. 3분 길이의 대화 2~3개가 나오며, 각 지문당 5문제씩 출제된다.	60~90	34~51	0~30	영국, 호주식 액센트 등장 가능
BREAK	—	10	—	—	—
SPEAKING	어떤 주제에 대한 자신의 의견을 말하는 문제가 2개, 지문을 읽고, 듣고 말하는 문제가 각각 2개씩이다.	20	6	0~30	답변시간 약 45-60초
WRITING	어떤 주제에 대해 읽고 듣고 요약하는 문제가 1개, 주어진 주제에 대해 작문을 하는 문제가 1개로, 총 2개로 구성된다.	50	2	0~30	Handwriting 불가

Contents

Introduction

Section 1

Section 2

Section 3

TOEFL VOCA NEW

★ ★

Section **1**

Adjectives

001 perpetual _ 영원한

시간이 길고 오래 지속됨과 어떤 일이 끝임없이 계속됨을 나타낸다.

---

perpetual··
[pərpétʃuəl]

→ The escapee lived in **perpetual** fear of being caught.

그 도망자는 잡힐 지도 모른다는 영원한 두려움 속에서 살았다.

---

permanent··
[pə́:rmənənt]

→ They're trying to establish **permanent** peace between them.

그들은 서로 간에 영구적인 평화를 정착시키기 위해 노력 중이다.

---

incessant··
[insésnt]

→ The **incessant** noise of whistles kept us awake all night.

끊임없는 호루라기 소리 때문에 밤새 잠을 못 잤다.

---

continuous··
[kəntínjuəs]

→ We had a whole month of **continuous** rain.

한 달 내내 그칠 줄 모르는 비가 내렸다.
<<< 【수학】「(함수가) 연속의」, 【문법】「진행형의」

---

constant··
[kánstənt]

→ Double agents usually live in a state of **constant** anxiety.

이중첩자들은 보통 지속적인 불안 속에서 산다.

---

eternal··
[itə́:rnəl]

→ There was an **eternal** argument about which view is better.

어느 견해가 더 나은지에 대한 끝없는 논쟁이 있었다.

---

unending
[ʌnéndiŋ]

→ The **unending** high-pitched noise is very annoying.

그 끊임없는 새된 소음은 매우 성가시다.

short-lived _ 일시적인

시간이 순간적이고 연속적이지 않으며, 지속적이지 못하고 순식간에 사라짐을 뜻한다.

---

short-lived

[ʃɔ́ːrtlívd]

➡ The word invented by the news reporter was **short-lived**.

그 뉴스 기자의 신조어는 일시적인 사용에 그쳤다.

---

temporary[*]

[témpərèri]

➡ Government put a **temporary** ban on some imported goods.

정부는 일부 수입품에 임시적인 금지 조치를 내렸다.

---

momentary[**]

[móuməntèri]

➡ Love is sometimes a **momentary** pleasure.

사랑이란 때론 순간적인 즐거움일 뿐이다.

<<< 「시시각각의」의 의미일 때는 Ⓐ로 사용된다.

---

fleeting[*]

[flíːtiŋ]

➡ She won't stop here for a **fleeting** comfort.

그녀는 잠깐 동안의 안락함을 위해서 여기서 멈추지 않을 것이다.

<<< Ⓐ【문어】

---

transient[*]

[trǽnʃənt]

➡ I thought this happiness was **transient** when it started to rain.

비가 내리기 시작하자 나는 이 행복도 덧없는 것임을 깨달았다.

---

transitory

[trǽnsətɔ̀ːri]

➡ It is a **transitory** problem and need not be dealt with.

그것은 일시적인 문제이고 처리할 필요가 없다.

condensed _ 간결한

글의 내용과 문장이 간단하고 깔끔함을 뜻하며 시간이 짧음을
나타내기도 한다.

condensed*
[kəndénst]

→ The briefing was very **condensed**.

그 브리핑은 매우 간결했다.

<<< 「응축된」, 「요약한」

succinct
[səksíŋkt]

→ The jury prefers **succinct** stories to lengthy ones.

배심원단은 장황한 이야기보다 간명한 이야기를 선호한다.

brief°°
[bri:f]

→ The essay is **brief** but full of meaning.

그 에세이는 간단하지만, 많은 의미를 담고 있다.

concise*
[kənsáis]

→ A **concise** treatment of this subject is needed.

이 주제에 대해 간결한 표현이 필요하다.

terse
[tə:rs]

→ Explain the question in four **terse** sentences.

그 질문에 대해 4개의 짧은 문장으로 설명하라.

<<< 「통명스러운」, 「쌀쌀한」

laconic
[ləkánik]

→ **Laconic** replies are likely to sound rude.

간명한 대답이 무례하게 들릴 수가 있다.

<<< 「말 수가 적은」

004 splendid _ 화려한

규모가 웅장하며 장엄하고 외관이 휘황찬란함을 뜻한다.

splendid··
[spléndid]

→ I gaped at a **splendid** procession of decorated elephants.

멋지게 치장한 화려한 코끼리 행렬에 입이 딱 벌어졌다.

magnificent··
[mægnífəsənt]

→ They admired the **magnificent** palace which belongs to the king.

그들은 왕이 소유한 장엄한 궁전에 감탄했다.

grand··
[grænd]

→ You can enjoy **grand** mountain scenery in Sweden.

스웨덴에서 웅대한 산의 절경을 만끽할 수 있다.

imposing·
[impóuziŋ]

→ It is one of the most **imposing** cathedrals I have ever seen.

그것은 지금까지 본 것 중 가장 웅장한 성당 가운데 하나다.

majestic··
[mədʒéstik]

→ His mansion is located at the foot of the **majestic** mountains.

그의 저택은 그 장중한 산맥 발치에 위치해 있다.

august·
[ɔːgʌ́st]

→ He felt intimated by the **august** surroundings.

그는 위엄이 느껴지는 주변 환경에 주눅 들었다.

005 vast _ 큰

「거대한」, 「광대한」 또는 「상당한」 등의 의미를 지닌다.

---

vast··
[væst]

→ The children inherited a **vast** fortune from their grandfather.

그 아이들은 조부에게서 큰 재산을 상속받았다.

---

massive··
[mǽsiv]

→ We noticed a **massive** stone sphinx at the entrance of the pyramids.

피라미드 입구에서 우리는 거대한 스핑크스 석상을 보았다.

---

enormous··
[inɔ́ːrməs]

→ She exercised **enormous** influence on children's literature.

그녀는 아동 문학에 상당한 영향력을 행사했다.

---

colossal·
[kəlásəl]

→ The statue is too **colossal** to catch it on one picture.

사진 한 장에 담기엔 그 동상이 너무 거대하다.

---

big···
[big]

→ People sometimes refer to the city of New York as the **Big** Apple.

뉴욕 시는 때론 '큰 사과' 라고도 불린다.

---

prodigious·
[prədídʒəs]

→ They said a **prodigious** storm broke out during the night.

밤사이 거대한 폭풍이 몰아쳤다고 한다.

minute _ 미세한

「미소한」, 「사소한」, 「하찮은」 등의 의미로 쓰인다.

---

minute***
[mínit]

→ Living things consist of **minute** structures called cells.

생물은 세포라고 불리는 미세한 조직으로 이루어져있다.

---

small***
[smɔ:l]

→ This bicycle is **small** for him to ride.

이 자전거는 그가 타기에 작다.

---

diminutive*
[dimínjətiv]

→ Jimmy is a **diminutive** boy, but a strong one.

지미는 자그마한 소년이지만, 힘은 세다.

<<< 【문법】「지소(指小)의」

---

trivial**
[tríviəl]

→ Your composition has only a few **trivial** mistakes.

너의 글에는 사소한 실수가 몇 개정도 있을 뿐이다.

---

insignificant**
[ìnsignífikənt]

→ Considering all the efforts we made, the results were **insignificant**.

우리가 들인 노력을 고려했을 때, 그 결과는 하찮은 것에 불과하다.

---

infinitesimal
[infinitésəməl]

→ The change is so **infinitesimal** that you can not tell.

변화가 너무 미세한 것이어서 구분하기 힘들다.

007 hot _ 뜨거운

「더운」, 「따뜻한」 등의 뜻으로, 온도가 아주 높거나 비교적 높음을
나타낸다.

---

hot*
[hɑt]

→ The child always carries a thermos of **hot** water.

그 아이는 항상 뜨거운 물이 든 보온병을 들고 다닌다.

---

warm*
[wɔːrm]

→ The engine was still somewhat **warm** from running.

엔진 가동으로 엔진은 아직도 다소 뜨거웠다.

---

stifling
[stáiflɪŋ]

→ The air in this room is thin and **stifling**.

이 방 공기는 희박하고 숨이 막힐 듯하다.
<<< 「(예절 등이)딱딱한」

---

sultry*
[sʌ́ltri]

→ **Sultry** July weather has increased demands for air conditioners.

찌는 듯이 무더운 7월 더위로 인해 에어컨 수요가 증가했다.

---

boiling*
[bɔ́ilɪŋ]

→ This **boiling** hot summer is literally physical torture to me.

이 푹푹 찌는 뜨거운 여름은 말 그대로 내게 고문이나 다름없다.

---

scorching
[skɔ́ːrʧɪŋ]

→ He bathes in a waterfall to beat the **scorching** heat.

그는 타는 듯한 열기를 이겨내기 위해 폭포를 맞으며 목욕한다.

008 cold _ 차가운

「추운」, 「식은」 등의 뜻으로, 온도가 매우 낮거나 비교적 낮음을
나타낸다.

cold*** [kould]	➡ You should eat before your food gets **cold**. 음식이 차가워지기 전에 먹어야 한다.
arctic** [ά:rktik]	➡ They nearly froze to death in an **arctic** winter. 그들은 극한의 겨울 날씨에 거의 얼어 죽을 뻔 했다. <<< 「북극의」, 「(태도 등이)냉랭한」
chilly** [tʃíli]	➡ We turned up the heater to warm our **chilly** hands. 우리는 차가운 손을 녹이기 위해 히터를 켰다.
frigid* [frídʒid]	➡ Alaska has a **frigid** climate. 알래스카는 혹한의 기후이다. <<< 「냉랭한」, 「형식적인」
freezing* [fríːziŋ]	➡ It is wise to stay home when it is **freezing** out there. 바깥 날씨가 매우 추운 시기에는 집에 있는 것이 현명한 선택이다.
bleak* [bliːk]	➡ No 'sensible' person would leave the warm house with a **bleak** wind blowing. '분별' 없는 사람이나 한랭한 바람이 불 때 따뜻한 집 밖으로 나설 것이다.

009　fat _ 살찐

사람이나 동물의 체내에 지방이 많이 함유되어 있음을 뜻한다.

fat***
[fæt]

→ Lean dogs live longer active lives than **fat** dogs.

날씬한 개가 살찐 개보다 활동적으로 더 오래 산다.

plump**
[plʌmp]

→ I asked her to show me the gown that suits my **plump** body shape.

나는 그녀에게 내 통통한 몸매에 맞는 가운을 보여 달라고 부탁했다.

stout**
[staut]

→ He has grown too **stout** to fit into his Taekwondo costume.

그는 너무 뚱뚱해져서 태권도 옷이 맞질 않는다.

chubby
[tʃʌ́bi]

→ Is a **chubby** baby a healthy baby?

오동통한 아기가 건강한 아기인가?

obese
[oubíːs]

→ If you are considered seriously **obese**, you must consult the right medical advice.

고도 비만인 것으로 판단되면, 의사의 올바른 진찰을 받아봐야 한다.

corpulent
[kɔ́ːrpjələnt]

→ The boy described him as 'a **corpulent** man.'

그 소년은 그를 '뚱뚱한 남자'로 묘사했다.

<<< 「(병적으로) 비만인」

010 slight _ 마른

사람이나 동물 체내의 지방함유가 적고, 물체가 가늘거나, 좁고
작음을 뜻한다.

slight[slait]

→ Tara is a **slight** girl with plastic frame glasses.

타라는 플라스틱 테 안경을 쓰는 몸이 마른 소녀이다.

<<< 「사소한」의 의미로도 자주 쓰인다.

thin[θin]

→ The **thin** boy is climbing the tree like a monkey.

몸이 여윈 소년이 원숭이처럼 나무를 기어오르고 있다.

slender[sléndər]

→ The gar is a fish with a long, **slender** body and scales as hard as flint.

동갈치는 몸통이 길고 가늘며, 비늘이 돌처럼 매우 단단하다.

lean[li:n]

→ His stepfather is a tall, **lean** man with a heart of stone.

그의 양아버지는 큰 키에 깡마른 체구이며, 매우 매정한 사람이다.

slim[slim]

→ Owen was **slim**, being six feet tall and weighing only 130 pounds.

오웬은 180cm가 넘는 키에, 몸무게 60kg 정도로 호리호리하다.

A. Choose the synonym for the underlined word in the sentence.

1 The <u>perpetual</u> motion of the earth as it turns on its axis creates the change of seasons.
   - Ⓐ ancient
   - Ⓑ rhythmic
   - Ⓒ leisurely
   - Ⓓ constant

2 She felt sad for a while, but fortunately, the feeling was <u>transitory</u>.
   - Ⓐ shiftless
   - Ⓑ momentary
   - Ⓒ transcendent
   - Ⓓ descendant

3 Mary Mapes Dodge exercised <u>enormous</u> influence on children's literature in the late nineteenth century.
   - Ⓐ personal
   - Ⓑ exclusive
   - Ⓒ stylistic
   - Ⓓ vast

4 The coroner was able to extract an <u>infinitesimal</u> particle of cloth from under the victim's fingernail.
   - Ⓐ large
   - Ⓑ minute
   - Ⓒ short
   - Ⓓ significant

5 The weather report says this week will be very <u>stifling</u>.
   - Ⓐ hot
   - Ⓑ warm
   - Ⓒ cold
   - Ⓓ cool

6 John's doctor said he was <u>corpulent</u> and had to take immediate measures to correct the problem.
   - Ⓐ anemic
   - Ⓑ tired
   - Ⓒ obese
   - Ⓓ petulant

B. Draw a line between a word and the matching meaning.

7	terse	Ⓐ	따뜻한
8	majestic	Ⓑ	추운
		Ⓒ	간결한
9	frigid	Ⓓ	가느다란
10	chubby	Ⓔ	장중한
11	slender	Ⓕ	통통한

C. Choose the most appropriate word in accordance with the context.

Wild animals usually keep themselves 12. _____
because redundancy in nutrition is actually not allowed in
nature. However, when they are getting prepared for the
13. _____ winter, some of them get a little
14. _____ and their metabolism tends to store fat at
this time. When winter comes, these animals go into
hibernation which is not 15. _____ , just a[an]
16. _____ dormancy for the period.

Ⓐ permanent	Ⓑ succinct	Ⓒ freezing
Ⓓ stout	Ⓔ thin	Ⓕ temporary

disorderly _ 무질서한

질서가 없고, 조직이 없고, 조리가 없는 혼란스러운 상황을 뜻한다.

disorderly
[disɔ́:rdərli]

→ The new teacher was appalled by the **disorderly** condition of the classroom.

새로 부임한 선생님은 무질서한 교실을 보고 기겁했다.

chaotic
[keiátik]

→ The teacher was absent so the class became **chaotic**.

선생님이 결근하셔서 교실은 혼돈의 장이 되었다.

disorganized
[disɔ́:rgənàiz]

→ Sam's office is always **disorganized with** books and files.

샘의 사무실은 항상 책과 파일들로 엉망이다.

confused
[kənfjú:zd]

→ John's room was a **confused** mess of clothes, books and toys.

존의 방은 옷과 책, 장난감이 뒤섞인 혼잡한 난장판이었다.

muddled
[mʌ́dl]

→ He opened a drawer **muddled with** pens and newspapers.

그는 펜과 신문지가 뒤죽박죽된 서랍을 열었다.

012 random _ 임의의

되는 대로 일을 하거나, 이성에 맞지 않게 옳고 그름을 가리지
않으며 일을 함을 뜻한다.

---

random**
[rǽndəm]

➡ In Lotto, winners are determined by a **random** selection of numbers.

로또는 임의의 추첨을 통해 당첨자가 결정된다.

---

irregular**
[irégjələr]

➡ An **irregular** eating habit has hurt her stomach.

그녀는 불규칙한 식습관으로 위장을 버렸다.

<<< 「변칙적인」, 「정규가 아닌」

---

unsystematic
[ʌnsistəmǽtik]

➡ The corporation couldn't overlook his **unsystematic** management.

조직은 그의 비체계적인 운영을 눈감아 줄 수 없었다.

---

arbitrary*
[áːrbitrèri]

➡ Efforts should be made to prevent **arbitrary** decision-making by an individual.

한 사람에 의한 자의적 의사 결정을 막기 위한 노력이 이루어져야 한다.

---

indiscriminate
[ìndiskrímənit]

➡ **Indiscriminate** slaughter of animals for pelts has happened here.

털가죽을 얻기 위한 무차별적 동물 학살이 이곳에서 자행되고 있다.

---

haphazard
[hǽphæ̀zərd]

➡ There was little chance that the **haphazard** plan would manage to succeed.

되는 대로 짠 그 계획이 성공할 가능성은 매우 희박했다.

---

unplanned
[ʌnplǽnd]

➡ The outcome was the result of a series of **unplanned** decisions.

그것은 일련의 무계획적인 결정이 낳은 결과였다.

adjacent _ 근처의

「가까운」, 「인근의」, 「인접한」, 「부근의」라는 뜻으로, 공간적인
거리가 가까움을 나타낸다.

adjacent*
[ədʒéisənt]

→ The old house **adjacent to** ours has just been sold.

우리 집 근처의 오래된 집이 막 팔렸다.

immediate**
[imíːdiit]

→ They are to congregate in the **immediate** future.

그들은 가까운 장래에 다시 모이게 되어 있다.

close***
[klouz]

→ There is a bus stop **close to** the school.

그 학교 가까운 곳에 버스 정류장이 있다.

neighboring**
[néibəriŋ]

→ **Neighboring** states often sign trade agreements with one another.

이웃한 국가들끼리 종종 무역협정에 서명하기도 한다.

adjoining**
[ədʒɔ́iniŋ]

→ The wealthy old couple purchased the two **adjoining** houses.

그 부유한 노부부는 인접한 집 2채를 구매했다.

near***
[niər]

→ We are supposed to meet again in the **near** future.

우리는 가까운 미래에 다시 만나기로 되어 있다.

014 remote _ 먼 곳의

「먼」, 「멀리 떨어진」 등을 나타내며, 공간적인 거리가 멀다는 것을
뜻한다.

---

remote""
[rimóut]

➡ This **remote** village is so out of the way that
mail comes only once a week.

이 먼 곳의 마을은 너무 외져서, 우편물이 한 달에 단 한번 배달된다.

---

secluded
[siklú:did]

➡ The traitor will be sent to a **secluded** place.

그 반역자는 인가와 멀리 떨어진 곳으로 보내질 것이다.
<<< 「격리된」, 「은퇴한」

---

far"""
[fɑːr]

➡ The stranger seems to have come from a **far**
country.

그 낯선 사람은 먼 나라에서 온 것 같다.

---

distant"""
[dístənt]

➡ John is one of my **distant** relatives.

존은 나의 먼 친척 가운데 한 사람이다.
<<< 「(혈연이)먼」의 의미일 때는 Ⓐ로만 사용한다.

---

faraway"
[fɑ́ːrəwei]

➡ The man lived in a **faraway** town.

그 남자는 멀리 떨어진 마을에서 살았다.
<<< 「(얼굴이나 눈이)멍한」, 「꿈꾸는 듯한」

---

outlying
[áutlàiiŋ]

➡ Skirmishes over power broke out in **outlying**
countries after the fall of the empire.

그 제국의 몰락 이후, 권력 쟁탈의 전초전이 변방의 지역에서 일어났다.

015 late _ 늦은

「지각한」, 「느린」 등의 뜻으로, 어떠한 행위가 규정된 시간이나 적합한 시간을 넘어섬을 나타낸다.

late···
[leit]
→ After the **late** breakfast, we discussed the itinerary.
늦은 아침식사를 한 후, 우리는 여행일정에 대해 이야기했다.

tardy·
[táːrdi]
→ This is the third time he has been **tardy** this year.
이번까지 합쳐 그는 올해만 벌써 세 번째 늦는 것이다.

belated·
[biléitid]
→ I received some **belated** birthday presents from my parents.
나는 부모님이 보낸 뒤늦은 생일선물을 받았다.

dilatory
[dílətɔ̀ːri]
→ Many people are **dilatory** in paying their bills.
돈을 지불하는 데 많은 사람들이 늑장을 부린다.

overdue
[òuvərdjúː]
→ Your remittance is **overdue**.
송금이 연체되었다.
<<< 「연착한」, 「때가 다된」, 「과도의」

016 swift _ 신속한

「빠른」, 「조속한」, 「급속한」 등의 뜻으로, 운동이나 일을 함에 있어서 속도가 빠르고 걸리는 시간이 짧다는 것을 의미한다.

swift**
[swift]

→ The president's **swift** decision to lower taxes was praised by the public.

대통령의 신속한 감세 결정은 대중의 찬사를 받았다.

precipitous*
[prisípətəs]

→ Try not to make any **precipitous** decisions.

성급한 결정을 내리지 않도록 해라.

<<< 「가파른」, 「급경사의」의 의미에서 「경솔한」, 「무모한」으로 확장됨.

fast***
[fæst]

→ Sometimes, **fast** decision-making is needed when you work.

일할 때에는 때때로 빠른 의사 결정이 필요하다.

rapid**
[ræpid]

→ Going soft on crime resulted in a **rapid** increase in crime rates.

범죄에 대한 솜방망이 처벌이 범죄율의 급속한 증가로 이어졌다.

hasty**
[héisti]

→ A new rule has been introduced to prevent a **hasty** decision.

조급한 결정을 막기 위해 새로운 규정이 도입되었다.

prompt**
[prámpt]

→ Thank you for your **prompt** reply and assistance.

즉각적인 응답과 도움에 감사드립니다.

gradual _ 점진적인

운동을 하거나 일을 하는 데 있어서 속도가 느리고 시간이 많이
든다는 것을 뜻한다.

---

gradual**
[grǽdʒuəl]

→ The recent study shows a **gradual** fall in divorce rates.

최근 보고서에 따르면 이혼율이 점진적인 감소세를 보이고 있다.

---

slow**
[slou]

→ If you watch it in a **slow** motion, you will find the miss.

느린 화면으로 본다면, 그 실책을 알아볼 것이다.

---

sluggish*
[slʌ́giʃ]

→ The president is struggling to spur the **sluggish** economic growth.

대통령은 부진한 경제 성장을 진작 시키는 데 애를 먹고 있다.

---

leisurely*
[líːʒərli]

→ A **leisurely** life in the countryside is what my father has always wanted.

시골에서의 여유로운 삶은 항상 아버지께서 원한 삶이다.

---

lethargic
[liθáːrdʒik]

→ The crocodile becomes **lethargic** at temperature below 60°F.

악어는 화씨 60도 이하의 기온에서는 행동이 둔해진다.

018 abrupt _ 갑작스러운

동작이 짧은 시간 내에 이루어지거나 어떤 일 혹은 행위가
뜻밖에, 급하게 일어남을 뜻한다.

abrupt* [əbrʌ́pt]	➜ He made an **abrupt** turn to avoid another car. 다른 차를 피하기 위해 그는 갑작스러운 회전을 했다. <<< (문장, 사고가)「맥락이 없는」, 「비약이 많은」
precipitous* [prisípətəs]	➜ The car came to a **precipitous** stop in front of the child crossing the road. 그 차는 도로를 지나가던 아이 앞에서 황급한 정차를 했다.
sharp*** [ʃɑːrp]	➜ He made a **sharp** change to his plan at the last minute. 그는 막판에 계획에 갑작스러운 변경을 가했다.
sudden** [sʌ́dn]	➜ All the people were surprised greatly by his **sudden** decision. 그의 돌연한 결정에 모든 사람들이 크게 놀랐다.
unexpected** [ʌnikspéktid]	➜ The **unexpected** death of a patient can strike a physician with devastating force. 한 환자의 예기치 않은 죽음은 의사에게 엄청난 충격을 줄 수 있다.
unanticipated** [ʌnæntísəpèit]	➜ Unless something **unanticipated** comes up, I will be there. 뜻밖의 일이 일어나지 않는 한 나는 그곳에 갈 것이다.

019 novel _ 새로운

지금까지 있었던 적이 없거나 기존의 것들과는 다른 대상을 나타
낼 때 사용한다.

novel''
[návəl]

→ The general public wants someone with **novel** ideas for their leaders.

일반 대중은 지도자로서 새로운 사고를 가진 사람을 원한다.

new'''
[nju::]

→ This morning he bought some **new** book from the bookstore.

오늘 아침, 그는 서점에서 새로 나온 책을 사왔다.

young'''
[jʌŋ]

→ In comparison with biology, psychology is still a **young** science.

생물학과 비교하면, 심리학은 여전히 신흥의 학문이다.

fresh'''
[freʃ]

→ In the market, **fresh** fruits and vegetables are available.

그 시장에서 신선한 과일과 야채를 살 수 있다.

brand-new
[brænd nju:]

→ There is a good opportunity for you to drive this **brand-new** car for free.

이 신형의 자동차를 무료로 운전해 볼 수 있는 좋은 기회가 있다.

020 ancient _ 고대의

어떤 것이 존재한 시간이 매우 오래되었거나 어떤 물건을 오래도록
사용하여 닳은 경우에 사용한다.

---

ancient^{**}
[éinʃənt]

→ Artifacts of **ancient** civilizations are of great value to archaeology.

고대의 문명이 남긴 유물은 고고학적으로 가치가 높다.

---

old^{***}
[ould]

→ The value of an **old** item increases with time.

오래된 물건의 가치는 시간이 흐를수록 높아진다.

---

antique[*]
[æntíːk]

→ The item is too **antique** even for decorative purposes.

장식을 목적으로 하더라도 그 물품은 너무 구식이다.

---

aged^{**}
[éidʒd]

→ After earthquakes hit the area, all the **aged** buildings were collapsed.

지진이 그 지역을 강타한 이후, 오래된 건물들이 모두 붕괴되었다.

---

archaic[*]
[ɑːrkéiik]

→ This **archaic** chair was made in 1800.

이 고풍스런 의자는 1800년에 만들어진 것이다.

<<< 「(언어가) 형태가 오래된」

A. Choose the synonym for the underlined word in the sentence.

1 This is just a <u>random</u> selection of the complaints we have received regarding poor bus service.
   - Ⓐ quick
   - Ⓑ interesting
   - Ⓒ wrong
   - Ⓓ indiscriminate

2 Regional planning deals with proposals concerning <u>outlying</u> communities and highways as well as with urban affairs.
   - Ⓐ remote
   - Ⓑ exempted
   - Ⓒ exclusive
   - Ⓓ barren

3 People with <u>overdue</u> library books are facing hefty fines.
   - Ⓐ late
   - Ⓑ large
   - Ⓒ canceled
   - Ⓓ loaded

4 A <u>swift</u> action should be taken to address the problem of rising unemployment.
   - Ⓐ quick
   - Ⓑ foolish
   - Ⓒ frisky
   - Ⓓ foppish

5 If you are overweight, consider <u>slow</u> walking to help turn your weight around.
   - Ⓐ dingy
   - Ⓑ tedious
   - Ⓒ prodigious
   - Ⓓ sluggish

6 We should come up with a <u>novel</u> idea that will help solve global warming.
   - Ⓐ noble
   - Ⓑ social
   - Ⓒ new
   - Ⓓ beneficial

B. Draw a line between a word and the matching meaning.

7 secluded   Ⓐ 고통스러운

8 dilatory   Ⓑ 고풍스러운

                                 Ⓒ 늦는

9 lethargic

                                 Ⓓ 성급한

10 precipitous   Ⓔ 둔한

11 archaic   Ⓕ 격리된

C. Choose the most appropriate word in accordance with the context.

This 12. _____ underpopulated village is connected to the world by postal service but the residents always get 13. _____ mail. The mailman who covers the area is also in charge of the 14. _____ village. The residents there also complain about inconveniences and other 15. _____ problems. The main problem is that the mailman adheres to using a very 16. _____ form of transportation — a bicycle.

Ⓐ outcast   Ⓑ archaic   Ⓒ random

Ⓓ belated   Ⓔ remote   Ⓕ adjoining

flat _ 맛없는

음식이 원래 좋은 맛을 내지 못함을 뜻하거나, 그것을 오랫동안 방치해 두어서 신선하지 않다든가 본래의 맛이 사라졌음을 뜻한다.

flat˚˚ [flæt]	➡ Preservatives are added to bread to keep it from going **flat**. 맛없는 상태가 되는 것을 막기 위해 빵에 방부제를 첨가한다.
stale˚ [steil]	➡ The miser passed out **stale** food to his neighbors. 그 구두쇠는 이웃들에게 상한 음식을 나누어주었다.
musty [mʌ́sti]	➡ If you keep bread too long, it becomes **musty**. 빵은 너무 오래 놔두면 곰팡이가 핀다.
vapid [vǽpid]	➡ In a cafeteria, there is always **vapid** food. 구내식당에서는 항상 맛없는 음식을 먹는다. <<< (말, 문장이)「활기 없는」,「고체(固體)의」
insipid [insípid]	➡ Lacking the right kind of acidity will produce an **insipid** wine. 산성도가 일정하게 유지되지 못하면 와인이 싱거운 맛이 된다.
tasteless [téistlis]	➡ The beer I bought yesterday was **tasteless**. 내가 어제 산 맥주는 맛이 없는 것이다. <<< 「무미건조한」,「멋없는」,「품위 없는」

022 moist _ 젖은

「눈물 젖은」, 「축축한」, 「습기찬」 등의 의미로, 수분을 함유했거나
물이 침투했거나 물에 잠겼음을 뜻한다.

---

moist^{**}
[mɔist]

→ Her eyes were **moist** with tears.
  그녀의 눈은 눈물로 젖어 있었다.

---

damp^{**}
[dæmp]

→ It is **damp** when it is humid.
  습기가 있으면 축축하다.

---

soaked
[soukt]

→ The ground is still **soaked** from this morning's rain.
  오늘 아침 내린 비로 땅이 아직도 빗물에 흠뻑 젖은 상태다.

---

wet^{**}
[wet]

→ His shirt got **wet** in the heavy rain.
  폭우 때문에 그의 셔츠가 젖었다.
  <<< 【화학】「습식의」

---

watery[*]
[wɔ́:təri]

→ **Watery** soil is particularly weak against earthquakes.
  물기 많은 토양이 특히 지진에 취약하다.

---

drenched
[drentʃt]

→ We were caught in the storm and got **drenched** last night.
  어제 밤 폭풍을 만나, 우리는 비에 흠뻑 젖었다.

still _ 조용한

바다, 호수, 하천, 집안 등의 주변 환경과 사람들의 마음상태
혹은 감정 등과 관련하여 사용한다.

still˙˙˙
[stil]

→ His footsteps echoed loudly in the **still** night.

조용한 밤, 그의 발자국소리가 크게 울렸다.

<<< 「(목소리가) 낮은」, 「평온한」

serene˙˙
[səríːn]

→ The boy has a **serene** mind and heart.

그 소년의 마음은 평온하다.

<<< 「(사람, 정신 등이) 침착한」, 「평온한」

quiet˙˙˙
[kwáiət]

→ Strangely enough, he cannot concentrate in a **quiet** environment.

이상하게도 그는 조용한 분위기에서 집중할 수 없다.

tranquil˙
[trǽŋkwil]

→ The scene was unexpectedly **tranquil**.

그런 평온한 풍경은 예상치 못한 것이었다.

<<< 「(장소, 환경이) 조용한」, 「(마음이) 차분한」

placid˙
[plǽsid]

→ The **placid** waters make an excellent choice for a night boat dive.

밤에 보트 다이빙하기에 그 고요한 바다는 제격이다.

halcyon
[hǽlsiən]

→ Her family is the prototype of a **halcyon** home.

그녀의 집안은 평화로운 가정의 전형이다.

<<< Ⓐ로만 사용된다.

noiseless˙
[nɔ́izlis]

→ Their house is located in a green, **noiseless** neighborhood.

그들의 집은 녹음이 우거진 고요한 곳에 위치해 있다.

024 vociferous _ 시끄러운

주변 환경이 혼잡스럽고 소음으로 가득찬 상태를 말한다.

---

vociferous
[vousífərəs]

→ The home fans went into a **vociferous** chant in support of their team.

홈 팬들은 그들의 팀을 응원하며 시끄러운 구호를 외쳤다.

---

noisy***
[nɔ́izi]

→ It seems a little **noisy** in the classroom.

교실이 다소 떠들썩한 것 같다.

<<< (색채, 문체, 복장 등이)「화려한」,「야한」

---

clamorous*
[klǽmərəs]

→ The headlines featured the **clamorous** protests by minority groups.

소수 집단들에 의한 소란스런 항의 시위가 헤드라인을 장식했다.

---

tumultuous*
[tju:mʌ́ltʃuəs]

→ The football team celebrated their victory in a **tumultuous** fashion.

축구팀은 떠들썩한 방식으로 승리를 축하했다.

---

uproarious
[ʌpróːriəs]

→ The theatre was filled with **uproarious** laughter.

그 공연장은 소란한 웃음소리로 가득했다.

025 precise _ 정확한

「명확한」, 「정밀한」, 「알맞은」 등의 뜻으로, 수량 · 시간 · 위치 · 규정 · 표준 · 동작 등과 관련하여 사용한다.

---

precise**
[prisáis]

→ The employees were told to be **precise** about their work.

직원들은 정확한 업무 처리를 하라고 당부 받았다.

---

accurate**
[ǽkjərit]

→ **Accurate** translation is at times grueling and tedious.

정확한 번역을 한다는 것은 때론 매우 힘들고 지루한 일이다.

---

correct***
[kərékt]

→ To make a **correct** judgement in this difficult situation is not an easy task.

이런 힘든 상황에서 정확한 판단을 내리는 것은 쉬운 일이 아니다.

---

exact**
[igzǽkt]

→ I couldn't find the **exact** answer to the question.

나는 그 질문에 대한 정확한 답을 찾을 수 없었다.

---

punctual**
[pʌ́ŋktʃuəl]

→ The secret to being **punctual** is very simple; just show up on time.

시간을 엄수하는 비결은 매우 간단하다. 그냥 제시간에 나타나면 된다.

---

prompt**
[prɑmpt]

→ All participants in an interview should be **prompt**.

인터뷰 참가자들은 모두 시간을 엄수했다.

026 approximate _ 대략의

「거의 정확한」, 「근접한」, 「근사한」 등의 뜻으로, 수량·위치·형태·
상태·동작 등과 관련하여 사용한다.

approximate[*] [əpráksəmət]	⇒ Each class has an **approximate** estimation for the class library. 반마다 학급문고를 위해 대략적인 견적을 내었다.
rough[**] [rʌf]	⇒ He gave a **rough** sketch of the history of this island. 그는 이 섬의 역사에 대해 대강의 설명을 했다.
practical[**] [præktikəl]	⇒ He admitted there was a **practical** impossibility to reach the goal. 그는 목표에 도달하기에는 사실상의 불가능성이 있다는 것을 인정했다.
some[**] [sʌm]	⇒ **Some** 20 people have been killed in this awful tsunami. 이번 끔찍한 쓰나미로 약 20명이 사망했다.
virtual[*] [və́ːrtʃuəl]	⇒ The CEO's wife is known to be the **virtual** owner of the company. CEO의 아내는 사실상의 회사 소유주로 알려져 있다.

valid _ 효과적인

어떤 일에 대해 의도했거나 기대했던 결과를 얻게 되었음을 뜻한다.

valid
[vǽlid]

→ There is no **valid** remedy against the bird flu virus as yet.

아직은 조류 독감 바이러스에 대항할 만한 효과적인 치료법이 없다.

telling
[téliŋ]

→ His effort to improve the attendance number is **telling**.

출석률을 개선하기 위한 그의 노력은 효력이 있다.

effective
[iféktiv]

→ Our newly installed garbage disposer is very **effective**.

새로 설치한 음식물 쓰레기 분쇄기는 매우 효과적이다.

efficient
[ifíʃənt]

→ **Efficient** air service has been made available through modern technology.

현대적 기술로 인해 능률적인 항공 서비스 이용이 가능해졌다.

effectual
[iféktʃuəl]

→ They implemented **effectual** actions against pollution.

그들은 오염 문제 해결을 위한 효과적인 대책을 취했다.

efficacious
[èfəkéiʃəs]

→ The cold medicine was not **efficacious**; I'm still sniffling.

그 감기약은 효능이 좋은 것이 아니다. 나는 아직도 코를 훌쩍거리고 있다.

028 futile _ 무익한

어떤 일에 대해 의도했던 결과나 성과를 얻지 못해 헛수고했음을 뜻한다.

futile··
[fjúːtl]
→ He has made five **futile** attempts to pass the bar exam.
그는 사법시험에 다섯 번 도전했으나 결과는 무익했다.

vain··
[vein]
→ She made a **vain** effort to convince him of the truth.
그녀는 그에게 진실을 확인시켜 주려 했지만, 쓸데없는 노력일 뿐이었다.

fruitless·
[frúːtlis]
→ They labored away at the **fruitless** pursuit of money and fame.
그들은 돈과 명예를 좇아 열심히 노력했지만, 모두 헛된 노력이었다.

ineffective
[ìniféktiv]
→ All the measures the government had taken were **ineffective**.
정부가 취했던 모든 대책이 효과가 없었다.

ineffectual
[ìniféktʃuəl]
→ This medicine has turned out to be **ineffectual** in treating depression.
이 약은 우울증 치료에 효과가 없는 것이 드러났다.

029 noxious _ 해로운

사람이나 사물에 나쁜 영향을 주거나 손해를 끼치는 것을
표현한다.

noxious
[nάkʃəs]
→ Lack of sleep is **noxious to** your health.
수면 부족은 건강에 해롭다.

detrimental
[dètrəméntl]
→ The incident proved that gun ownership is **detrimental** and absurd.
그 사건은 총기 소유가 위험하고 불합리하다는 것을 증명했다.

harmful
[hά:rmfəl]
→ While some bacteria are beneficial, others are **harmful**.
이로운 박테리아가 있는 반면, 해로운 박테리아도 있다.

poisonous
[pɔ́izənəs]
→ These chemicals have been found to be **poisonous**.
이 화학약품은 유해한 것으로 밝혀졌다.

damaging
[dǽmidʒiŋ]
→ One of the most **damaging** plant parasites is the stem eelworm.
가장 파괴적인 식물 기생충 중 하나가 줄기 선충이다.

pernicious
[pərníʃəs]
→ Gambling is absolutely a **pernicious** habit.
도박은 분명 유해한 습관이다.
<<< 「유독한」, 「파괴적인」

venomous
[vénəməs]
→ Some sea urchins have **venomous** spines.
어떤 성게는 독이 있는 가시를 가지고 있다.
<<< 「독이 있는」, 「악의에 찬」

46

030 safe _ 안전한

사람이나 사물에 대한 위험성을 조성하지 않음을 뜻한다.

safe*** [seif]	➡ The spider turned out to be quite **safe**. 그 거미는 매우 안전한 것으로 판명이 났다.
innocuous [inákjuəs]	➡ Contrary to the book, the snake is quite **innocuous**. 책에 쓰인 것과는 달리, 그 뱀은 독이 없다.
harmless** [háːrmlis]	➡ Many scientists believe that there are no completely **harmless** drugs. 대부분의 과학자들은 완전히 무해한 약은 없다고 생각한다.
unharmful** [ʌnháːrmfəl]	➡ This toy is made of materials that are **unharmful** to infants. 이 장난감은 유아에게 무해한 원료로 만들어졌다.
inoffensive [ìnəfénsiv]	➡ The speech, contrary to what we all expected, was **inoffensive**. 우리 예상과 반대로, 그 연설은 불쾌하지 않았다.

A. Choose the synonym for the underlined word in the sentence.

1 The crackers have been kept too long and they have become <u>musty</u>.

    Ⓐ tasty   Ⓑ sturdy

    Ⓒ mushy   Ⓓ stale

2 He will always retain some memories of the <u>halcyon</u> days in his childhood.

    Ⓐ peaceful   Ⓑ hypocritical

    Ⓒ fake   Ⓓ hilarious

3 The Australian tenor received <u>tumultuous</u> applause for his performance.

    Ⓐ vociferous   Ⓑ turgid

    Ⓒ turbid   Ⓓ coy

4 When Robert came late, the teacher warned that he must be <u>prompt</u> in the future.

    Ⓐ sudden   Ⓑ opportune

    Ⓒ punctual   Ⓓ emphatic

5 The government took some <u>effective</u> measures to reduce unemployment.

    Ⓐ active   Ⓑ successful

    Ⓒ timely   Ⓓ influential

6 He gave tips to consumers about the <u>damaging</u> side effects of the products.

    Ⓐ harmful   Ⓑ elegant

    Ⓒ versatile   Ⓓ prevalent

Answers   1. Ⓓ 2. Ⓐ 3. Ⓐ 4. Ⓒ 5. Ⓑ 6. Ⓐ

B. Draw a line between a word and the matching meaning.

7 placid   Ⓐ 무해한

8 rough   Ⓑ 무례한

                              Ⓒ 효험이 있는

9 efficacious   Ⓓ 고요한

10 pernicious   Ⓔ 대강의

11 innocuous   Ⓕ 유해한

C. Choose the most appropriate word in accordance with the context.

> Michelle's patisserie sells the most delicious cakes and cookies in the town that are 12. _____ and tasty. She doesn't seem to care to use measuring spoons and cups, pouring 13. _____ amounts of each ingredients. Yet she knows the 14. _____ quantities for each by heart. Before Michelle starts baking, the streets are quite clam and 15. _____ . But once the sweet smell of her confectionary reaches people, you can expect a[an] 16. _____ crowd to appear.

Ⓐ approximate   Ⓑ tranquil   Ⓒ uproarious
Ⓓ noxious   Ⓔ moist   Ⓕ precise

031 genuine _ 진짜의

「실제상의」, 「진품의」, 「사실상의」 등의 의미로, 객관적인 사실과
서로 부합됨을 뜻한다.

genuine**
[dʒénjuin]

→ The jeweler reported that it was a **genuine** diamond.

그 보석상은 그것이 진짜 다이아몬드라고 말했다.

pragmatic
[prægmǽtik]

→ Workers get **pragmatic** through the program.

그 프로그램을 통해 직원들은 실용적인 태도를 습득한다.

<<< 【철학】「실용주의의」, 【역사】「국무의」, 「내정의」

true***
[tru:]

→ The film is advertised as being 'based on a **true** story.'

그 영화는 '실제의 이야기를 바탕으로 한 것'으로 홍보된다.

real***
[ri:əl]

→ Taekwondo is about learning how to defend yourself in a **real** situation.

태권도는 현실의 상황에서 자신을 방어하는 기술을 배우는 무술이다.

actual**
[ǽktʃuəl]

→ What he told us was not a dream but an **actual** event.

그가 우리에게 말했던 것은 꿈이 아니라 실제상의 사건이었다.

authentic*
[ɔ:θéntik]

→ The information turned out to be **authentic**.

그 정보는 믿을 만한 것으로 밝혀졌다.

<<< 「진정한」, 「출처가 분명한」, 【법률】「인증된」

realistic*
[rìəlístik]

→ The book's strength lies in the **realistic** description of life 80 years ago.

그 책의 강점은 80년 전 사람들의 인생에 대한 사실적 묘사에 있다.

032 false _ 가짜의

「거짓의」, 「허위의」, 「위조의」, 「잘못된」 등의 의미로, 객관적인
사실과 부합되지 않음을 뜻한다.

false˙˙ [fɔ:ls]	→ The spy used a **false** name while dealing with the enemy. 그 스파이는 적들을 대할 때, 가짜 이름을 썼다.
fake˙ [feik]	→ He was cheated and forced to buy **fake** gems by swindlers. 그는 사기꾼들에게 속아서 모조 보석을 사도록 강요당했다.
counterfeit˙ [káuntərfìt]	→ He got caught attempting to circulate a **counterfeit** bill. 그는 위조한 지폐를 유통시키려다 잡혔다.
sham [ʃæm]	→ He bought a **sham** picture by a famous painter from a second-hand store. 그는 유명 화가의 모조 그림 한 점을 중고 가게에서 구입했다.
spurious [spjúəriəs]	→ You shouldn't make a decision based on such **spurious** information. 그런 거짓된 정보를 바탕으로 결정을 내려서는 안된다.
simulated [símjəlèitid]	→ She showed **simulated** enthusiasm toward us. 그녀가 우리에게 보여준 열의는 가식적인 것이었다.
fictitious [fiktíʃəs]	→ The characters in this novel are **fictitious**. 이 소설 속 등장인물들은 허구이다. <<< 【법률】「의제의」, 「가설의」

033　principal _ 주요한

가장 본질적이고, 가장 중요하다는 점을 나타낼 뿐만 아니라
사물의 필수불가결한 측면을 나타내는 단어들이다.

---

principal"
[prínsəpəl]

⇒ The superintendent was the **principal** speaker at the school board meeting.

교장선생님은 교내 이사회 모임의 주요한 연설자였다.

---

leading"
[líːdiŋ]

⇒ The locust is the **leading** cause of crop failure.

작황이 실패한 주된 이유는 벼메뚜기 때문이다.

<<< 이 외에 「선도하는」, 「지도하는」의 의미가 있으며 Ⓐ로만 사용된다.

---

chief"'
[tʃiːf]

⇒ The **chief** ancestor of the domestic cat is the Libyan desert cat.

그 집고양이의 주요한 조상은 리비아 사막 고양이이다.

---

main"
[mein]

⇒ Chicago is one of the **main** cities of the United States.

시카고는 미국의 주요 도시 가운데 하나다.

---

major"
[méidʒər]

⇒ Nursing plays one of the **major** roles in health care.

간호업무는 의료 분야에 있어 주요한 역할을 담당한다.

---

dominant'
[dámənənt]

⇒ The **dominant** theme is of tranquility and peacefulness.

주요 테마는 평온과 평화로움과 관련된 것이다.

---

primary"
[práimèri]

⇒ The **primary** point in his thesis contradicted accepted belief in his field.

그의 논제의 주요 핵심은 그 분야에서 인정되는 이론과 상반된 것이었다.

034 stealthy _ 비밀의

사물 혹은 감정을 숨기고 드러내지 않으며 밖으로 노출시키지 않아
사람들로 하여금 모르게 하거나 보지 못하게 함을 뜻한다.

stealthy°
[stélθi]

→ He kept stealing **stealthy** glances at her now and again.

그는 이따금씩 비밀스런 눈길로 그녀를 훔쳐봤다.

secret°°°
[síːkrit]

→ He escaped through a **secret** door.

그는 비밀 문을 통해 도망갔다.

<<< 「으슥한」, 「숨겨진」의 의미일 때는 Ⓐ로만 사용된다.

hidden°°
[hídn]

→ The leader has the **hidden** intention to steal oil from the middle east.

그 지도자는 중동지역에서 석유를 훔치려는 숨은 의도를 갖고 있다.

confidential°
[kɑnfədénʃəl]

→ The minister is reading a **confidential** document.

그 장관은 기밀 문서를 읽고 있는 중이다.

clandestine
[klændéstin]

→ That group was excellent at handling **clandestine** operations.

저 집단은 비밀 작전을 수행하는데 능했다.

secretive
[sikríːtiv]

→ He has **secretive** reasons for doing these things.

그가 이런 일을 하는 데는 남모르는 이유가 있다.

furtive
[fɔ́ːrtiv]

→ The dog's **furtive** actions made me worry about it.

그 개의 비밀스런 행동 때문에 나는 걱정되었다.

035 usual _ 통상적인

일반적이거나 보편적으로 흔히 볼 수 있고 습관적인 것 등을
나타낸다.

usual***
[júːʒuəl]

→ Seating the lady first at the table is the **usual** thing to do.

식탁에서 여자부터 먼저 앉게 하는 것은 통상적인 행동이다.

routine**
[ruːtíːn]

→ An appendectomy is a **routine** operation.

맹장수술은 일반적인 수술이다.

<<< 「일상의」, 「정기적인」. ⒜로는 「기계적인」, 「틀에 박힌」

ordinary**
[ɔ́ːrdənèri]

→ Jack's **ordinary** supper consists of bread and butter.

잭의 평상의 저녁 식단은 버터 바른 빵이다.

conventional**
[kənvénʃənəl]

→ The Smiths are a quite **conventional** family.

스미스 가족은 꽤 평범하다.

<<< 「전통적인」, 「인습적인」, 「형식적인」

normal**
[nɔ́ːrməl]

→ The **normal** temperature of the human body is about 98.6 degrees Fahrenheit.

인간의 정상적인 체온은 화씨 98.6도이다.

regular**
[régjələr]

→ **Regular** exercise can help you prevent high blood pressure.

정기적인 운동은 고혈압을 예방하는 데 도움이 된다.

monotonous**
[mənátənəs]

→ City life is replete with **monotonous** work, stress, and anxiety.

도시 생활은 일상적인 단조로운 일과 스트레스 그리고 불안으로 가득하다.

036　exotic _ 색다른

「보통이 아닌」, 「비정상의」, 「외래의」, 등의 의미로, 특이하여 흔히
볼 수 없음을 뜻한다.

exotic＊ [igzátik]	→ The orchid is very **exotic** among other plants here. 이 난초는 여기 다른 식물 중에서 아주 색다르다.
extraordinary＊＊ [ikstrɔ́:rdənèri]	→ Last night, something **extraordinary** happened in my house. 어제 밤, 우리 집에서 비상한 일이 일어났다.
unwonted [ʌnwóuntd]	→ His generous donation is something **unwonted**. 그의 관대한 기부는 이례적인 일이다.
unusual＊＊ [ʌnjú:ʒuəl]	→ We saw many **unusual** plants at the Flower Show. 우리는 꽃 박람회에서 생소한 식물을 많이 보았다.
abnormal＊＊ [æbnɔ́:rməl]	→ It is **abnormal** for a man to have six meals a day. 사람들이 하루에 여섯 끼를 먹으면 비정상이다.
unconventional [ʌnkənvénʃənəl]	→ This fabric is produced by **unconventional** textile processes. 이 직물은 색다른 섬유 처리 과정으로 제조된다.

037 empty _ 텅 빈

공간이나 용기 혹은 장소에 사물이나 물건 등이 원래 없거나
치워졌을 때 사용한다.

---

empty*
[émpti]

→ That apartment has been **empty** for a month.

한 달째 저 아파트는 텅 비어 있다.

---

hollow
[hálou]

→ The fate of the **hollow** tree has finally been decided; it's getting the axe.

속이 빈 그 나무의 운명이 마침내 결정되었다. 나무는 베어지게 될 것이다.

---

vacant
[véikənt]

→ There were no **vacant** seats in the theater.

극장에 비어 있는 좌석이 전혀 없었다.

---

blank
[blæŋk]

→ It would be better if you fill in the **blank** space with color.

빈 공간에 색깔을 집어넣는 것이 낫다.

---

desolate
[désəlit]

→ The coal town has been **desolate** since the coal mining industry went down on its luck.

탄광업이 사양길에 접어든 이후 탄광촌은 황폐해졌다.

---

unoccupied
[ʌnákjəpàid]

→ The investor is thinking about renovating the **unoccupied** farmhouse.

그 투자자는 아무도 살지 않는 그 농가를 개조할 생각이다.

038 peculiar _ 이상한

보기 드물고 특이한 사물을 나타낼 때 쓰거나, 그와 같은 행위
혹은 동작을 나타내는 데 사용한다.

---

peculiar"
[pikjú:ljər]

→ My son's **peculiar** behavior often embarrasses me.

아들이 종종 이상한 행동을 해서 나는 당황스럽다.

---

quaint"
[kweint]

→ Old photographs seem **quaint** to us today.

지금 오래된 사진들을 보니 기이한 듯 보인다.

<<< 「별스러워 흥미로운」, 「예스러워 흥취 있는」

---

bizarre
[bizá:r]

→ The man has a **bizarre** way of talking.

그 남자는 말투가 기괴하다.

---

strange"""
[streindʒ]

→ She wore **strange**, old-fashioned clothing.

그녀는 이상한, 유행 지난 옷을 입었다.

<<< 【물리】「(소립자의) 성질이 다른」

---

odd"
[ɑd]

→ It is **odd** that he is not answering his phone.

그가 전화를 받지 않다니 이상하다.

<<< 이 외 「우수리의」, 「한 짝만의」, 「임시의」, 「호젓한」의 의미일 때는 Ⓐ

---

eccentric'
[ikséntrik]

→ Many millionaires become **eccentric** in their old age.

나이가 들면 괴상한 사람이 되는 백만장자들이 많다.

---

weird'
[wiərd]

→ What **weird** hats women sometimes wear!

여자들은 때때로 참으로 이상한 모자를 쓰는군!

039　entire _ 전체의

개체나 성원으로 구성된 단체나, 사물의 전부나, 그 부분들의
총합을 나타낼 때 사용한다.

entire··
[entáiər]

→ It takes about three hours to finish the **entire** book.

그 책 전체의 내용을 읽는 데 약 3시간 정도 걸린다.

whole···
[houl]

→ The **whole** society should take responsibility for all social irregularities.

전체 사회가 모든 사회적 부조리에 대해 책임을 져야 한다.

complete··
[kəmplíːt]

→ Children wanted Shultz's **complete** collection.

아이들은 슐츠의 전(全)집을 원했다.

<<< 「완전한」, 「전적인」의 의미일 때는 Ⓐ로만 사용된다.

versatile·
[vəːrsətl]

→ Plastics are one of the most **versatile** materials created by man.

플라스틱은 인간이 만든 가장 뛰어난 다용도 물질 가운데 하나다.

plenary·
[plíːnəri]

→ The next **plenary** meeting is scheduled for Wednesday.

다음 총(總)회는 수요일로 예정되어 있다.

all-around
[ɔ́ːləráund]

→ The all-around athlete sprained his ankle.

그 다재다능한 운동선수는 발목을 삐었다.

<<< [미국]Ⓐ「다방면에 걸친」, 「전면적인」

040 fragmentary _ 단편적인

전체 중 일부를 나타내거나 사물의 개체나 단체의 구성을 나타낼
때 쓴다.

---

fragmentary*
[frǽgmǝntèri]

➡ He won the quiz show with his **fragmentary** knowledge.

그는 단편적인 지식으로 퀴즈쇼에서 우승했다.

---

partial**
[páːrʃǝl]

➡ **Partial** groups of the community accepted the proposal.

지역 사회의 일부 그룹들이 그 제안을 받아 들였다.

---

sectional
[sékʃǝnǝl]

➡ His plan has faced some **sectional** objections.

그의 계획은 몇몇 부분적 반대에 부딪혔다.

<<< 「구획의」, 「단면(도)의」

---

segmental*
[segméntl]

➡ We need to fix these **segmental** duplications of data.

우리는 자료의 이런 부분적인 중복을 바로 잡아야 한다

---

fractional
[frǽkʃǝnǝl]

➡ The **fractional** expressions are easy enough.

그 분수에 관한 식들은 꽤 쉽다.

<<< 【수학】「분수의」, 【화학】「분류의」, 【증권】「단주의」

A. **Choose the synonym for the underlined word in the sentence.**

1 Bats fly, rather than glide, and thus are the only mammals
   capable of <u>true</u> flight.

   Ⓐ safe   Ⓑ rapid
   Ⓒ real   Ⓓ straight

2 It is difficult to estimate how many <u>counterfeit</u> products are in
   the market.

   Ⓐ fake   Ⓑ stolen
   Ⓒ expensive   Ⓓ foreign

3 That matter is so <u>confidential</u> that it must not be discussed
   outside this office.

   Ⓐ cautious   Ⓑ alarming
   Ⓒ secret   Ⓓ important

4 If you see any habitual <u>abnormal</u> behavior from your pet, you
   might want to consult your veterinarian.

   Ⓐ rare   Ⓑ frequent
   Ⓒ unusual   Ⓓ familiar

5 The <u>quaint</u> style of the homes is typical of this region.

   Ⓐ elaborate   Ⓑ odd
   Ⓒ fashionable   Ⓓ ultramodern

6 The news report said arson and pillage had occurred while the
   <u>entire</u> city was blacked out.

   Ⓐ holy   Ⓑ holistic
   Ⓒ whole   Ⓓ segmental

Self Test

B. Draw a line between a word and the matching meaning.

7 stealthy   Ⓐ 전체론의

8 unwonted   Ⓑ 비밀의

     Ⓒ 이상한

9 peculiar   Ⓓ 단편적인

10 plenary   Ⓔ 이례적인

11 fragmentary   Ⓕ 완전한

C. Choose the most appropriate word for the blank.

12 This is a[an] _____ letter by George Washington.

13 An overexcited cadet got injured during a[an] _____ terrorism attack.

14 The _____ contributor of the economic slump is a series of maladministration cases.

15 The frontier garrison reinforced their vigilances and patrols to prevent recently fast growing _____ migration.

16 The streets were usually so crowded, but now have grown _____ .

Ⓐ exclusive   Ⓑ main   Ⓒ clandestine   Ⓓ desolate
Ⓔ authentic   Ⓕ simulated   Ⓖ evasive   Ⓗ indecisive

Answers   7.Ⓑ 8.Ⓔ 9.Ⓒ 10.Ⓕ 11.Ⓓ 12.Ⓔ 13.Ⓕ 14.Ⓑ 15.Ⓒ 16.Ⓓ

61

041 proper _ 올바른

사람의 생각, 말, 행위 등이 사실과 도리 혹은 어떤 객관적 표준에
어긋나지 않음을 뜻한다.

proper*
[prápər]

→ Before the 1920's, it was not 'proper' for women to smoke.

1920년대 전에는, 여자의 흡연은 '올바른' 것이 아니었다.

flawless
[flɔ́:lis]

→ Justice is the basis of all **flawless** judgment.

정의란 모든 완전무결한 판단의 근거가 된다.

reasonable*
[rí:zənəbəl]

→ The boy couldn't think of a **reasonable** excuse for being late.

그 소년은 지각 이유에 대해 이치에 맞는 변명거리를 생각해낼 수 없었다.

right*
[rait]

→ Your **right** behavior will be rewarded with lots of presents.

올바르게 행동한 대가로 너는 선물을 많이 받을 것이다.

faultless*
[fɔ́:ltlis]

→ She is the most **faultless** person in the group.

그녀는 그 집단에서 가장 결점이 없는 사람이다.

impeccable
[impékəbəl]

→ This is a report written with **impeccable** discretion.

이 보고서는 나무랄 데 없는 신중함으로 쓰여 졌다.

042 erroneous _ 잘못된

도덕적으로 문제가 있거나 논리적으로 결함이 있을 때, 혹은 단순한
사실이나 객관성에 위배될 때 사용한다.

---

erroneous
[iróuniəs]

→ The initial assumption was **erroneous**.

초기 가설이 잘못된 것이었다.

---

wrong
[rɔːŋ]

→ He has six **wrong** answers in his arithmetic homework.

그의 산수 숙제에는 그릇된 답이 여섯 개 있다.

---

incorrect
[ìnkərékt]

→ The article was filled with **incorrect** statements.

그 기사에는 틀린 내용이 가득했다.

---

mistaken
[mistéikən]

→ Your **mistaken** ideas are not acceptable.

너의 잘못된 생각은 받아들일 수 없다.

---

faulty
[fɔ́ːlti]

→ Don't be misled by the **faulty** reasoning of advertising.

광고의 그릇된 논리에 현혹되지 말아라.

---

fallacious
[fəléiʃəs]

→ That doesn't make sense; I think your reasoning is **fallacious**.

그건 말이 안 된다. 네가 오류가 있는 논리를 편다고 생각한다.

생각, 의지 혹은 어떤 사물이 확고하여 동요치 않음을 뜻한다.

stable**
[stéibl]

→ What John needs badly is a **stable** job.

존이 정말로 필요한 것은 안정된 직업이다.

steadfast**
[stédfæst]

→ He is a man of **steadfast** convictions and honorable ideals.

그는 확고한 신념과 존경할 만한 이상을 지닌 사람이다.

firm**
[fəːrm]

→ Her success was built on the **firm** foundations of dedication and discipline.

그녀의 성공은 헌신과 수련이라는 단단한 기반 위에서 이뤄진 것이었다.

steady**
[stédi]

→ The post is as **steady** as a rock.

그 기둥은 돌처럼 고정되어 있다.

<<< 【물리】「불변의」, 【항해】「바람이 변하지 않는」

secure**
[sikjúər]

→ The boards of this bridge do not look **secure**.

이 다리의 판자는 안전한 것처럼 보이지 않는다.

<<< 「엄중히 보관[감금]하여」, 「(사람이)확신하는」의 의미일 때도 Ⓟ로만.

resolute*
[rézəlùːt]

→ Despite dangers and difficulties, these soldiers were **resolute**.

여러 위험과 어려움에도 불구하고 이들 군인들은 굳건했다.

determined*
[ditə́ːrmind]

→ It is important to show your **determined** will to push ahead with the policy.

중요한 것은 정책을 밀고나가겠다는 너의 확고한 의지를 보여주는 것이다.

044 inconstant _ 변하기 쉬운

동작이나 행위 혹은 음성이 흔들려 안정되지 않음을 나타낼 때 쓴다.

---

inconstant
[inkánstənt]

→ This manual shows how to tackle an **inconstant** market.

이 소책자는 변하기 쉬운 장세에 대처하는 방법에 대해 알려준다.

---

unstable*
[ʌnstéibəl]

→ During the **unstable** period, the government could not accomplish much.

그런 불안정한 시기에, 정부는 많은 것을 성취할 수 없었다.

---

unsettled*
[ʌnsétld]

→ The weather is **unsettled**, so we might see some showers during the day.

변하기 쉬운 날씨라, 낮에 소나기를 만날지 모른다.

---

unsteady*
[ʌnstédi]

→ He was **unsteady in** his resolution.

그는 자신의 결정에 대해 불안정했다.
<<< 「동요하는」, 「행실이 단정치 못한」

---

shaky*
[ʃéiki]

→ When I began my presentation, I had a **shaky** voice and shaky hand.

발표를 시작하자, 내 목소리와 손이 부들부들 떨렸다.

---

faltering
[fɔ́:ltəriŋ]

→ She spoke in a **faltering** voice.

그녀는 더듬거리는 목소리로 말했다.

045 durable _ 내구성이 강한

오래도록 파손되지 않고 유지되는 성질을 지닌 대상에 대해
사용한다.

durable*
[djúərəbəl]

→ Beams made from teakwood are among the
most **durable**.

티크재로 만들어진 들보는 가장 내구성이 강한 것에 속한다.

lasting**
[lǽstiŋ]

→ Concrete is a watertight, **lasting**, and
incombustible material.

콘크리트는 방수가 되고 영구적인 불연성 물질이다.

enduring*
[indjúəriŋ]

→ He has **enduring** memories of her kindness to
him.

그는 그녀의 친절에 대한 지속적인 기억을 간직했다.

continuing
[kəntínjuːiŋ]

→ **Continuing** failures have worn out his
enthusiasm.

연속적인 실패가 그의 열정을 마모시켰다.

everlasting**
[èvərlǽstiŋ]

→ Ours is an **everlasting** friendship.

우리 우정은 영원하다.

<<< 「내구성이 있는」, 「지루한」

abiding
[əbáidiŋ]

→ I admire his **abiding** love of literature and of
his fellow human beings.

나는 그의 문학과 인류에 대한 지속적 사랑에 감탄한다.

046 brittle _ 부서지기 쉬운

사물이 단단하거나 견고하지 못해 잘 깨지거나 조각나기 쉬울
때 쓴다.

---

brittle*
[brítl]

➔ Thin glass and ice are **brittle**.
얇은 유리와 얼음은 부서지기 쉽다.
<<< 「상처입기 쉬운」, 「차가운」, 「인정이 없는」

---

delicate**
[délikət]

➔ Let's keep the **delicate** vase on a high shelf
away from the children.
깨지기 쉬운 그 꽃병은 애들 손이 닿지 않는 높은 선반 위에 두자.

---

breakable
[bréikəbəl]

➔ These cups and saucers are **breakable**.
이 컵과 접시는 깨지기 쉽다.

---

frail**
[freil]

➔ The **frail** structure of the building worried the
investors.
투자자들은 그 부서지기 쉬운 건물 구조를 걱정했다.

---

fragile*
[frǽdʒəl]

➔ Be careful with that lamp; it is **fragile**.
램프가 부서지기 쉬운 것이니 조심히 다루어라.
<<< 「(근거가) 박약한」, 「(용모가) 섬세한」

---

flimsy
[flímzi]

➔ The **flimsy** boat wobbled off the sandbar and
ran aground on the beach.
부서질 듯한 그 보트는 모래톱에서 비틀거리더니 해변에 좌초했다.

047 rigid _ 경직된

「딱딱한」, 「완고한」, 「융통성 없는」 등의 뜻으로, 사물이 유연성이
없고 딱딱하거나 사람이 융통성이 없는 경우에 사용한다.

rigid[*] [rídʒid]	→ The old man's joints were **rigid**. 그 노인의 관절은 경직되어 있다. <<< 【항공】「(비행선이) 경식의」
stiff[**] [stif]	→ Hemp, a harsh, **stiff** fiber, grows in both hot and mild climates. 거칠고 딱딱한 섬유인 대마는 더운 기후와 온난한 기후 모두에서 자란다.
inflexible [infléksəbəl]	→ It is a fact that Henry is quite **inflexible** in his views. 사실, 헨리의 관점은 융통성이 없다.
unyielding [ʌnjíːldiŋ]	→ His **unyielding** attitude left little room for compromise. 그의 경직된 태도는 협상의 여지를 거의 남기지 않았다.
unbending [ʌnbéndiŋ]	→ His **unbending** spirit led his whole life to the way of fighter. 그의 불굴의 정신은 그를 평생 투사의 길로 이끌었다.
inelastic [ìniléstik]	→ When two **inelastic** objects collide, a rebound is not a given thing. 비탄력성의 물체 두 개가 충돌했을 때, 되튀는 일은 일어나지 않는다.
uncompromising [ʌnkámprəmàiziŋ]	→ The activist took an **uncompromising** stance on human rights. 그 사회운동가는 인권 문제에 있어 타협 없는 입장을 취했다.

048 flexible _ 구부리기 쉬운

「유연한」, 「나긋나긋한」, 「부드러운」 등의 뜻으로, 사물이 부러지지
않고 잘 구부러지는 것을 말한다.

flexibleˣ [fléksəbəl]	→ Do you know why the wings of an airplane are **flexible**? 비행기 날개가 구부러지는 이유를 아느냐?
adaptable [ədǽptəbəl]	→ I don't like the politician's too **adaptable** notion. 나는 그 정치인의 지나치게 융통성 있는 의견이 싫다.
pliable [plái̯əbəl]	→ Willows twigs are **pliable**. 버드나무 가지는 잘 구부러진다. <<< 「유순한」, 「융통성 있는」
supple [sʌ́pəl]	→ The child's limbs are **supple**. 그 아이의 팔다리는 유연하다. <<< 「(사람이)순종적인」, 「빌붙는」
ductile [dʌ́ktil]	→ Pure silver is nearly white, lustrous, and very **ductile**. 순은은 거의 순백이며 광택이 나고 쉽게 두들겨 펼 수 있다.
bendy [béndi]	→ It is a new kind of **bendy** metal. 그것은 새로운 종류의 구부릴 수 있는 금속이다.

049 distinct _ 뚜렷한

소리나 형상이 분명하게 전달될 때에나, 의미가 명확히 이해되는
경우에 사용한다.

---

distinct··
[distíŋkt]

→ His speaking voice is very **distinct**.

그의 음성은 매우 뚜렷하다.
<<< 「(성질, 종류가) 별개의」, 「독특한」

---

lucid
[lú:sid]

→ His explanation of the difficult sentence is **lucid**.

그 어려운 문장에 대해 그는 명쾌한 설명을 한다.

---

plain···
[plein]

→ I like the poem because it was written with **plain** words.

내가 그 시를 좋아하는 이유는 명료한 단어로 쓰여 졌기 때문이다.

---

vivid··
[vívid]

→ The little girl failed to give a **vivid** account of the incident.

그 어린 소녀는 그 사건에 대한 생생한 설명을 해 주지 못했다.

---

clear···
[kliər]

→ There is a **clear** view of the sea from the hill.

언덕에서 선명한 바다의 풍경이 보인다.

---

sharp···
[ʃɑːrp]

→ There was a **sharp** difference of opinion between the two of them.

그들 둘 사이의 견해차는 뚜렷했다.

050　faint _ 희미한

「모호한」, 「뚜렷하지 않은」, 「어렴풋한」 등의 뜻으로, 소리, 형상, 뜻 등과 관련하여 사용한다.

faint^{**} [feint]	➡ They could hear the **faint** sound of distant avalanches. 그들은 멀리서 눈사태가 일어나는 희미한 소리를 들을 수 있었다.
vague[*] [veig]	➡ I saw a **vague** figure in the dark. 어둠 속에서 어렴풋한 물체를 보았다. <<< Ⓐ일 때 의문문, 부정문에서 종종 the vaguest의 형태로 사용된다.
dim^{**} [dim]	➡ The old man has a **dim** memory of his childhood. 그 노인은 유년시절에 대한 기억이 흐릿하다.
ambiguous[*] [æmbígjuəs]	➡ The question was discarded because it was **ambiguous**. 그 논제는 애매모호한 것이었기 때문에 폐기되었다.
hazy[*] [héizi]	➡ Because the details of the project were **hazy**, we rejected the proposal. 프로젝트에 대한 세부설명이 모호해서 우리는 그 제안을 거부했다.
blurred [blə:r]	➡ The **blurred** outlines suggest that something spilled over the painting. 윤곽이 불분명한 것을 보니 그림 위에 뭔가 쏟았던 것 같다.
nebulous [nébjələs]	➡ I find most of his ideas pretty **nebulous**. 그의 설명 대부분이 매우 흐릿한 것 같다. <<< 【천문】 「성운(모양)의」

A. Choose the synonym for the underlined word in the sentence.

1 She is the most <u>flawless</u> person in the political world.
   - Ⓐ impellent
   - Ⓑ imminent
   - Ⓒ impeccable
   - Ⓓ impartible

2 The deduction was <u>fallacious</u> all along as it started with a nonsense proposition.
   - Ⓐ faulty
   - Ⓑ licentious
   - Ⓒ pretentious
   - Ⓓ officious

3 A governor of Massachusetts, Calvin Coolidge became a national figure because of his <u>firm</u> opposition to the 1919 police strike.
   - Ⓐ restrained
   - Ⓑ prompt
   - Ⓒ determined
   - Ⓓ careful

4 Galena, the chief ore of lead, is a <u>brittle</u>, lead gray mineral with metallic luster.
   - Ⓐ petrified
   - Ⓑ sparkling
   - Ⓒ breakable
   - Ⓓ dense

5 He didn't accept the organization's <u>unbending</u> opposition to gun control legislation.
   - Ⓐ tolerant
   - Ⓑ arrogant
   - Ⓒ rigid
   - Ⓓ inaccurate

6 The white house stood out in <u>sharp</u> contrast against the dark hill behind it.
   - Ⓐ arid
   - Ⓑ prickly
   - Ⓒ dull
   - Ⓓ vivid

B. Draw a line between a word and the matching meaning.

7   faultless   Ⓐ 경솔한

8   flimsy   Ⓑ 굽히지 않는

                                 Ⓒ 유연한
9   unyielding
                                 Ⓓ 뚜렷한
10 ductile   Ⓔ 부서지기 쉬운

11 distinct   Ⓕ 흠 없는

C. Choose the most appropriate word in accordance with the
   context.

We are liable to make a[an] 12. _____ decision and

go astray during the 13. _____ adolescent period in

which our mind is 14. _____ , our thought

15. _____ and nothing 16. _____ .

Ⓐ wrong   Ⓑ fragile   Ⓒ pleasant
Ⓓ clear   Ⓔ unstable   Ⓕ pliable

obscure _ 불분명한

명확하지 않고 모호하거나, 눈에 띄지 않거나 희미한 대상에
대해 사용한다.

---

obscure[**]

[əbskjúər]

→ The shapes of the buildings were **obscure**
because of the distance.

먼 거리 때문에 그 건물의 형상이 불분명했다.

---

indistinct

[ìndistíŋkt]

→ There is an **indistinct** picture on the wall.

벽에 알아보기 힘든 그림이 있다.

---

imprecise

[ìmprəsáis]

→ The politician gave an **imprecise** description
of his stand on immigration.

그 정치인은 이민 문제에 대해 부정확한 입장을 취했다.

---

indefinite[**]

[indéfənit]

→ She was **indefinite** about returning to her job
after giving birth.

그녀가 출산 이후 직장에 복귀할 것인지는 분명하지 않았다.

---

unclear

[ʌnklíər]

→ The meaning is still **unclear** to us.

우리에게 그 의미는 여전히 모호하다.

---

equivocal

[ikwívəkəl]

→ He saved face with an **equivocal** response to
an embarrassing question.

그는 당황스러운 질문에 대해 중의적 답변으로 체면을 지켰다.

profound _ 심오한

무언가가 깊다는 의미도 되지만, 뜻이 깊어 난해하고 의미 심장함
을 나타내기도 한다.

- **profound**··
  [prəfáund]

  → The publisher considered the author's work to be **profound**.

  출판사 측에서는 그 저자의 작품이 심오한 것이라고 생각했다.

- **deep**···
  [di:p]

  → Robert was regarded as a **deep** thinker by his friends.

  친구들은 로버트가 생각이 깊은 사람이라고 생각했다.

- **abstruse**
  [əbstrúːs]

  → Cosmology is an **abstruse** field of study not easily understood by most people.

  우주론은 일반사람들은 쉽게 이해할 수 없는 난해한 분야이다.

- **recondite**
  [rékəndàit]

  → He agrees that a lot of **recondite** theories are simply busywork.

  그는 많은 심원한 이론들은 바쁘고 성과는 없는 일이라는 데 동의한다.

053 costly _ 비싼

비용이 많이 들거나 물품이 가격이 상당한 경우에 사용한다.

costly**
[kɔ́:stli]

→ He bought her a lot of **costly** jewels.
그는 그녀에게 비싼 보석을 많이 사주었다.
<<< 「희생이 큰」, 「호화로운」

expensive**
[ikspénsiv]

→ He's just bought a very **expensive** new car.
최근 그는 고가의 자동차를 새로 구입했다.

steep***
[sti:p]

→ Despite somewhat **steep** living expenses, I like this city.
다소 무리한 생활비가 들긴 하지만, 그래도 이 도시가 마음에 든다.

dear*
[diər]

→ In that country, fruit is too **dear** to can.
그 나라에서는 과일이 너무 비싸 통조림으로 만들 수 없다.
<<< Ⓐ일 때 「친애하는」, 「고금리의」의 의미로 사용된다.

high-priced
[háipráist]

→ Fresh strawberries are **high-priced** in winter.
신선한 딸기는 겨울에 값이 비싸다.

pricey
[práisi]

→ The man ordered a **pricey** bottle of champagne to please his date.
그 남자는 데이트 상대를 기분 좋게 해 주려고 비싼 샴페인을 주문했다.

054 reasonable _ (가격이) 합당한

비용이 많이 들지 않는다거나 물품의 가격이 저렴한 경우에
사용한다.

reasonable***
[ríːzənəbəl]

→ She did a lot of research to buy a car at a **reasonable** price.

합리적인 가격으로 자동차를 구입하기 위해 그녀는 조사를 많이 했다.

cheap***
[tʃiːp]

→ Soybeans are one of the world's **cheapest** sources of protein.

콩은 세계에서 가장 값 싼 단백질 식품 가운데 하나이다.

budget**
[bʌ́dʒit]

→ The bride recovered a **budget** wedding dress.

그 신부는 저렴한 웨딩드레스를 찾았다.

<<< Ⓐ로만 사용되며 「값이 싼」, 「싸게 잘 산」의 의미이다.

inexpensive*
[ìnikspénsiv]

→ Beans are often used as an **inexpensive** substitute for meat.

콩은 싼 육류 대체 식품으로 종종 사용된다.

low-priced
[lóupraist]

→ The store carries many **low-priced** clothes and toys.

그 가게에는 값 싼 옷과 장난감을 많이 취급한다.

low-cost
[lóukɔ́(ː)st]

→ The computer company will soon launch its **low-cost** products.

그 컴퓨터 회사는 곧 저렴한 상품을 시장에 내놓을 것이다.

surplus _ 여분의

이미 주어진 사물이나 상황에 그 이상의 것을 추가한다는 의미, 또는
규정된 수량이나 범위를 넘어섰다는 의미로 사용한다.

surplus**
[sə́:rplʌs]

→ America sends her **surplus** cotton and wheat to Europe.

미국은 유럽에 여분의 면화와 밀을 보낸다.

further**
[fə́:rðər]

→ **Further** investigation is needed to get to the bottom of the problem.

문제의 진상을 규명하기 위해서는 그 이상의 조사가 필요하다.

additional**
[ədíʃənəl]

→ The auditor asked for **additional** informations.

그 회계감사원은 추가적인 정보를 요구했다.

extra**
[ékstrə]

→ We always make a large number of **extra** handouts for each session.

우리는 회의 때마다 항상 여분의 인쇄물을 많이 준비해 둔다.

spare**
[spɛər]

→ Unfortunately, we used up all **spare** cash so couldn't buy food.

불행히도 우리는 따로 남겨 둔 돈을 몽땅 다 써버려서 음식을 못 샀다.

supplementary*
[sʌ̀pləméntəri]

→ He made a speech on the **supplementary** budget for the expenses of the war.

그는 전쟁 비용 추가 예산 집행에 대해 연설했다.

056 integral _ 필수의, 근본적인

무언가에 꼭 필요하며 없어서는 안되는 사물, 행동 등을 가리킨다.

integral[*] [íntigrəl]	→ Self-confidence is an **integral** factor for success. 자신감은 성공의 필수적인 요소이다.
underlying[*] [Àndərláiiŋ]	→ He has finally found out the **underlying** cause of the disease. 그는 그 병의 근본적 원인을 알아냈다.
indispensable^{**} [ìndispénsəbəl]	→ What do you think is **indispensable** to city life? 도시 생활에서 없어서는 안되는 것은 무엇이라고 생각하는가?
essential^{**} [isénʃəl]	→ Food, clothing and shelter are **essential** to our life which we cannot do without. 의식주는 우리 삶의 필수적인 것이다.
basic^{**} [béisik]	→ There are a few **basic** problems with this system. 이 시스템에는 몇 가지 기본적인 문제가 있다.
fundamental^{**} [fÀndəméntl]	→ We should make every effort to solve the **fundamental** issue of child poverty. 아동 빈곤의 근본적인 문제 해결에 최선의 노력을 기울여야 한다.
radical^{**} [rǽdikəl]	→ He made a **radical** change in the plan. 그는 그 계획에 근본적인 변화를 주었다.

consistent _ 부합하는

「화목하게 지낼 수 있는」, 「잘 맞는」 등의 뜻으로, 성격·생각·
특징 등이 비슷해서 서로 잘 어울릴 때 사용한다.

consistent˚

[kənsístənt]

→ The rule is **consistent with** the international standards.

그 규정은 국제 기준에 부합하는 것이다.

harmonious˚˚

[hɑːrmóuniəs]

→ An abundance of material wealth may not result in a **harmonious** family.

물질적 풍요로움이 화목한 가정으로 이어지지 않을 수도 있다.

compatible˚

[kəmpǽtəbəl]

→ In the small village, he found few people **compatible with** him.

그 작은 마을에서 그는 마음이 잘 맞는 사람을 거의 찾을 수 없었다.

congenial˚

[kəndʒíːnjəl]

→ John found the current work not **congenial to** his taste.

존은 지금 하는 일이 본인 취향에 맞는 것이 아니라고 생각했다.

like-minded

[láikmáindid]

→ He is **like-minded with** me in terms of political leaning.

정치적 성향에 있어, 그는 나와 마음이 맞다.

congruous

[káŋgruəs]

→ The proposed colors are **congruous with** the buildings.

제안된 색상은 그 건물과 어울린다.

058 conflicting _ 상반되는

서로 공통점이 없어서 공존할 수도 없고 심지어는 서로 모순되며
상반되기까지 할 때 사용한다.

---

conflicting

[kənflíktiŋ]

➡ Many **conflicting** views were expressed at the conference.

그 회의에서 상반되는 의견이 많이 피력되었다.

---

incompatible

[ìnkəmpǽtəbl]

➡ The personalities of the young married couple seem **incompatible**.

그 젊은 부부의 성격은 잘 맞지 않는 것 같다.

---

inconsistent

[ìnkənsístənt]

➡ The two academically leading theories are **inconsistent with** each other.

학계를 주도하는 그 두 가지 이론은 서로 상반된다.

---

discordant

[diskɔ́ːrdənt]

➡ His remark introduced a **discordant** note into the meeting.

그의 발언으로 인해 모임에 가락이 맞지 않는 음조가 생겼다.

---

antagonistic

[æntǽgənístik]

➡ The two personalities have few similarities and are basically **antagonistic**.

그 두 사람은 성격상 비슷한 점이 거의 없고, 기본적으로 적대적이다.

---

contradictory

[kàntrədíktəri]

➡ They kept making **contradictory** claims throughout the meeting.

그들은 회의 내내 계속 모순되는 주장을 폈다.

059 proper _ 적절한

「적당한」, 「관련된」 등의 뜻으로, 어떤 상황과 부합되거나 직접
관련이 있어 잘 맞는 경우에 사용한다.

---

proper*
[prápər]

→ The operations are to be taken up at a **proper** time and in a proper way.

군사 작전은 적절한 시기에 적절한 방법으로 이루어져야 한다.

---

pertinent*
[pə́:rtənənt]

→ His remarks are not **pertinent to** the subject under discussion.

그의 의견은 논의되고 있는 주제에 적절한 것이 아니다.

---

applicable*
[ǽplikəbəl]

→ There is no written law **applicable to** the matter in question.

본 문제와 들어맞는 명문화된 법안이 없는 상태다.

---

appropriate*
[əpróuprièit]

→ I don't think that his conduct at the meeting is **appropriate**.

모임에서 그가 보여준 행동은 적절한 것이 아닌 것 같다.

---

adequate*
[ǽdikwit]

→ Such a resolution is not **adequate for** the situation.

그런 결정은 그 상황에 적당한 것이 아니다.

---

relevant*
[réləvənt]

→ He supplied the facts **relevant to** the case.

그는 사건과 관련된 사실을 제공했다.
<<< 「적절한」, 「상응하는」

---

related*
[riléitid]

→ Thousand of people die prematurely each day from smoking-**related** diseases.

흡연과 상관된 질병으로 매일 수천 명이 요절한다.

060 extraneous _ 관련이 없는

어떤 상황과 조금도 관계가 없을 때 사용하거나 양자가 서로
전혀 맞지 않을 때도 사용한다.

extraneous [ikstréiniəs]	⇒ Issues **extraneous to** trade are expected to be put on the negotiating agenda. 무역과 관련 없는 문제가 협상 의제 테이블에 높일 것으로 예상된다.
alien˙ [éiljən]	⇒ The matter he bought up was totally **alien to** the discussion at hand. 그가 제기한 문제는 현재 토론과는 전혀 이질적인 문제였다.
irrelevant [iréləvənt]	⇒ The information she had was **irrelevant**. 그녀의 정보는 무관계한 정보였다.
inapplicable [inǽplikəbəl]	⇒ These rules are **inapplicable to** the senior members of our staff. 이 규칙은 고위 간부들에게는 부적당한 것이다.
unconnected [ʌnkənéktid]	⇒ He claimed that he was completely **unconnected to** the incident. 그는 자신이 그 사건과 완전히 무관한 것을 주장했다.
immaterial [ìmətíəriəl]	⇒ That story is **immaterial to** the question of why you are late. 그 이야기는 당신이 지각한 이유와 전혀 관련 없는 이야기다.

A. Choose the synonym for the underlined word in the sentence.

1 The <u>obscure</u> passage makes several interpretations possible.
 Ⓐ lucid   Ⓑ ambiguous
 Ⓒ probable   Ⓓ inaccessible

2 The painter's <u>profound</u> artistic experiences are often reflected in the paintings of natural objects.
 Ⓐ heavy   Ⓑ low
 Ⓒ beautiful   Ⓓ recondite

3 Once started, a chain reaction sustains itself without <u>further</u> outside influence.
 Ⓐ endless   Ⓑ surplus
 Ⓒ measurable   Ⓓ interruptive

4 If you want to lose weight, you must make a <u>radical</u> change in your diet.
 Ⓐ fundamental   Ⓑ contemporary
 Ⓒ sudden   Ⓓ delicate

5 The human sexuality instructor agreed to answer questions, providing they were <u>relevant</u> to the class.
 Ⓐ reliable   Ⓑ suggestive
 Ⓒ appropriate   Ⓓ successive

6 Questions about arithmetic would be <u>inapplicable</u> in a spelling lesson.
 Ⓐ illogical   Ⓑ convenient
 Ⓒ irrelevant   Ⓓ difficult

B. Draw a line between a word and the matching meaning.

7   abstruse   Ⓐ 저렴한

8   budget   Ⓑ 난해한

                      Ⓒ 적절한

9   indispensable   Ⓓ 없어서는 안 되는

10 pertinent   Ⓔ 관련 없는

11 immaterial   Ⓕ 절제된

C. Choose the most appropriate word in accordance with the context.

The prosecution disclosed a[an] 12. _____ investigation of another official from the Ministry of Construction and Transportation. He is alleged to have taken a bribe for offering real estate policy 13. _____ internal information and will be indicted by this weekend. The government, perplexed at a series of corruption cases immediately issued an official response expressing their 14. _____ regret that such behavior, which was 15. _____ and 16. _____ with the official ethics, was a serious offense and would not be tolerated.

Ⓐ supplementary   Ⓑ ingenious   Ⓒ deep
Ⓓ inappropriate   Ⓔ related   Ⓕ incompatible

elaborate _ 정교한

사물의 내용, 구조, 여러가지 과정 등이 복잡해서 이해하거나
조작하기 어려울 때 사용한다.

elaborate[**]
[ilǽbərèit]

→ The scientist spend months inventing an **elaborate** machine.

그 과학자는 몇 달을 들여 정교한 기계 하나를 발명해냈다.

intricate[*]
[íntrəkit]

→ The **intricate** directions were difficult to understand.

그 복잡한 사용법을 이해하기가 쉽지 않았다.

sophisticated[*]
[səfístəkèitid]

→ The researchers settled the question with a highly **sophisticated** experiment.

그 연구자들은 매우 복잡한 연구를 통해 문제를 해결했다.

complex[**]
[kəmpléks]

→ This is a **complex** machine. Take care of it.

이것은 복잡한 기계이니, 조심하세요.

complicated[**]
[kámpləkèitid]

→ It is difficult to understand this kind of **complicated** calculation.

이런 복잡한 계산을 이해하기란 어렵다.

involved
[inválvd]

→ The reconstruction has required a very **involved** procedure.

그 재건 작업은 매우 복잡한 과정을 요한다.

convoluted
[kánvəlùːtid]

→ They came up with a **convoluted** plan to capture their enemy.

적을 생포하기 위해 그들은 복잡한 계획을 세웠다.

062 simple _ 단순한

사물의 내용, 구조, 과정 등이 간결하거나 간명함을 뜻한다.

---

simple***
[símpəl]

→ His **simple** speech and ways made him uncomfortable in the city school.

단순한 말투와 습관 때문에 그는 도시에서 학교생활이 불편했다.

---

plain***
[plein]

→ The old couple retired and enjoyed a **plain** life in the mountains.

그 노부부는 은퇴하고 산에서 간소한 인생을 즐겼다.

---

unsophisticated
[ʌnsəfístəkèitid]

→ I chose a relatively **unsophisticated** novel over a complicated one.

나는 복잡한 소설보다 다소 복잡하지 않은 소설을 선택했다.

---

rustic**
[rʌ́stik]

→ People who live in the country enjoy a **rustic** lifestyle.

시골 사람들은 소박한 삶을 즐긴다.

---

austere*
[ɔːstíər]

→ The tall columns stood against the sky in **austere** beauty.

간결한 아름다움이 있는 그 큰 기둥은 하늘을 배경 삼아 서 있었다.

---

uncomplicated
[ʌnkámpləkèitid]

→ The directions to the museum tend to be **uncomplicated**.

박물관으로 가는 길은 단순한 편이다.

fierce _ 무서운

「강렬한」, 「흉포한」 등의 뜻으로, 사람, 동물 혹은 사물의 기세와
힘이 사납고 격렬함을 의미한다.

---

fierce**
[fiərs]

→ She has a **fierce** look on her face.
그녀는 무서운 얼굴을 하고 있다.

---

furious**
[fjúəriəs]

→ I was **furious** with myself for my lack of courage.
나는 용기가 부족한 스스로에게 몹시 화가 났다.

---

violent**
[váiələnt]

→ A **violent** storm was a major factor in the defeat of the Spanish Armada.
스페인 무적함대 패배의 주요 원인은 격한 폭풍 때문이었다.

---

ferocious*
[fəróuʃəs]

→ The name of that **ferocious** animal is unforgettable.
사나운 저 동물의 이름은 잊혀 지지 않는다.

---

turbulent*
[tə́ːrbjələnt]

→ On my way to New York, I met a **turbulent** storm.
뉴욕으로 가는 길에, 거친 폭풍을 만났다.

---

savage**
[sǽvidʒ]

→ They were arrested for their **savage** behavior.
난폭한 행동 때문에 그들은 체포되었다.
<<< 「야만적인」, 「미개한」, 「(토지, 장소가) 황량한」의 의미로는 Ⓐ

---

raging
[réidʒiŋ]

→ There was a **raging** storm outside; it was hard to walk.
밖에 맹렬한 폭풍이 불어서, 걷기가 힘들 정도였다.

064 stubborn _ 완고한

고집이 세거나 융통성이 없는 성격을 뜻하며 사람이나 동물,
사물에게 다 적용된다.

---

stubborn"
[stʌ́bərn]

➜ He is as **stubborn** as his father.
그는 자기 아버지만큼이나 완고하다.
<<< 「(병 따위가) 고치기 어려운」

---

obstinate"
[ábstənit]

➜ **Obstinate** people usually don't realize how
they are.
강퍅한 사람들은 보통 자기들이 어떤 줄 모른다.

---

obdurate
[ábdʒurit]

➜ The most **obdurate** thing was my own
obsession in my head.
가장 고집 센 것은 바로 내 머릿속의 망상이었다.

---

pigheaded
[píghèdid]

➜ That young girl is way too **pigheaded** with that
pretty face.
저 어린 소녀는 저렇게 얼굴이 예쁜데 너무 고집스럽다.

---

headstrong
[hédstrɔ̀ːŋ]

➜ The umpire was so **headstrong** about his
misjudgment.
그 심판은 자신의 오심에 대해 아주 억지가 셌다.

---

tenacious
[tinéiʃəs]

➜ His affliction was the most **tenacious** foe of his
life.
그의 고통은 그에게 가장 끈질긴 평생의 적이었다.

065 limited _ 제한된

수나 양, 정도에 한계를 두고 그 이상을 넘지 못하게 되어 있는
상태를 말한다.

limited˙˙ [límitid]	➡ They were agreed only on a **limited** reconciliation. 그들은 제한된 조정에만 합의했다.
minor˙˙ [máinər]	➡ Missing files are just a **minor** part of the problem. 없어진 파일들은 그 문제의 작은 부분에 불과하다.
narrow˙˙˙ [nǽrou]	➡ I need to broaden my **narrow** relationships. 나는 폭이 좁은 인간관계를 확장해야 한다.
restrictive˙ [ristríktiv]	➡ **Restrictive** usages of tap water are required as we are having a long dry spell. 오랜 건조기가 지속됨에 따라 수돗물의 제한적 사용이 요구된다.
unessential [ʌnisénʃəl]	➡ Government's commodity prices policies were all **unessential**. 정부가 내놓은 물가 대책은 모두 본질적인 것이 아니었다.

066 extensive _ 광범위한

사물의 분포나 영향을 주는 범위, 또는 지역이 넓고 큼을 말한다.

extensive
[iksténsiv]

→ The company conducted **extensive** research into the emerging markets.
그 회사는 신흥시장에 대한 광범위한 조사를 실시했다.

widespread
[wáidspréd]

→ The herb is **widespread** around the world.
그 약초는 전 세계에 널리 보급되어 있다.

far-reaching
[fá:rrí:tʃiŋ]

→ The country desperately needs **far-reaching** reforms in its government.
그 나라는 정부 내 광범위한 개혁이 절실히 필요하다.

broad
[brɔːd]

→ The book has had a **broad** influence on the younger generation.
그 책은 젊은 세대에게 폭넓은 영향을 끼쳤다.

prevalent
[prévələnt]

→ Such ideas are very **prevalent** among the young students.
그런 생각은 어린 학생들 사이에 매우 널리 퍼져 있다.

universal
[jùːnəvə́:rsəl]

→ There is the **universal** perception that 'honey is good for you.'
'꿀은 몸에 좋다' 라는 보편적인 생각이 존재한다.

general
[dʒénərəl]

→ There is a **general** interest in television.
텔레비전에 대한 관심은 일반적인 것이다.
<<< as is general with 「~에게는 일반적인 일이지만」

067 immeasurable _ 헤아릴 수 없는

셀 수 없을 정도로 숫자나 많거나 측정하기 어려울 정도로 규모가
큰 대상에 대한 표현들이다.

**immeasurable*
[iméʒərəbəl]

➡ The investment bank doesn't seem to recoup **immeasurable** loss.

그 투자은행은 헤아릴 수 없는 손실을 만회할 수 없을 것 같다.

**inestimable*
[inéstəməbəl]

➡ He dedicates **inestimable** affection to his work.

그는 자신의 일에 헤아릴 수 없는 애정을 바친다.

incalculable
[inkǽlkjələbəl]

➡ The late reporter made an **incalculable** contribution to the Korean journalism.

고인이 된 그 기자는 한국 언론에 헤아릴 수 없는 기여를 했다.

incomputable
[ìnkəmpjúːtəbəl]

➡ There were **incomputable** empty bottles in his stenchful room.

그의 악취 나는 방에는 셀 수 없는 빈 술병들이 널려 있었다.

measureless
[méʒərlis]

➡ The extent of the universe is **measureless**.

우주의 넓이는 무한하다.

‹‹‹ 【문어】「무한한」, 「헤아릴 수 없는」

068 myriad _ 무수한

「다수의」, 「많은」의 의미로서, 셀 수 없을 정도로 수량이 많을
때 사용한다.

myriad* [míriəd]	He presented a **myriad** of options, all of which were invalid. 그는 전부 쓸모없는 무수한 제안을 내놓았다.
numerous** [njú:mərəs]	He has **numerous** telephone calls every day. 그는 매일 수많은 전화 통화를 한다. <<< 【시어】「곡조가 아름다운」
innumerable** [injú:mərəbəl]	His building project has faced **innumerable** architectural problems. 그의 건설 계획은 무수히 많은 건축학적 문제에 직면했다.
countless** [káuntlis]	There were **countless** stars in the sky. 하늘에는 셀 수 없이 많은 별들이 있었다.
many*** [méni]	There are **many** tourists around historic sites. 역사적 유적 주변에는 관광객이 많다.
numberless* [nʌ́mbərlis]	He made **numberless** mistakes on the final. 그는 그 학기말 시험에서 무수한 실수를 했다. <<< 「번호 없는」의 의미도 있다.

069 plentiful _ 풍부한

많은 자원, 재산, 물품 등을 소유, 확보하고 있음을 의미한다.

plentiful··
[pléntifəl]

→ There are **plentiful** attractions in New York.
뉴욕에는 볼거리가 풍부하다.

bountiful
[báuntifəl]

→ The farmers in the area had a **bountiful** harvest last year.
이 지역 농부들은 풍부한 수확을 거두었다.

luxuriant·
[lʌgӡúəriənt]

→ She is a girl with **luxuriant** imaginations.
그녀는 상상력이 풍부한 소녀이다.

abundant··
[əbʌ́ndənt]

→ Apples are **abundant in** this area.
이 지역에서는 사과가 많이 난다.

rich···
[ritʃ]

→ The Persian Gulf countries are **rich in** oil.
페르시아 만에 있는 국가들은 석유자원이 풍부하다.

wealthy··
[wélθi]

→ The boy likes a drink with **wealthy** fruit flesh.
그 소년은 풍부한 과육이 든 음료를 좋아한다.
<<< 「유복한」, 「넉넉한」

070 fertile _ 비옥한

농장, 과수원 등의 산출량이 풍부하고 생산적일 때, 혹은 사람이나
동식물이 자손을 잘 낳을 때 사용한다.

fertile"
[fə́:rtl]

→ He has a **fertile** farm in Kansas.
그는 캔자스에 비옥한 농장을 가지고 있다.
<<< 【물리】「핵분열 물질로 변환 가능한」

prolific˚
[proulífik]

→ He is a **prolific** writer with quality works.
그는 훌륭한 작품을 다작하는 작가이다.
<<< 주로 창작을 하는 사람들이 작품을 많이 낼 때 쓴다.

productive"
[prədʌ́ktiv]

→ Mr. Smith's strawberry field is very
productive.
스미스 씨의 딸기밭은 매우 생산성이 높다.

fruitful"
[frú:tfəl]

→ They wanted to find some area of **fruitful** soil.
그들은 풍작이 되는 땅을 찾고 싶어 했다.
<<< a fruitful occupation「실수입이 좋은 직업」

multiparous
[mʌltípərəs]

→ Rabbits and rats are **multiparous** rodents.
토끼와 쥐는 새끼를 많이 낳는 설치류이다.

fecund
[fí:kənd]

→ In days of old, being **fecund** was the primary
for women.
옛날에는 다산을 하는 것이 여자에게 제일 중요한 일이었다.

A. Choose the synonym for the underlined word in the sentence.

1 The Duke of Wellington possessed a very high intelligence, as well as a capacity to master <u>involved</u> details.
   Ⓐ annoying   Ⓑ intricate
   Ⓒ austere   Ⓓ questioning

2 The salon was the most elegant room Virginia had ever seen even though it was very <u>austere</u>.
   Ⓐ decorative   Ⓑ designed
   Ⓒ flexible   Ⓓ simple

3 The <u>pigheaded</u> girl would do what she wants, in spite of repeated warnings.
   Ⓐ obstinate   Ⓑ broad-minded
   Ⓒ open-hearted   Ⓓ obscure

4 There is now <u>widespread</u> pessimism about the economic recovery.
   Ⓐ broad   Ⓑ frank
   Ⓒ vacant   Ⓓ solid

5 An old lady discovered Pollock's painting of <u>inestimable</u> value in the loft.
   Ⓐ incalculable   Ⓑ suitable
   Ⓒ inapplicable   Ⓓ understandable

6 The most surprising fact is that the once barren soil turned into a <u>fruitful</u> orchard after the reclamation.
   Ⓐ saturated   Ⓑ naive
   Ⓒ fertile   Ⓓ traumatic

B. Draw a line between a word and the matching meaning.

7 obdurate   Ⓐ 다산의

8 unessential   Ⓑ 고집 센

                     Ⓒ 본질적이 아닌

9 myriad   Ⓓ 무수한

10 narrow   Ⓔ 폭이 좁은

11 multiparous   Ⓕ 유익한

C. Choose the most appropriate word in accordance with the context.

> Fria was a girl with a[an] 12. _____ talent and started
> painting at the age of 18. She became one of the most
> 13. _____ and, at the same time, representative
> painters in her time bringing out 14. _____ famous
> paintings. You can find the most tactful catch of the
> 15. _____ nature of life and human being in her
> works, which wins the 16. _____ sympathy.

Ⓐ many   Ⓑ complicated   Ⓒ abundant
Ⓓ universal   Ⓔ productive   Ⓕ sorrowful

071 exorbitant _ 과도한

필요한 정도나 적당한 범위, 또는 일반적인 한도를 넘어섰음을
의미한다.

exorbitant
[igzɔ́:rbətənt]

→ I was surprised at his **exorbitant** demands.

나는 그의 과도한 요구에 깜짝 놀랐다.

excessive"
[iksésiv]

→ **Excessive** drinking is bad for your health.

지나친 음주는 건강에 해롭다.

<<< 「무절제한」

superfluous'
[su:pə́:rfluəs]

→ You want to put your **superfluous** food in the
refrigerator right away.

남는 음식은 당장 냉장고에 넣는 게 좋다.

inordinate
[inɔ́:rdənət]

→ There were **inordinate** luxuries in his room.

그의 방에는 과한 사치품들이 있었다.

<<< 「터무니 없는」, 「엄청난」

redundant
[ridʌ́ndənt]

→ This poem is ruined by **redundant** rhyme.

이 시는 과다한 압운을 넣어서 망쳤다.

<<< [주로 영국]「(일시적으로) 해고된」, 「(노동자가) 잉여의」

072 sufficient _ 충분한

수량상 요구에 만족을 주거나, 정도에 있어서 만족스러움을
뜻한다.

---

sufficient**
[səfíʃənt]

→ We have **sufficient** money for a yacht.

우리는 요트를 살 충분한 돈이 있다.

<<< 【은행】 Not sufficient 「자금 부족」

---

enough***
[inʌf]

→ There is time **enough for** everything in the
course of the day.

오늘 중에 모든 것을 다 할 충분한 시간이 있다.

---

adequate**
[ǽdikwit]

→ He was considered the right person with the
adequate ability for it.

그는 그 일을 다할 능력이 있는 적임자로 생각되었다.

---

ample**
[ǽmpl]

→ I had **ample** courage to fight the mugger.

나는 그 강도와 싸울 충분한 용기가 있었다.

<<< Ⓐ로 쓰일 때에는 「넓은」, 「뚱뚱한」, 「풍만한」의 의미로 사용된다.

---

satisfactory*
[sæ̀tisfǽktəri]

→ We were served a very **satisfactory** dinner.

우리는 매우 만족스러운 식사를 대접받았다.

<<< 【신학】 「충분한 속죄가 되는」

073 inadequate _ 부족한

정도나 수량상의 요구에 만족을 주지 못함을 뜻하기도 하고,
기대치에 부합되지 못함을 의미하기도 한다.

---

inadequate**
[inǽdikwit]

→ The supply is wholly **inadequate to** meeting the demand.

공급량은 수요를 충족시키기에 턱없이 부족하다.

---

sparse*
[spɑːrs]

→ Lawns turned **sparse** or even bare.

잔디가 드문드문한 상태가 되었거나 아주 벗겨져 버렸다.

---

short***
[ʃɔːrt]

→ He was **short in** common sense.

그는 상식이 모자랐다.

<<< 【음성】「단음의」, 【상업】「(어음이)단기의」

---

insufficient**
[ìnsəfíʃənt]

→ There is an **insufficient** supply of food in many countries in Africa.

아프리카 여러 나라에서는 식량 공급이 부족하다.

---

poor***
[puər]

→ Their hostility comes from a long conflict caused by **poor** understanding.

그들의 적개심은 부족한 이해로 인한 오랜 불화에서 비롯된다.

---

scanty**
[skǽnti]

→ Crops were really **scanty** that year.

그해 수확량은 정말 얼마 안되었다.

<<< 「인색하게 구는」, 「빈약한」

---

meager*
[míːgər]

→ A **meager** meal makes you feel hungry soon.

불충분한 식사를 하면 금방 배가 고프다.

<<< 「빈약한」, 「야윈」

074 barren _ 불모의

황량하고 메마른 땅이나, 후세 또는 결실을 생산하지 못하는
대상을 표현할 때 사용한다.

---

barren··
[bǽrən]

→ There is no vegetation in this **barren** desert.

이 불모의 사막에는 식물이 존재하지 않는다.

<<< 「열매를 맺지 않는」, 「재미없는」, 「어리석은」

---

arid
[ǽrid]

→ The field is **arid**, which wasn't like that in the past.

저 들판은 바싹 말라 있는데, 예전에는 그렇지 않았다.

---

infertile
[infə́:rtəl]

→ He despaired when he found out his land was completely **infertile**.

그는 자신의 땅이 완전히 불모인 것을 알고 절망했다.

---

unproductive
[ʌnprədʌ́ktiv]

→ The drifters found a way to survive in **unproductive** environments.

표류한 사람들은 그 불모의 환경에서 생존할 방법을 찾았다.

---

desolate··
[désəlit]

→ They came to a **desolate** wind-swept mountain side.

그들은 바람이 쓸고 간 쓸쓸한 산중턱에 왔다.

---

bleak·
[bli:k]

→ On the **bleak** hillside, you can't see any plants.

황량한 언덕 중턱에서는 풀 한 포기 찾을 수 없다.

conspicuous _ 명백한

뭔가가 분명하고 뚜렷하게 드러날 때, 또 명확하게 쉽게 알 수
있을 때 사용한다.

---

conspicuous**

[kənspíkjuəs]

→ If something can be easily seen, we say that it
is **conspicuous**.

무언가 쉽게 눈에 띌 때 우리는 그것이 명백하다고 한다.

---

obvious**

[ábviəs]

→ It is **obvious** that the Red Sox are losing again
under the curse of the Bambino.

밤비노의 저주로 인해 레드삭스 팀이 또 질 것이 분명하다.

---

apparent**

[əpǽrənt]

→ That thing that seems an **apparent** truth is
actually a lie.

분명한 사실로 보이는 그것은 실제로는 거짓이다.

---

clear***

[kliər]

→ Her anxiety was so **clear** that we could see
her heartthrob.

그녀의 초조함이 확연해서 그에게 심장이 고동치는 게 보일 정도였다.

---

evident**

[évidənt]

→ He often shows an **evident** impatience with
mischievous children.

그는 장난꾸러기 어린이들과 함께 있으면 종종 뚜렷한 초조함을 보인다.

---

manifest**

[mǽnəfèst]

→ His excuses seemed a **manifest** lie but she
couldn't see it.

그의 변명은 명백한 거짓말 같았지만, 그녀는 그것을 알지 못했다.

076 notable _ 현저한

사람의 지위와 명성 등이 널리 알려져 있거나, 사물의 성질과 위
치 등이 눈에 뜨일 때 사용한다. 이중 notable, noticeable,
remarkable, noteworthy는 「주목할 만한」의 의미를 가진다.

notable[**]
[nóutəbəl]

→ The class made a **notable** improvement.
그 학급은 현저한 개선을 이루었다.
<<< 【화학】「지각할 수 있는」

remarkable[**]
[rimá:rkəbəl]

→ He always draws attention to himself for his **remarkable** memory.
그는 남다른 기억력으로 항상 이목을 끈다.

prominent[**]
[prámənənt]

→ He showed a **prominent** ability for mathematics.
그는 수학에 탁월한 소질을 보였나.
<<< 「돌기한」, 「양각된」

striking[**]
[stráikiŋ]

→ His features were **striking** just like his father.
그의 용모는 그의 아버지처럼 두드러졌다.
<<< 「공격의」, 「파업 중인」

noticeable[*]
[nóutisəbəl]

→ He is one of the most **noticeable** scientists of our time.
그는 우리 시대에 가장 이목을 끄는 과학자 중 하나이다.

noteworthy[*]
[nóutwə̀:rði]

→ Much **noteworthy** work has been done toward that end.
그 목적을 위해 아주 주목할 만한 일이 이루어졌다.

salient
[séiliənt]

→ He is notorious for his **salient** eccentricity.
그는 두드러진 기벽으로 악명이 높다.

distinguished _ 출중한

무리 중 특별히 두드러지고 뛰어나며, 우수하고 걸출할 때 사용한다. 이중 extraordinary와 monumental에는 「대단한」, 「터무니없는」 등의 의미도 있다.

distinguished**
[distíŋgwiʃt]

→ The twins were always **distinguished** among other students.

쌍둥이들은 항상 다른 학생들보다 출중했다.

outstanding**
[àutstǽndiŋ]

→ My mother was an **outstanding** starlet when she was young.

나의 어머니는 젊었을 때 눈에 띄는 신인배우였다.

monumental***
[mànjəméntl]

→ He has left a great number of **monumental** works in Korean art history.

그는 한국미술사에 많은 기념비적 작품들을 남겼다.

extraordinary**
[ikstrɔ́ːrdənèri]

→ We happened to witness an **extraordinary** sight of shooting stars.

우리는 우연히 별똥별이 쏟아지는 놀랄 만한 광경을 목격하게 되었다.

excellent**
[éksələnt]

→ Teachers somehow get to favor **excellent** pupils.

선생님들은 아무래도 뛰어난 학생들을 좋아하게 된다.

phenomenal
[finámənəl]

→ The athlete is confined to bed but showing a **phenomenal** resilience.

그 운동선수는 병상에 있지만, 경이적인 회복력을 보여 주고 있다.

inconspicuous _ 두드러지지 않는

사람이나 사물이 눈에 잘 띄지 않음을 뜻한다.

---

inconspicuous
[ìnkənspíkjuːəs]

→ The teacher pays more attention to the **inconspicuous**.

그 선생님은 두드러지지않는 아이들에게 더 신경을 쓴다.

---

unnoticeable
[ʌ̀nnóutisəbəl]

→ There are some people who usually remain **unnoticeable** wherever they are.

어떤 사람들은 어디에서든 늘 별 주목을 끌지 못한다.

---

indiscernible
[ìndisə́ːrnəbəl]

→ The triplets are substantially **indiscernible** from one another.

그 세 쌍둥이들은 사실상 서로 분간이 안 된다.

---

inappreciable
[ìnəpríːʃiəbəl]

→ His expressions of remorse and apology were so **inappreciable**.

그가 한 후회와 사과의 표현은 매우 미미했다.

---

indistinctive
[ìndistíŋktiv]

→ He can't stand any stain on his clothes even if it is **indistinctive**.

그는 눈에 띄지 않는 얼룩이라도 옷에 묻는 것을 아주 싫어한다.

obsolete _ 쓸모없게 된

진부하고 낙후한 대상에 대해, 또 시간이 지나거나 환경이
바뀌어 사용하지 않는 대상에 대해 설명하는 말이다.

obsolete*
[àbsəlíːt]

➡ The bow and arrow as a war weapon is now **obsolete**.

전쟁무기로서 활과 화살은 이제 쓸모없게 되었다.

unused*
[ʌnjúːzd]

➡ He has habitually kept all of the **unused** forks.

그는 습관적으로 쓰지 않는 포크를 모두 보관했다.

<<< 「쓰지 않은」, 「신품의」

out-of-date*
[aut ɑv deit]

➡ She threw out all her **out-of-date** clothes.

그녀는 낡은 옷들을 모두 내다버렸다.

<<< ⓟ로 사용할 때는 out of date로 쓴다.

outdated
[áutdéitid]

➡ Such a cell-phone is now absolutely **outdated**.

그런 핸드폰은 정말 구식이다.

antiquated
[ǽntikwèit]

➡ A new model has made our car look so **antiquated**.

신모델이 우리 차를 구식으로 보이게 했다.

outmoded
[àutmóudid]

➡ The car he used to drive was totally **outmoded**.

그가 전에 몰고 다니던 차는 정말 구식이었다.

080 futile _ 무익한

생각했던 결과를 얻지 못하여 노력이 헛되게 되었을 때, 뭔가가 아무 유용성이 없을 때 사용한다.

futile** [fjúːtl]	→ It is **futile** telling cats to try not to eat fish on a plate since it is against their nature. 고양이에게 생선을 보고 본능을 참으라고 하는 것은 무익한 짓이다.
useless** [júːslis]	→ As the project was aborted, all of the collected data are now completely **useless**. 그 계획이 좌절되었으니, 수집했던 모든 자료는 이제 아무 쓸모가 없다.
vain** [veɪn]	→ He tried so hard to get the job, but it was all **in vain**. 그는 그 일자리를 얻으려 무진 노력했으나, 그것은 아무 보람도 없었다.
fruitless* [frúːtlis]	→ He struggled hard to get a promotion only to see **fruitless** results. 그는 승진을 하기 위해 분투했지만, 결국 아무 소용이 없었다.
bootless [búːtlis]	→ She tried to find her lost purse but her efforts were **bootless**. 그녀는 잃어버린 핸드백을 찾으려 했으나, 그 노력은 무익했다.
unavailing [ʌnəvéiliŋ]	→ The preacher's sermon was **unavailing** after all. 전도사의 설교는 결국 헛된 것이었다.

A. Choose the synonym for the underlined word in the sentence.

1 Fifty years ago, twenty cents was <u>excessive</u> for a pound of sugar.

   Ⓐ high   Ⓑ alternative

   Ⓒ ordinary   Ⓓ inordinate

2 The teachers and doctors in some countries receive wretchedly <u>insufficient</u> salaries.

   Ⓐ inappeasable   Ⓑ improper

   Ⓒ impossible   Ⓓ inadequate

3 By housing scheme, a project on a large scale will be built on those <u>bleak</u> plains.

   Ⓐ hollow   Ⓑ slant

   Ⓒ barren   Ⓓ extra

4 He is making a <u>prominent</u> profit on the stock market while most of the stocks' prices are plunging.

   Ⓐ immediate   Ⓑ outspoken

   Ⓒ outstanding   Ⓓ instant

5 Raincoats for children had better be made in vivid colors rather than <u>inconspicuous</u> ones.

   Ⓐ wealthy   Ⓑ unnoticeable

   Ⓒ nonviolent   Ⓓ available

6 It is <u>unavailing</u> that you want to be a mushroom millionaire by winning a lottery without doing anything.

   Ⓐ discouraging   Ⓑ brittle

   Ⓒ vain   Ⓓ unintended

B. Draw a line between a word and the matching meaning.

7 ample   Ⓐ 빽빽한

8 sparse   Ⓑ 드문드문한

9 salient   Ⓒ 두드러진

          Ⓓ 무익한

10 obsolete   Ⓔ 폐물이 된

11 bootless   Ⓕ 충분한

C. Choose the most appropriate word for the blank.

12 One of California's greatest problems is providing _____ water to meet the needs of its expanding population.

13 An individual nerve cell usually has a large cell body and a[an] _____ nucleus.

14 The taste difference between these jellies is _____ : they taste almost the same.

15 The streets were usually so crowded, but now have grown _____ .

16 He has established the _____ swimming record for the butterfly stroke.

Ⓐ expectant	Ⓑ manipulative	Ⓒ obvious	Ⓓ desolate
Ⓔ adequate	Ⓕ inappreciable	Ⓖ monumental	Ⓗ encouraging

081 impartial _ 공정한

어느 한쪽으로 치우치지 않는 견해나 태도를 의미한다. 특히, impartial, unbiased, unprejudiced는 「편견이 없는」, 「편파적이 아닌」의 뜻을 지닌다.

impartial*
[impáːrʃəl]

→ The boss is so far from being **impartial** and in favor of some employees.

사장은 공정한 것과는 거리가 멀고, 내놓고 몇몇 직원의 편을 든다.

fair***
[fɛər]

→ I don't think it's **fair** that you alone take that much space.

너 혼자 그렇게 자리를 많이 차지하다니 공평하다고 생각지 않는다.

just***
[dʒʌst]

→ The judgement on him is considered quite **just**.

그에 대한 판단은 꽤 공정한 것이었다고 생각된다.

equitable
[ékwətəbəl]

→ There has never been an **equitable** redistribution of wealth since human history.

유사 이래로, 공평한 부의 재분배는 존재한 적이 없다.

unbiased
[ʌnbáiəst]

→ This organization needs an **unbiased** administration on the board of directors.

이 조직에 필요한 건 이사회의 비편파적인 운영이다.

unprejudiced
[ʌnprédʒədist]

→ She appears **unprejudiced** but nobody is.

그녀는 편견이 없어 보이지만, 편견 없는 사람은 없다.

082 partial _ 편파적인

어떤 주체가 부당하고 공평하지 않은 생각이나 행동을 하는 상황에 사용한다. 특히 이중 partial, biased, prejudiced는 「편견이 있는」의 뜻이 있다.

partial**
[pá:rʃəl]

→ He thought he was convicted because of a **partial** witness.

그는 자신이 유죄 판결을 받은 것은 편파적인 증인 때문이라고 생각했다.

unequal*
[ʌníːkwəl]

→ He is criticized for **unequal** treatments of his employees.

그는 고용인들에 대한 불공평한 처우를 하는 것으로 비판받는다.

unfair
[ʌnféər]

→ Everyone knows it is an **unfair** competition.

모두 그 경기가 불공정한 시합인 것을 알고 있다.

<<< an unfair labor practice 「부당 노동 행위」

prejudiced
[prédʒədist]

→ The decision on the matter was caused by opinions of the **prejudiced** majority.

그 문제에 관한 결정은 선입관에 물든 다수의 의견에서 비롯되었다.

biased
[báiəs]

→ His act is the outcome of a **biased** conception.

그의 행동은 편향된 생각의 산물이다.

083 proper _ 적절한

사람, 사물, 시간, 장소, 양, 자격 등이 기대나 요구에 맞을 때 사용한다. 이중 opportune은 「시의에 알맞은」, suitable, right, fit 는 「어울리는」의 의미를 내포한다.

---

proper˙˙˙
[prápər]

→ The answer I gave to my boss was not **proper for** it, I think.

내가 상사에게 한 대답은 적절한 것이 아니었던 것 같다.

---

suitable˙˙
[súːtəbəl]

→ She wants something **suitable for** [to] her mother's 60th birthday.

그녀는 어머니의 환갑잔치에 적당한 선물을 사고 싶어 한다.

---

appropriate˙˙
[əpróuprièit]

→ Plain, simple clothes are **appropriate for** [to] school wear.

평범하고 간단한 옷이 교복으로 어울린다.

---

right˙˙˙
[rait]

→ It is just the **right** weather **for** taking a long walk.

오랜 산책을 하기에 더할 나위 없이 알맞은 날씨다.

---

fit˙˙
[fit]

→ He is a loner who can't be **fit for** the group.

그는 그 단체에 맞는 사람이 될 수 없는 아웃사이더이다.

---

apt˙˙
[æpt]

→ You want to think of something to say that is **apt for** this situation.

너는 이 상황에 할 뭔가 적당한 말을 생각해야 한다.

---

opportune˙
[ὰpərtjúːn]

→ The political remark was not very **opportune**.

그 정치 논평은 그리 시의 적절한 것이 아니었다.

---

084 inappropriate _ 부적당한

시간, 장소, 양, 자격 등이 제격에 알맞게 요구를 충족시키지
않음을 뜻한다.

inappropriate
[ìnəpróupriit]

→ A revolver is **inappropriate for** being under
the Christmas tree as a gift.

연발 권총은 크리스마스 트리 아래 놓아둘 선물로는 부적당하다.

unsuitable*
[ʌ̀nsú:təbəl]

→ Those shoes are **unsuitable for** mountain
climbing.

그 신발은 등산용으로 적당하지 않다.

improper*
[imprápər]

→ Her poignant utterance was **improper for** the
occasion.

그녀의 통렬한 발언은 그 자리에 적절치 않은 것이었다.

unfit*
[ʌ̀nfít]

→ He felt **unfit** feeling like a fish out of water.

그는 물 밖으로 나온 물고기처럼 어울리지 않는 것을 느꼈다.
<<< Ⓟ로만 사용한다.

wrong***
[rɔ:ŋ]

→ This dress is so **wrong for** me.

이 드레스는 나에게 영 어울리지 않는다.

085　inherent _ 타고난

어떠한 자질이나 성질을 선천적으로 가지고 있거나, 혹은 필연적
으로 내포하고 있음을 의미한다.

inherent [inhíərənt]	→ Every child has an **inherent** right to life. 모든 어린이는 삶에 대한 생득적 권리를 가진다. <<< 「고유의」, 「본래부터 가지고 있는」
inborn [ínbɔ́ːrn]	→ It is usually said that intuition for mathematics is **inborn**. 흔히 수학적 직관은 천부적인 것이라고들 말한다.
innate [inéit]	→ His writing ability is not **innate**; he has been practicing it. 그의 작문 솜씨는 타고난 것이 아니다. 그는 글쓰는 연습을 해왔다.
natural [nǽtʃərəl]	→ She is so proud to be a **natural** blonde. 그녀는 선천적인 금발인 것을 무척 자랑스러워한다. <<< 「타고난」, 「선천적인」의 의미일 때는 형용사 ④의 용법으로 사용된다.
indigenous [indídʒənəs]	→ His parents nurtured his **indigenous** ability with proper support. 그의 부모는 적절한 원조로 그의 타고난 능력을 키워주었다.

086 artificial _ 인공적인

자연적으로 타고난 것이 아니라 사람에 의해 만들어졌거나 가공된 것을 의미한다. 이중 특히 man-made와 synthetic은 「합성의」의 의미를 갖는다.

artificial**
[à:rtəfíʃəl]

⇒ She had plastic surgery so many times, and now her face looks **artificial**.

그녀는 성형수술을 너무 많이 받아서, 지금은 얼굴이 인공적으로 보인다.

synthetic*
[sinθétik]

⇒ My purse that I paid a fortune for is not made of **synthetic** leather.

내가 거금을 들여 산 핸드백은 합성된 피혁이 아니다.

man-made
[mæn meid]

⇒ Dubai Palm Island is one of the most famous **man-made** island.

두바이의 팜 아일랜드는 가장 유명한 인공 섬 중 하나이다.

factitious
[fæktíʃəs]

⇒ They sell **factitious** gems on the market today.

오늘날 시장에서는 인공적 보석들이 팔리고 있다.

<<< 「허울뿐인」, 「가짜의」

087 potential _ 가능한

어떤 일이 발생하거나 실현될 수 있을 때, 혹은 상상이 되거나
있음직할 때에 사용한다.

potential
[poutén∫əl]
→ That man with a baseball cap is a **potential** customer.
저 야구 모자를 쓴 남자는 단골이 될 가능성이 있는 사람이다.

feasible
[fí:zəbəl]
→ Wishing for a mermaid is neither **feasible** nor worthwhile.
인어를 원하는 것은 실행되는 일도 아니고 바랄 가치도 없다.

practicable
[prǽktikəbəl]
→ His plan first seemed **practicable** but it isn't.
그의 계획은 처음에 실현 가능한 것으로 보였지만 그렇지 않다.

presumable
[prizú:məbəl]
→ The thief went through all the **presumable** places in my house.
도둑이 내 집의 가정할 수 있는 모든 곳을 뒤졌다.

possible
[pásəbəl]
→ They say everything is **possible** when she gets angry.
그녀가 화를 낼 때엔 어떤 일도 가능하다고들 한다.

viable
[váiəbəl]
→ We need some **viable** and reliable schemes to get ourselves through these difficulties.
이 난국 극복을 위해 실행 가능하고 믿을 수 있는 계획이 필요하다.

conceivable
[kənsí:vəbəl]
→ We'll take all the **conceivable** measures now.
우리는 지금 생각할 수 있는 모든 수단을 취할 것이다.

088 probable _ 꼭 있음직한

어떤 일의 실현이나 발생이 일어날 가능성이 상당히 클 때
사용한다.

---

probable**
[prɑ́bəbl]

→ It is **probable** that he will pass the exam.

틀림없이 그가 시험에 통과할 것 같다.
<<< 【논리】「개연적인」

---

likely***
[láikli]

→ This blur on my white shirt is **likely** to last.

내 흰 셔츠에 묻은 얼룩은 오래 갈 것 같다.
<<< more likely than not 「어느 쪽이냐 하면」, 「아마」

---

convincing*
[kənvínsiŋ]

→ His answer sounded very **convincing** over the
phone.

전화상으로는 그의 대답이 매우 설득력이 있었다.

---

plausible*
[plɔ́ːzəbl]

→ He improvised with **plausible** excuses.

그는 그럴듯한 핑계거리를 꾸며댔다.
<<< 「(이유, 구실 따위가) 그럴듯한」

---

credible
[krédəbəl]

→ I don't think a corporation with an accounting
fraud scandal would be **credible**.

분식회계 추문이 있는 회사는 신뢰할 수 있는 것 같지 않다.

089 substantial _ 견고한, 강한

굳어 흔들림이 없는 것, 혹은 힘이 세거나 영향력이 강한 것을
의미한다.

substantial[**]
[səbstǽnʃəl]

→ The corporate's financial structure seems **substantial**.

그 기업의 재무구조는 견고한 것으로 보인다.

robust[*]
[roubʌ́st]

→ Serving in the army wears out the most **robust** men.

군대 복무는 매우 강건한 사람들도 지치게 한다.

strong[***]
[strɔ(:)ŋ]

→ The crutches were not **strong** enough to sustain his weight.

목발이 그의 무게를 견딜 만큼 튼튼한 것이 아니었다.

tough[**]
[tʌf]

→ I prefer something made of **tough** leather to ones that are synthetic.

나는 인조소재로 만든 것보다 질긴 가죽으로 만든 물건이 더 좋다.

potent[*]
[póutənt]

→ His family is not as **potent** as hers.

그의 집안은 그녀의 집안만큼 세력 있는 가문은 아니다.

090 feeble _ 약한

물리적 힘의 정도가 작거나 영향력이 미미한 것을 묘사할 때
사용한다.

---

feeble**
[fíːbəl]

→ If ever he meets any kind of trouble, his **feeble** mind will break down.

어떤 어려움이라도 만나면 그의 나약한 마음은 무너질 것이다.

---

languid*
[lǽŋgwid]

→ Many people seem to feel **languid** because of spring fever.

많은 사람들이 초봄의 나른함으로 맥이 없는 것 같다.

---

infirm
[infə́ːrm]

→ He despises his brother for his being **infirm**.

그는 몸이 약한 것 때문에 자기 형을 깔본다.

<<< 「(신체, 의지, 구조 따위가) 약한」

---

weak***
[wiːk]

→ Something **weak** wouldn't survive in nature.

약한 것은 자연 상태에서는 살아남지 못한다.

---

powerless*
[páuərlis]

→ Nobody bothered to pay a visit to a **powerless** outcast politician.

쫓겨나 권력 없는 정치인에겐 누구도 찾아가 보려고 하지 않았다.

---

effete
[efíːt]

→ When the great king died, the country started getting **effete**.

그 위대한 왕이 죽자, 나라가 쇠약해지기 시작했다.

A. Choose the synonym for the underlined word in the sentence.

1 He won high praises with his <u>just</u> and fair play in the game, in which everybody else was playing dirty and breaking the rules.
  Ⓐ stubborn
  Ⓑ impartial
  Ⓒ humorous
  Ⓓ capricious

2 He is indicted for allegedly taking a bribe but there was a <u>biased</u> investigation into his case, to begin with.
  Ⓐ particular
  Ⓑ principal
  Ⓒ disciplined
  Ⓓ prejudiced

3 Analysts say overseas investors are waiting for an <u>opportune</u> moment to cut in.
  Ⓐ appreciated
  Ⓑ pressing
  Ⓒ appropriate
  Ⓓ pleasing

4 The young of predatory animals may make noise at the <u>wrong</u> times if they don't sleep.
  Ⓐ ambiguous
  Ⓑ appropriate
  Ⓒ unclear
  Ⓓ inappropriate

5 We can fight with elements of <u>innate</u> immunity against pathogens getting into our body and causing various diseases.
  Ⓐ inborn
  Ⓑ possible
  Ⓒ inevitable
  Ⓓ necessary

6 Everybody knows the promises that politician made at the election season are not all <u>practicable</u>.
  Ⓐ daring
  Ⓑ complete
  Ⓒ decisive
  Ⓓ feasible

B. Draw a line between a word and the matching meaning.

7   inherent   Ⓐ 기운이 없는

8   viable   Ⓑ 본래의

                                Ⓒ 실행 가능한
9   factitious
                                Ⓓ 튼튼한

10 robust   Ⓔ 인공적인

11 languid   Ⓕ 창의적인

C. Choose the most appropriate word in accordance with the
   context.

One of the premier department stores in Seoul has been
detected selling 12. _____ gems as natural ones to
its customers. The police said it was 13. _____ that
other stores might commit the same misdemeanor and
they would expand the investigation. "This is deceitful, not
14. _____ and will hurt their credibility," a customer
said who had actually purchased one for his girlfriend.
Other customers are also expressing 15. _____
complaints about their 16. _____ business morality.

Ⓐ possible   Ⓑ synthetic   Ⓒ indigenous
Ⓓ fragile   Ⓔ proper   Ⓕ strong

091 advantageous _ 유리한

우수하거나 가치가 있어 도움이 되는 것을 표현하는 단어이다.

advantageous*
[ædvəntéiʒəs]

→ There are many **advantageous** things about living in a city.

도시에서 살면 유리한 점이 많다.

lucrative
[lúːkrətiv]

→ An oil refining company is thought to be in a **lucrative** business.

정유회사는 돈을 잘 버는 사업을 한다고 여겨진다.

profitable**
[práfitəbəl]

→ Seizing the opportunity to have a good education turned out to be very **profitable**.

좋은 교육 기회를 붙잡았던 것은 매우 유익한 일이었다.

gainful
[géinfəl]

→ There are severe competitions between them from trying to occupy a more **gainful** position.

그들 사이에는 더 이익이 되는 위치를 차지하려는 경쟁이 치열하다.

favorable**
[féivərəbəl]

→ My father has always made **favorable** decisions to my big sister.

아버지는 항상 언니에게 유리한 결정을 내려 왔다.

expedient*
[ikspíːdiənt]

→ He prefers **expedient** ways even to right ones.

그는 옳은 방식이 있다 해도, 그보다 편리한 방식을 택한다.

<<< 「쓸모있는」, 「전략적인」, 「적절한」

092 detrimental _ 유해한

약점, 방해가 되거나 해로움을 끼치는 것을 의미한다.

---

detrimental
[dètrəméntl]

→ Smoking is **detrimental to** your health.
흡연은 건강에 유해하다.
<<< ⓟ로만 사용한다.

---

adverse°
[ædvə́:rs]

→ The medicine he obtained from his doctor had many **adverse** side effects.
그가 의사로부터 구한 약은 안 좋은 부작용이 많았다.

---

harmful°°
[há:rmfəl]

→ It can be **harmful** to wear glasses when you play basketball.
농구할 때 안경을 쓰는 것은 해로운 일이 될 수 있다.

---

disadvantageous
[disædvəntéidʒəs]

→ This relocation may put him in a very **disadvantageous** position.
이번 재배치가 그를 매우 불리한 위치에 놓을 수도 있다.

---

unfavorable°
[Ànféivərəbəl]

→ The wind was sometimes **unfavorable to** her but she kept sailing.
때때로 해풍 때문에 형편이 나빴으나 그녀는 계속 항해해 갔다.

---

deleterious
[dèlətíəriəs]

→ Consuming too much alcohol is **deleterious**.
술을 너무 많이 마시는 것은 몸에 좋지 않다.
<<< 【문어】

radiant _ 빛나는

사물이 빛을 내거나 반사하는 성질을 지녔을 때 사용한다.

radiant
[réidiənt]
→ The inventor's face gets **radiant** when he is inspired with some ideas.
새로운 생각으로 영감을 얻을 때 그 발명가의 얼굴은 빛을 발산한다.

brilliant
[bríljənt]
→ **Brilliant** stars embroider the dark winter sky.
빛나는 별들이 어두운 겨울 하늘을 수놓고 있다.

glossy
[glɔ́(:)si]
→ The floor was so **glossy** with wax polishing that I could see my reflection on it.
왁스질로 바닥이 너무 광택이 나서 내 얼굴이 보일 정도였다.

bright
[brait]
→ The economic prospects are not so **bright**.
경기 전망이 그리 밝은 것이 아니다.
<<< 【항해】「경계를 소홀히 하지 않는」

luminous
[lúːmənəs]
→ Some deep sea fish have **luminous** bodies.
몇몇 심해어는 몸에서 빛이 난다.
<<< 「반짝이는」, 「야광의」

shiny
[ʃáini]
→ She wore an expensive necklace with **shiny** diamonds.
그녀는 번쩍이는 비싼 다이아몬드 목걸이를 하고 있었다.

luminescent
[lùːmənésnt]
→ You can see many **luminescent** creatures in the world of nature.
자연계에는 많은 빛광성 생물이 있다.

094 picturesque _ 그림과 같은

경치가 독특하고 아름다워 사람들에게 매력을 느끼게 할 경우에
사용한다.

picturesque[**]
[pìktʃərésk]

→ The Appalachian Mountain region is extensive
and **picturesque**.

애팔래치아 산 지역은 매우 광대하고 그림과 같이 아름답다.

scenic[*]
[síːnik]

→ Some places in Tokyo where I paid visits had
scenic views.

내가 도쿄에서 간 몇몇 곳의 전망은 그림 같았다.

graphic[*]
[ɡrǽfik]

→ The girl in viridian looks like a **graphic**
porcelain doll.

청록색 옷을 입은 소녀는 그려놓은 듯한 도자기 인형 같다.

pictorial[*]
[piktɔ́ːriəl]

→ Two young love birds made a **pictorial** scene
on the beach.

사랑을 속삭이는 두 명의 젊은 커플이 해변에 그림 같은 정경을 그렸다.

lifelike
[láiflàik]

→ Dorian Gray's portrait would be **lifelike**, if
there is such a thing.

도리안 그레이의 초상화 같은 게 있다면, 정말 생생한 그림일 것이다.

095 pure _ 순수한

다른 성분이나, 불순물이 들어가지 않은 대상에 대해 사용한다. 이중
unadulterated와 sheer는 이 의미 외에 「순전한」, 「완전한」의 뜻
이 있는데, 이때에는 Ⓐ로만 사용한다.

pure[**]
[pjuər]

→ It was by **pure** accident that I ran into him there.

거기서 그와 부딪친 것은 순전한 우연이었다.

net[*]
[nét]

→ We reported **net** income for the first quarter.

우리는 제1사분기 순(純)이익을 발표했다.

<<< 형용사로 사용될 때에는 Ⓐ이며 「결국의」, 「최종적인」의 뜻도 있다.

sheer[**]
[ʃiər]

→ He keeps asking for the **sheer** extract of nectar more and more .

그는 물을 타지 않은 과즙 추출물을 자꾸 더 달라고 졸랐다.

chaste[*]
[tʃéist]

→ Many a person are moved by their **chaste** behavior.

많은 사람들의 그들의 순결한 행동에 감동을 받는다.

unadulterated
[ʌnədʌ́ltərèitid]

→ His offer is from the **unadulterated** cordiality.

그의 제안은 순수한 충정에서 나온 것이다.

096 identical _ 같은

동일하지 않은 사물 간에 구별이 어렵거나 불가능할 정도로
유사점이 있을 때 사용한다.

identical**
[aidéntikəl]

→ The ring is **identical to** the one I lost before.
그 반지는 내가 전에 잃어버린 것과 똑같다.
<<< Ⓐ로 사용될 때에는 「동일한」의 의미이다.

duplicate*
[djú:pləkit]

→ They are **duplicate** pairs of each other.
그들은 서로 꼭 닮은 한 쌍이다.
<<< Ⓐ로만 사용된다.

similar***
[símələr]

→ A boy's love of cars is **similar to** a girl's love
for shoes.
남자들의 차에 대한 애착은 여자들의 구두에 대한 사랑과 같은 것이다.

same***
[seim]

→ It's now the **same** situation as the late 90's
financial crisis.
지금은 90년대 말 금융 위기와 같은 상황이다.

alike**
[əláik]

→ Students in the same uniform all look **alike**.
똑같은 교복을 입은 학생들은 모두 서로 같아 보였다.
<<< Ⓟ로만 사용된다.

equal**
[í:kwəl]

→ There were a good many of **equal** height
columns apparently decaying.
같은 크기의 기둥 상당수가 눈으로 보기에도 썩어가고 있었다.

indistinguishable
[ìndistíŋgwiʃəbəl]

→ The two races are virtually **indistinguishable**
from each other.
두 종족은 사실상 서로 분간할 수 없다.

097 indirect _ 우회적인

「길을 돌아가는」의 의미가 내포되어 있는 단어들로, 표현이나 설명 등이 단번에 이해할 수 없도록 애매하고 모호함을 뜻한다.

indirect**
[ìndirékt]

→ Job interviewers would give applicants **indirect** answers when they have to say 'No'.

면접관들은 응시자에게 불합격을 알려야 할 때 우회적인 대답을 주려 한다.

oblique*
[əblíːk]

→ Her **oblique** way of apologizing usually makes me more furious.

그녀의 완곡한 사과법이 보통 나를 더 화나게 한다.

circuitous
[səːrkjúːitəs]

→ He took a long **circuitous** way to say that he was seeing somebody else.

그는 길게 에두르는 방법으로 다른 애인이 생겼다고 말했다.

roundabout*
[ráundəbàut]

→ Red tape demanding **roundabout** ways slows down bureaucratic procedures.

번거로운 절차를 요구하는 관료주의가 행정절차를 느리게 만든다.

sidelong
[sáidlɔ̀ːŋ]

→ I often get offended with **sidelong** questions, which could actually be an invasion of privacy.

사실상 사생활을 침해할 수 있는 간접적인 질문에 종종 기분이 상한다.

apt _ ~하는 경향이 있는

「~하기 쉬운」, 「~로 기울어진」등의 의미를 포함하며, 성향, 기호에 따라 어떤 생각이나 행동을 습관적으로 하는 경우를 일컫는다.

---

apt··
[æpt]

→ I am **apt to** be in favor of prettier people.

나는 외모가 더 나은 사람들의 편을 드는 경향이 있다.

---

liable··
[láiəbəl]

→ Many young rockers are **liable to** end up as a 'one hit wonder'.

수많은 젊은 락커는 자칫하면 깜짝 스타들 중 하나로 끝나기 쉽다.

---

prone·
[proun]

→ Man is **prone** to err, they say, but I'm not sure God is prone to forgive.

사람은 과오를 범하기 쉽다고 하는데, 신이 그걸 용서하는지는 모르겠다.

---

inclined
[inkláind]

→ Birds are **inclined to** feel safer in higher places.

새들은 높은 곳에서 더 안전하게 느끼는 경향이 있다.

---

disposed·
[dispóuzd]

→ He was **disposed to** be a drunk just like his mother.

그는 모친처럼 술꾼이 될 기질이 있었다.

mysterious _ 불가사의한

어떤 사물의 본질이나 특징을 쉽게 파악할 수 없을 때 쓴다.

mysterious**
[mistíəriəs]
→ They say God works in a **mysterious** way.
사람들은 신은 불가사의한 방식으로 역사하신다고 한다.

puzzling*
[pʌ́zliŋ]
→ A few people enjoy math while most find it very **puzzling**.
대부분 수학을 매우 복잡한 것으로 여는 반면, 소수는 그것을 즐긴다.

obscure**
[əbskjúər]
→ After waiting for a week, I could only get an **obscure** answer.
일주일간 그렇게 기다렸는데, 불확실한 대답밖에 얻을 수 없었다.

perplexing
[pərpléksiŋ]
→ One **perplexing** question on the quiz has occupied so much time.
시험에서 복잡한 문제 하나가 시간을 너무 많이 끌었다.

riddling
[rídliŋ]
→ She was telling nothing with a **riddling** expression on her face.
그녀는 수수께끼 같은 표정을 지으며 아무런 말도 하지 않았다.

enigmatic
[ènigmǽtik]
→ Every now and then he mumbles **enigmatic** gibberish.
때때로 그는 이해할 수 없는 말을 횡설수설한다.

inscrutable
[inskrú:təbəl]
→ His speech was composed of **inscrutable** metaphors.
그의 연설은 불가사의한 은유로 이루어져 있었다.

100 vulnerable _ 민감한

「느끼기 쉬운」의 의미로서, 어떤 작용이나 행위, 손상, 감염 등을
예민하게 인지하거나 그에 쉽게 영향을 받는 것을 뜻한다.

---

vulnerable
[vʌ́lnərəbəl]

→ A girl experiencing her adolescence is **vulnerable to** other's remarks on her look.

사춘기 여자아이는 자기외모에 대한 타인의 평가에 민감하다.

---

susceptible*
[səséptəbəl]

→ The stock market is **susceptible to** exchange and interest rates.

주식시장은 환율과 금리의 영향을 받기 쉽다.

---

acute**
[əkjúːt]

→ His plagiarism of an anonymous writer was revealed by an **acute** observer.

한 예리한 관찰자가 그가 무명작가를 표절한 것을 폭로했다.

---

subject***
[sʌ́bdʒikt]

→ Minors are more **subject to** being drunk.

미성년자들은 취하기 더 쉽다.

<<< 「영향을 받기 쉬운」의 의미로는 ⓟ, 「복종하는」의 의미로는 ⓐ.

---

sensitive**
[sénsətiv]

→ His **sensitive** skin can't handle men's lotions.

그의 민감한 피부에는 남성용 로션을 바르면 안 된다.

<<< 【상업】「(시세 등이) 잘 변동하는」, 【사진】「감광성의」

---

exquisite**
[ikskwízit]

→ Some girls with too **exquisite** a sensitivity started crying.

감수성이 너무 예민한 몇몇 여자애들은 울기 시작했다.

---

receptive*
[riséptiv]

→ He is a little too **receptive to [of]** his mother.

그는 조금 심하게 어머니 말을 잘 받아들인다.

<<< 「수용하는」, 「감수성이 풍부한」

A. Choose the synonym for the underlined word in the sentence.

1 This rule is <u>expedient</u> for old and feeble people but not necessarily for young people in good health.

 Ⓐ favorable   Ⓑ describable

 Ⓒ adoptable   Ⓓ accusable

2 Indiscreet development and destruction of natural environment will bring about <u>adverse</u> effects for human.

 Ⓐ harmful   Ⓑ blameful

 Ⓒ helpful   Ⓓ hopeful

3 Many buildings in Buckchon, which is the Traditional House Preservation District, make a very <u>picturesque</u> scene.

 Ⓐ romanesque   Ⓑ grotesque

 Ⓒ arabesque   Ⓓ graphic

4 She wants her engagement ring to be <u>unadulterated</u> platinum with a small piece of diamond.

 Ⓐ unrefined   Ⓑ pure

 Ⓒ stable   Ⓓ unique

5 There have been several <u>indistinguishable</u> instances to this fire case in our community.

 Ⓐ similar   Ⓑ smart

 Ⓒ smattering   Ⓓ spheral

6 Traumatic experiences are <u>prone</u> to give memory loss to people who have them.

 Ⓐ liable   Ⓑ lovable

 Ⓒ reliable   Ⓓ losable

B. Draw a line between a word and the matching meaning.

7 lucrative

8 luminous

9 oblique

10 inscrutable

11 exquisite

Ⓐ 진지한

Ⓑ 유리한

Ⓒ 완곡한

Ⓓ 예민한

Ⓔ 불가사의한

Ⓕ 빛나는

C. Choose the most appropriate word in accordance with the context.

> The girl in a[an] 12. _____ oil painting was standing
> still. She had 13. _____ eyes and a[an] 14. _____
> smile mesmerizing anyone who saw her. She was herself a
> symbol of youth that is so 15. _____ but so
> 16. _____ too.

Ⓐ riddling   Ⓑ lifelike   Ⓒ chaste

Ⓓ bright   Ⓔ vulnerable   Ⓕ abundant

clever _ 영리한

우둔하지 않고 머리를 쓰는 것이 빠름을 가리킨다. 이중 clever는
똑똑하다는 의미 외에 교활하고 영악하다는 의미를 포함한다.

clever···
[klévər]

→ His **clever** answer could save his life at the moment of severe danger.

그의 영리한 대답이 극도로 위험한 그 순간에 그의 목숨을 살렸다.

intelligent··
[intélədʒənt]

→ I sometimes wonder how my dog got so **intelligent**.

난 때때로 우리 개가 어떻게 그렇게 영리한지 놀랍다.

bright···
[brait]

→ A **bright** pupil learned very quickly and moved up to senior courses.

그 똑똑한 학생은 아주 빨리 배워서 월반했다.

quick···
[kwik]

→ My friend always brags about how **quick** he is at science.

내 친구는 항상 과학 공부에 이해가 빠른 점을 자랑한다.

shrewd··
[ʃruːd]

→ He is so **shrewd** that I could never play a trick on him.

그는 너무 약삭빨라서 내가 한 번도 골려먹을 수 없을 것이다.

brainy
[bréini]

→ You can't blame him for not being **brainy**; anyway he's your blood.

어쨌든 그는 네 아들이니까 머리가 좋은 편이 아니라고 탓하면 안 된다.

witty·
[wíti]

→ She caught his eyes with her **witty** saying.

그녀는 재치 있는 말로 그의 눈길을 끌었다.

102 absurd _ 어리석은

지나치게 순진하거나, 바보 같고 미련한 행동을 할 때 사용한다.

absurd**
[əbsə́:rd]

➜ It's **absurd** to think that he will give me my money back.

그가 돈을 돌려줄 것이라고 믿는 것은 어리석은 일이다.

preposterous*
[pripástərəs]

➜ How **preposterous** to make large purchases of stocks at this time!

이런 때에 주식을 대량으로 사들이다니 얼마나 앞뒤가 뒤바뀐 짓인가!

foolish***
[fú:liʃ]

➜ I was so brave, and at the same time **foolish** to make such a remark.

그런 발언을 하다니 난 정말 용감한 동시에 어리석었다.

silly***
[síli]

➜ He gets very **silly** when he falls in love.

그는 사랑에 빠지면 아주 주책없어진다.
<<< 「얼빠진」, 「실없는」 외에, 「지능의 낮은」의 의미도 있다.

ridiculous**
[ridíkjələs]

➜ It is **ridiculous** for her to ask that much.

그녀가 그렇게 많은 요구를 하다니 우스꽝스러운 일이다.

fatuous
[fǽtʃuəs]

➜ How **fatuous** you are letting a complete stranger drive your car!

완전히 낯선 사람이 네 차를 운전하게 놔두다니 너 정말 바보 같구나!

103 funny _ 재미있는

「우스운」, 「희극 같은」등의 의미를 포함한다. 익살맞은 상황,
유머러스한 상황을 표현하며, 때로는 어이가 없음을 나타낸다.

funny ···
[fʌ́ni]

➡ This cartoon is **funny** and many people like it.

이 만화는 재미있어서 많은 사람들이 좋아한다.

<<< a funny column / funnies 「(신문에 연재되는) 만화란」

comic ··
[kámik]

➡ They say life is a **comic** tragedy or whatever.

사람들은 인생은 웃기는 비극 또는, 뭐든 그 비슷한 것이라고들 한다.

<<< [미국]Ⓐ「만화의」

hilarious
[hiléəriəs]

➡ He showed up in his father's tux, and it was really **hilarious**.

그는 아버지의 턱시도를 입고 나타났는데, 그것이 실로 웃음을 자아냈다.

comical·
[kámikəl]

➡ He couldn't help laughing in so **comical** a situation.

그는 그렇게 익살스러운 상황에서 웃지 않을 수가 없었다.

ludicrous
[lú:dəkrəs]

➡ The most **ludicrous** thing is that the cheat won the first prize.

가장 가소로운 일은 그 사기꾼이 상을 받았다는 것이다.

104 pleasing _ 마음에 드는

「호감을 주는」, 「상냥한」등의 의미를 포함하며, 붙임성이 있거나
친절하거나 기분 좋게 알맞은 상대, 혹은 사물에 대해 쓴다.

---

pleasing""

[plí:ziŋ]

→ What a pity, she could have been our **pleasing**
companion!

안타깝다. 그녀는 우리 마음에 드는 친구가 될 수도 있었는데!

---

agreeable""

[əgrí:əbəl]

→ Her **agreeable** looks is her most valuable
asset.

호감을 주는 용모는 그녀의 가장 귀중한 자산이었다.

---

amiable"

[éimiəbəl]

→ He makes himself **amiable to** anybody.

그는 아무에게나 붙임성 있는 태도를 보인다.

---

cordial""

[kɔ́:rdʒəl]

→ I was moved by the **cordial** reception that I
was given in his house.

나는 그의 집에서 받았던 충심으로부터 우러난 환대에 감동받았다.

---

hospitable"

[háspitəbəl]

→ The millionaire who threw a party for needy
children was **hospitable for** his guests.

불우어린이를 위해 파티를 연 백만장자는 손님들에게 후한 대접을 했다.

---

congenial"

[kəndʒí:njəl]

→ This book is exactly **congenial to[with]** my
tastes.

이 책은 딱 내 취향에 맞다.

---

affable

[ǽfəbəl]

→ He could make no friends even though he was
so **affable**.

그는 그렇게 상냥한 성격인데도 친구를 하나도 사귈 수 없었다.

105 serious _ 심각한, 진지한

진실하거나 엄숙하거나 근엄한 대상에 대해 사용한다.

serious
[síəriəs]

→ He is now facing a **serious** personal crisis.

그는 지금 심각한 개인적 위기에 직면해 있다.

solemn
[sáləm]

→ My father reads a paper putting on a **solemn** look in the morning.

우리 아버지는 아침에 근엄한 표정으로 신문을 읽는다.

sincere
[sinsíər]

→ I am always very **sincere to** my friends.

나는 항상 내 친구들에게 아주 진실하다.

momentous
[mouméntəs]

→ The **momentous** case should be decided by the president.

중대한 사안은 사장이 결정해야 한다.

grave
[greiv]

→ She has a **grave** responsibility to achieve this deal.

그녀는 이번 계약을 성사시킬 중대한 책임을 지닌다.

106 harsh _ 가혹한

엄하고, 단호하고, 다소 모질고 무자비할 때 쓰는 단어이다. 겉
모습이 그렇게 보일 때에도, 실제 성격이나 태도가 그러할 때
에도 사용한다.

harsh[*][*]
[hɑːrʃ]

→ You wouldn't make such a **harsh** comment about him if you knew him.

네가 만약 그를 안다면 그렇게 가혹한 소리는 안 할 것이다.

severe[*][*]
[sivíər]

→ Now that I've done it, I am looking at a **severe** punishment.

그 일을 저질렀으니, 난 이제 호된 벌을 받게 될 것이다.

rigid[*]
[rídʒid]

→ Nobody in the class likes their incredibly **rigid** teacher.

그 학급 누구도 너무 완고한 그들의 선생님을 좋아하지 않는다.

rigorous[*]
[rígərəs]

→ **Rigorous** assessments of the company made me decide to invest in it.

그 회사에 대한 엄밀한 평가를 보고 나는 그곳에 투자할 것을 결심했다.

strict[*][*]
[strikt]

→ Prestigious boarding schools require their students to abide by **strict** rules.

유명 기숙학교들은 학생들에게 엄격한 규칙에 따를 것을 요구한다.

stern[*][*]
[stə́ːrn]

→ She was brought up by **stern** parents.

그녀는 엄격한 부모 밑에서 자랐다.

<<< 「(사정, 처지 등이)피할 수 없는」, 「(기후가)황량한」, 「(사물이)간소한」

grim[*][*]
[grim]

→ He is said to be more fierce than **grim**.

그는 엄하다기보다는 사납다고 한다.

107 careful _ 주의 깊은

어떤 일의 결과나 자기 행동의 영향을 고려하여 적절하고
삼가는 태도를 취함을 표현한다.

careful***
[kέərfəl]

→ Please be extra **careful** when you handle my
crystal unicorn.

크리스탈 유니콘에 대해선 특별히 주의 깊은 취급을 부탁합니다.

deliberate*
[dilíbərèit]

→ It was absolutely **deliberate** that you checked
it three times.

그걸 세 번이나 확인하다니 당신은 정말 생각이 깊으십니다.

cautious**
[kɔ́ːʃəs]

→ He is **cautious of** his tongue when he talks to
seniors.

그는 어른들 앞에서는 말을 조심한다.

discreet*
[diskríːt]

→ I was **discreet** enough to do a background
check on him.

나는 그의 뒷조사를 할 만큼 분별이 있었다.

prudent**
[prúːdənt]

→ It was not very **prudent** of him to say such a
thing.

그가 그런 말을 하다니 그리 신중한 행동이 아니었다.

wary*
[wέəri]

→ He is being too **wary of** buying a new car.

그는 새 차를 사는 데 너무 신중하다.

watchful*
[wátʃfəl]

→ A vigilant person is always **watchful of [for/
against]** strangers at door.

경계 당번은 항상 문에 낯선 사람을 경계한다.

reckless _ 분별없는

일의 결과나 영향에 대해 깊이 생각하지 않고 생각 없는 말이나
행동을 하는 경우를 말한다.

reckless"
[réklis]
→ His **reckless** driving caused a multiple car accident.
그의 분별없는 운전으로 다중 추돌 사고가 발생했다.

careless"
[kɛ́ərlis]
→ How **careless** you are to brag about your wife in front of the newly widowed.
최근에 상처한 사람 앞에서 아내 자랑을 하다니 참 생각 없으십니다.

imprudent"
[imprú:dənt]
→ There will always be **imprudent** students to give teachers trouble.
앞으로도 교사들을 힘들게 하는 무분별한 학생들은 항상 있을 것이다.

rash"
[ræʃ]
→ It was a really **rash** act that you threw your vote away.
네가 투표권을 포기한 건 정말 경솔한 행동이었다.

unwise"
[ʌnwáiz]
→ I am not that **unwise** to buy that shoddy car for an arm and a leg.
난 거액을 주고 저 싸구려를 살 만큼 지각없는 사람은 아니다.

remiss
[rimís]
→ He was so **remiss in** his research that he put his investment in plunging stocks.
그는 부주의한 조사를 하여 폭락하는 주식에 투자를 했다.

109 preoccupied _ 몰두한

어떤 대상에 열중하여 그 생각에 여념이 없는 상태, 그것을 위해
전력을 다해 온 정신을 기울이는 상태를 설명하는 단어이다.

preoccupied*
[priːɑ́kjəpàid]

➡ The scientist is **preoccupied with** his lifelong research.

그 과학자는 생애에 걸친 자신의 연구에 몰두해 있다.

---

absorbed
[əbsɔ́ːrbd]

➡ I got **absorbed in** the girl next-door when she moved here.

옆집 소녀가 이사를 왔을 때 나는 그녀에게 마음을 빼앗겼다.

---

intent**
[intént]

➡ He is completely **intent on** academic fame.

그는 학자적 명성 추구에 완전히 열중해 있다.

<<< 이 의미일 땐 ℗로만 사용한다.

---

rapt*
[ræpt]

➡ You shouldn't be **rapt in** such a thing like gambling.

도박 같은 것에 정신이 팔리면 안 된다.

---

ecstatic
[ekstǽtik]

➡ Sudden rise in stock prices made her feel **ecstatic**.

주식 가격의 급등으로 그녀는 무아지경이 되었다.

---

enchanted
[entʃǽntid]

➡ Recently he has been entirely **enchanted with** the idea of great success.

최근 그는 대박을 칠 생각에 완전히 홀려 있다.

110 curious _ 호기심 있는

새로운 것이나 자신이 알지 못하는 것에 대해 알고 싶어 하는 태도
나 마음을 표현할 때 사용한다. 이중 inquisitive, inquiring,
questioning에는 「탐구적인」이라는 뜻도 함께 있다.

---

curious``**``
[kjúəriəs]
→ His cat is always excessively **curious**.
그의 고양이는 항상 호기심이 너무 많다.
‹‹‹ curious to say 「이상한 말이지만」

---

inquisitive`*`
[inkwízətiv]
→ I hate people who are **inquisitive about** other people's affairs.
나는 남의 일을 꼬치꼬치 캐묻는 사람들을 싫어한다.

---

inquiring
[inkwáiəriŋ]
→ The monkey looked at me with an **inquiring** look after climbing a tree.
그 원숭이는 나무에 올라가서 미심쩍은 눈으로 나를 바라보았다.

---

prying
[práiŋ]
→ He is inclined to be **prying into** my family when he has nothing else to do.
그는 할 일이 없으면 우리 집안일을 캐내기 좋아하는 경향이 있다.

---

questioning
[kwéstʃəniŋ]
→ As a child, he was a **questioning** boy annoying his parents with endless curiosity.
그는 끝없는 호기심으로 부모를 귀찮게 하던 질문 많은 아이였다.

economical _ 검소한

물질, 시간, 비용 등을 절약하는 것에서, 경제적이고 합리적인
소비를 하는 것까지 두루 일컫는다.

economical**
[ì:kənámikəl]

→ You have to be thoroughly **economical** in every
way, or you will go broke.

모든 면에서 철저히 검소한 생활을 하지 않으면 넌 파산하고 말거다.

saving**
[séiviŋ]

→ He had to drop out of college as he had not
been **saving** enough to set aside tuition.

그는 등록금을 모을 만큼 알뜰한 생활을 안 해서 학교를 관둬야 했다.

frugal*
[frú:gəl]

→ Being **frugal** isn't very pleasing but at least it
will save you some money.

절약하는 생활이 그리 즐겁진 않지만 적어도 돈을 조금 아낄 수는 있다.

thrifty*
[θrífti]

→ My grandfather was quite a big shot in
business and he wasn't so **thrifty**.

나의 할아버지는 사업계 거물이어서 그리 검소한 분은 아니셨다.

sparing
[spéəriŋ]

→ His mother is **sparing in** everything, even in
toothpick.

그의 어머니는 모든 것을, 심지어 이쑤시개조차도 아껴서 쓴다.

provident
[právədənt]

→ He hates to see his mother being too
provident of household goods.

그는 어머니가 살림살이를 너무 절약하는 것을 싫어한다.

112 luxurious _ 사치스러운

돈이나 다른 재화를 낭비한다는 뜻, 혹은 어떤 물품이 적정선
에서 한참 초과한 과한 가격이라는 뜻이다. 이 단어들은 모두
「씀씀이가 헤픈」이라는 뜻이 있다.

---

luxurious˙˙
[lʌgʒúəriəs]

→ He lives alone in a **luxurious** residence.

그는 혼자 사치스러운 저택에 산다.
<<< 「쾌적한」, 「(관능적) 쾌락을 구하는」

---

lavish˙
[lǽviʃ]

→ My friends are all **lavish** so I am imbued with them.

나의 친구들은 모두 낭비벽이 있어서 나도 물이 들었다.

---

extravagant˙
[ikstrǽvəgənt]

→ She always buys **extravagant** shoes.

그녀는 항상 사치스러운 구두를 산다.
<<< 「과대한」, 「터무니없는」

---

profuse˙
[prəfjúːs]

→ The man who is labeled as a nouveau riche is very **profuse of** his money.

벼락부자라고 불리는 그 남자는 씀씀이가 헤프다.

---

prodigal˙
[prάdigəl]

→ They are cutting out his son's allowance for he is a **prodigal** spender.

돈을 낭비하는 것 때문에 그들은 아들의 용돈을 끊을 것이다.

A. Choose the synonym for the underlined word in the sentence.

1 Native American myths and legends often depict the coyote as a <u>clever</u> trickster.
   - Ⓐ funny
   - Ⓑ friendly
   - Ⓒ shrewd
   - Ⓓ suspicious

2 Clark Gable gave a <u>comic</u> performance in the movie 'It Happened One Night.'
   - Ⓐ funny
   - Ⓑ discreet
   - Ⓒ fantastic
   - Ⓓ fashionable

3 His employer appeared to be in an <u>affable</u> mood, so Tom decided to ask him for a raise.
   - Ⓐ vicious
   - Ⓑ competitive
   - Ⓒ agreeable
   - Ⓓ strained

4 He managed to keep a <u>grave</u> expression on his face, even though he wanted to smile.
   - Ⓐ neutral
   - Ⓑ serious
   - Ⓒ joyful
   - Ⓓ great

5 The wealthy widow was <u>wary</u> of swindlers who tried to fool her.
   - Ⓐ nervous
   - Ⓑ fond
   - Ⓒ shy
   - Ⓓ careful

6 The nurse was dismissed because she was found to be <u>remiss</u> in her duties.
   - Ⓐ contagious
   - Ⓑ scrupulous
   - Ⓒ careless
   - Ⓓ accurate

B. Draw a line between a word and the matching meaning.

7	harsh	Ⓐ	절약하는
8	rapt	Ⓑ	비굴한
		Ⓒ	캐기 좋아하는
9	prying	Ⓓ	가혹한
10	frugal	Ⓔ	낭비벽이 있는
11	lavish	Ⓕ	정신이 팔린

C. Choose the most appropriate word for the blank.

12 She was _____ enough to let her bum boyfriend steal from her.

13 The audience laughed at the _____ act of the clown.

14 Even as a child, Thomas Edison had a very _____ mind: at the age of three he performed his first experiment.

15 When she was described as _____ , she didn't know whether to feel flattered or angry.

16 The billionaire has luxurious tastes and habit but never _____ in giving money to charity.

Ⓐ inquisitive	Ⓑ frugal	Ⓒ fatuous	Ⓓ unfair
Ⓔ ludicrous	Ⓕ applaudable	Ⓖ profuse	Ⓗ compulsive

IN THE COURT

1 **judge's bench** 판사석

2 **witness stand** 증인석

3 **court reporter** 법원 서기

4 **jury box** 배심원석

5 **public prosecutor** 검사
plaintiff's table 원고석

6 **defendant** 피고
defendant's table 피고석

7 **podium** 연단

8 **press** 기자단

9 **public gallery** 방청석

WORDS & EXPRESSIONS

Your honor 재판장님

Objection! 이의 있습니다!

Overruled (이의 신청을) 기각합니다.

Sustained (이의 신청을) 인정합니다.

cross-examination 반대심문

direct-examination 직접심문

indictment 기소

verdict 평결

not guilty 무죄

guilty 유죄

sentence 선고

adjournment 휴정

file [enter, bring in] a lawsuit against ~를 상대로 소송을 제기하다.
enter [bring, take] an action against

win a suit 소송에 이기다.

lose a suit 소송에 지다.

be at law 소송 중이다.

drop [discontinue] a suit 소송을 취하하다

Section **2**

Nouns

113 faculty _ 능력, 재능

선천적으로 어떤 일에 대한 기능이나 가능성이 있을 때, 혹은
학습과 노력을 통해 그것을 얻었을 때에 사용한다.

faculty···
[fǽkəlti]
→ I had a **faculty for** making money somehow.
나에게는 어떻게든 돈을 버는 능력이 있었다.

talent··
[tǽlənt]
→ The master found a boy who had a great **talent for** music.
그 거장은 음악에 대단한 재능이 있는 소년을 발굴했다.

ability··
[əbíləti]
→ Such an **ability** is not given to everybody.
그러한 능력이 모두에게 주어지지는 않는다.

aptitude·
[ǽptitùːd]
→ He didn't get any appreciation for his **aptitude for** painting.
그는 그림에 소질을 가지고도 진가를 인정받지 못했다.

flair
[flɛər]
→ His son had a **flair for** dancing.
그의 아들은 춤에 재능이 있었다.
<<< 「예민한 직감」, (천부적인)「재능」,「능력」

capacity··
[kəpǽsəti]
→ Dogs have a great **capacity for** the sense of smell.
개는 뛰어난 후각 능력을 가지고 있다.

competence·
[kámpətəns]
→ We need someone who has the necessary **competence for** the job.
우리는 그 일에 맞는 능력을 갖춘 사람이 필요하다.

114 inability _ 무능력

선천적, 후천적으로 능력이 없을 때 사용하고, 일시적으로 그런
상태일 때에도 쓴다.

---

inability*
[ìnəbíləti]

→ She hated his **inability** to make future plans.

그녀는 그가 미래에 대한 계획을 세우는 데 무능한 것이 싫었다.

---

disability*
[dìsəbíləti]

→ **Disability** hindered him from a legal action.

그는 법률상의 무능력으로 법적 행동을 하는 데 방해를 받았다.

<<< 「불구」, 「(법률상) 행위 무능력」, 「무자격」

---

incapability
[inkèipəbíləti]

→ Our financial **incapability** has made us give up
the government contract.

재정적 무능함으로 우리는 정부 하청 계약을 포기하게 되었다.

---

incompetence
[inkámpətəns]

→ His **incompetence** is due to cerebral apoplexy.

그의 무능력은 뇌졸중 때문이다.

<<< 【법률】 「금치산」, 【의학】 「기능 부전」

---

inefficiency
[ìnifíʃ ənsi]

→ Such **inefficiency** harms the workplace.

그러한 비능률은 일터에 손해를 끼친다.

115　amateur _ 아마추어

어떤 일을 전문적으로 하는 것이 아니라 여가, 혹은 취미로 할 때
사용하는 단어이다.

amateur** [ǽmətʃùər]	➜ Don't send me any **amateurs** like last time. 지난번처럼 아마추어들을 보내지 마시오.
novice* [návis]	➜ What could a **novice** have done at the time of the emergency? 풋내기가 그 돌발 상황에서 무엇을 할 수 있었겠는가?
beginner** [bigínər]	➜ I had lots of difficulties doing my job when I was a **beginner**. 내가 신참일 때에는 일을 하는 데 많은 어려움을 겪었다.
layman* [léimən]	➜ Please translate that into **layman**'s term. 문외한이 알아듣게 말해 주시오. <<< 「(성직자에 대한) 평신도」, 「속인」
laity [léiəti]	➜ The **laity** don't understand technical jargons. 문외한들은 전문분야의 은어들을 이해할 수 없다. <<< 「(집합적) 속인계급」, 「평신도」

116 professional _ 전문가

어떤 분야의 전문적인 지식이나 기술을 가지고 있는 사람들, 혹은
그 전공에 관련된 직업 활동을 하는 사람들을 말한다. 흔히 상당한
수준의 직업적 교육을 받은 전공자, 숙련자, 직업 선수를 포함한다.

professional··
[prəféʃənəl]

➡ He's beaten a **professional** golf player at golf.
그는 골프 프로 선수를 골프로 이겼다.
<<< 「지적 직업인」, 「기술전문가」

expert··
[ékspəːrt]

➡ I trusted him since it was a piece of advice
from an **expert**.
전문가의 의견이었기 때문에 나는 그 말을 믿었다.

specialist··
[spéʃəlist]

➡ Investment **specialists** are now pulling out.
투자 선분가들은 현새 주식시장에서 빠져나가고 있다.
<<< 「전공자」, 「전문의」

authority··
[əθɔ́ːriti]

➡ The actress needs a leading **authority** in scar
exclusions.
그 여배우는 흉터제거 분야의 일류 권위자가 필요하다.

adept
[ǽdept]

➡ The professor is one of the most noted
Pansori **adepts**.
그 교수는 가장 유명한 판소리 명인들 중 하나이다.

117 expertise _ 전문 기술, 능숙함

어떤 분야에 대한 축적된 지식과 경험을 가지고 있음을 말한다.
보통 그에 대한 권위와 숙달을 함축하고 있다.

expertise
[èkspərtíːz]

→ The prisoner whose **expertise** is in escape stunts broke free again.

전문 기술이 탈출 묘기인 죄수가 또 도망쳤다.

proficiency*
[prəfíʃənsi]

→ I registered with a pilot **proficiency** program.

나는 비행 숙련 프로그램에 등록했다.

art*
[ɑːrt]

→ He practiced the **art** of healing during the war.

그는 전쟁 동안 자신의 치료 기술을 행했다.

<<< (특수한)「기술」,「기예」 healing art「의술」

skill*
[skil]

→ Whatever he does, he does it with **skill**.

그는 뭘 하든지 간에 능숙하게 한다.

craft*
[kræft]

→ Joe makes wooden dolls with great **craft**.

조는 나무 인형을 만드는 기술이 뛰어나다.

<<< (특수한 기술이 필요한)「직업」,「재주」

mastery*
[mǽstəri]

→ My boss was a man who obtained **mastery over** the Italian language.

우리 사장은 이탈리아어에 정통한 사람이었다.

hobby _ 취미

전문적, 직업적인 것이 아니라 즐기기 위한 일, 또는 어떤
대상에 대한 흥미를 말한다.

---

hobby˚˚

[hábi]

→ I decided to pickup my old **hobby** of playing chess after my retirement.

나는 은퇴 이후에 옛날 취미 체스를 다시 시작하기로 했다.

---

pastime˚

[pǽstàim]

→ She sometimes does knitting for her **pastime**.

그녀는 때로 심심풀이 삼아 뜨개질을 했다.

<<< 「기분전환」, 「오락」

---

interest˚˚˚

[íntərəst]

→ He is dabbling in this and that with his wide **interests**.

그는 다방면에 걸친 관심으로 이것저것 해보고 있다.

---

taste˚˚˚

[teist]

→ I got to develop a **taste in** heavy metal.

나는 헤비메탈에 취미를 붙이게 되었다.

<<< 「기호」, 「애호」   develop a taste in 「~에 취미를 붙이다」

---

diversion˚

[divə́:rʒən]

→ These comic books serve as good **diversions**.

이 만화책들은 기분전환에 참 좋다.

<<< 【군사】「견제 작전」

119　property _ 특징, 특성

어떤 사물에 있는 특수한 성질, 혹은 특별히 눈에 띄는 고유성
이나 품질을 말한다.

---

property··
[prápərti]

→ A **property** of the alloy is that it regains its form when heated.

이 합금의 특징은 열을 가하면 그 형태를 회복하는 것이다.

---

attribute··
[ətríbjuːt]

→ He has many fine **attributes**, including honesty and enthusiasm.

그는 정직함과 열의를 포함한 많은 좋은 속성을 가지고 있다.

---

quality··
[kwáləti]

→ This car shows every **quality** of a new sedan.

이 차는 새로운 세단형 자동차의 모든 특징을 보여준다.
<<< 「속성」, 「자질」

---

characteristic··
[kæ̀riktərístik]

→ A **characteristic** of this textile is its weak conductivity.

이 섬유의 특색은 전도성이 낮다는 것이다.

---

feature··
[fíːtʃər]

→ My new cell phone has many **features** like e-mail and video.

나의 새 핸드폰은 이메일과 동영상 기능과 같은 많은 특징을 가지고 있다.

---

trait·
[treit]

→ The preference for tea is a well-known English cultural **trait**.

차를 선호하는 것은 잘 알려진 영국 문화의 특성이다.

120 amount _ 양, 분량

셀 수 있거나 잴 수 있는 분량 또는 수량을 의미한다.

amount*** [əmáunt]	➜ Mother gave us equal **amounts** of money. 어머니는 우리들에게 똑같은 액수의 돈을 주셨다. <<< 「양」, 「액(=sum)」
measure*** [méʒər]	➜ I used a **measure** of wine to compose myself. 마음을 가라앉히기 위해 나는 와인 한잔을 마셨다. <<< (측정된) 「양」, 「크기」　a measure of 「(기구에 의한) 일정한 양[액수]」
quantity** [kwántəti]	➜ **Quantity** doesn't matter, quality does. 양은 문제기 이니고, 중요한 것은 질이다.
volume** [válju:m]	➜ A great **volume** of stimulant is found in a young actor's apartment. 젊은 배우의 아파트에서 상당한 분량의 각성제가 발견되었다.
dose* [dous]	➜ Infants should be given a minimal **dose** of it. 유아들에게는 그것의 최소 복용량을 투여해야 한다. <<< 「(약물의 1회) 투여량」

121 size _ 크기

어떤 사물의 넓이, 부피, 양의 큰 정도에 대한 단어들이다.
규모나 치수의 개념 등을 포함한다.

---

size*
[saiz]

→ I didn't realize the **size** of his mansion.
나는 그의 저택의 크기를 실감할 수가 없었다.

---

magnitude*
[mǽgnətjùːd]

→ The **magnitude** of the statue is really colossal.
그 조각상의 크기는 실로 거대하다.
<<< 【천문】「(항성의) 광도」, 「(광도의) 등급」

---

dimensions*
[diménʃən]

→ I took the **dimensions** of the bed for its cover.
나는 침대보를 사기 위해 침대의 치수를 쟀다.
<<< take the dimensions of 「~의 치수를 재다」

---

proportions**
[prəpɔ́ːrʃən]

→ The **proportions** of the sculptures are unrealistically huge.
그 조각상들의 규모는 비현실적으로 거대하다.

---

amplitude
[ǽmplətjùːd]

→ The **amplitude** of waves are always variable.
파도의 폭은 항상 변한다.
<<< 「넓이」, 「나비」, 【물리】「진폭」, 【군사】「사정거리」

122 matter _ 물질

물체가 가진 본바탕이나 사물을 이루는 원료 등을 뜻한다.

---

matter***
[mǽtər]

→ Everything around us is composed of **matter**.

우리 주변의 모든 것들은 물질로 구성되어 있다.

<<< 「물체」, 「성분」, 「요소」

---

substance**
[sʌ́bstəns]

→ Soil is one of the **substances** that covers the surface of the earth.

흙은 지표면을 덮고 있는 물질 중 하나이다.

---

material(s)***
[mətíəriəl]

→ Good **materials** produce good products.

좋은 원료가 좋은 제품을 만든다.

<<< [이 경우 종종 복수형]「재료」, 「원료」

---

stuff**
[stʌf]

→ None of this **stuff** is synthetic and it is 100% natural.

이 물질 중 어떤 것도 합성물이 아니며, 100% 자연산이다.

A. Choose the synonym for the underlined word in the sentence.

1 We were amazed at the <u>competence</u> he showed on the job.
    Ⓐ efficiency   Ⓑ capacity
    Ⓒ opportunity   Ⓓ decency

2 As an artist, Jim is certainly a <u>novice</u>, for he has just started painting.
    Ⓐ dilettante   Ⓑ master
    Ⓒ curator   Ⓓ beginner

3 Some <u>features</u> of the building are its horizontal structure and ergonomic design.
    Ⓐ sources   Ⓑ strengths
    Ⓒ characteristics Ⓓ gravities

4 A coulometer is an electrolytic cell designed to measure the <u>quantity</u> of electricity passing through an electric circuit.
    Ⓐ kind   Ⓑ amount
    Ⓒ constancy   Ⓓ duration

5 Every guest was overwhelmed by the <u>magnitude</u> of the reception hall when they stepped inside; it was literally huge.
    Ⓐ importance   Ⓑ elaboration
    Ⓒ size   Ⓓ magnificence

6 You can't carry any volatile or inflammable <u>substances</u> on board.
    Ⓐ matters   Ⓑ clusters
    Ⓒ abstracts   Ⓓ compounds

B. Draw a line between a word and the matching meaning.

7   laity   Ⓐ 전문가

8   craft   Ⓑ 기분전환

                                Ⓒ 기능

9   diversion   Ⓓ 넓이

10   trait   Ⓔ 특성

11   amplitude   Ⓕ 문외한

C. Choose the most appropriate word in accordance with the context.

A luminous academic career is prone to be thought of as a guarantee of 12. _____ regarding the person who has it. This line of thinking is proved flawed when applied to practical situations, and politics is no exception. When some new blood and change are needed, the 13. _____ from the academic scene are sometimes recruited. It is true enough that the advice from 14. _____ and those with a more theoretical background is reflected in government policies but it doesn't mean that scholars should engage in politics. Their comprehension and 15. _____ of practical politics are not verified and should be questioned, especially when they are thought of as political 16. _____ .

Ⓐ authorities   Ⓑ proficiency   Ⓒ amateurs

Ⓓ ability   Ⓔ professionals   Ⓕ libertines

123 activity _ 활동, 활기

물체나 사람의 움직임, 행동, 작용을 의미하며, 활동력과 생기와
기운이 있는 대상을 묘사할 때 사용한다. activity에만 「활동」의
뜻이 있다.

---

activity**
[æktívəti]

→ He is involved in an anti-government **activity**.

그는 반정부 활동에 관계하고 있다.

<<< 「활기」, 「행동」

---

liveliness
[láivlənis]

→ Seoul is a metropolis that is full of **liveliness**.

서울은 활기 가득한 대도시이다.

---

animation*
[ænəméiʃən]

→ I could use a real persona to put a little
animation in my work.

실존 인물을 쓰면 내 작품에 생기를 좀 더할 수 있을 것이다.

---

vitality*
[vaitǽləti]

→ Economic **vitality** is on a downward curve.

경제의 활력은 하강 곡선을 그리고 있다.

<<< 【생태】「활력도」

---

sprightliness
[spráitlinis]

→ He has both gentleness and **sprightliness**.

그는 온순함과 쾌활함을 다 갖추고 있다.

---

vivacity
[vivǽsəti]

→ Las Vegas is well-known for its **vivacity**.

라스베이거스는 그 생기발랄함으로 잘 알려져 있다.

<<< [보통 복수형으로]「쾌활한 말[행동]」

---

124 inactivity _ 비활동성

운동, 움직임이 거의 없거나 아예 없는 것, 또는 활발하지 못하고 생기가 없는 상태를 말한다.

inactivity
[ìnæktívəti]

→ The volcanic **inactivity** of Mt. Halla on Cheju Island is a known fact.

제주도에 있는 한라산 화산의 비활동성은 이미 알려진 사실이다.

dormancy
[dɔ́ːrmənsi]

→ There are some plants that go into **dormancy** during winter.

일부 식물들은 겨울 동안 휴면 상태가 된다.

languidness
[læŋgwidnis]

→ They got infected with his **languidness**.

그의 맥없는 대도가 그들에게 전염되었다.

stagnancy
[stǽgnənsi]

→ The world economy is in **stagnancy** for now.

세계 경기는 지금으로선 침체 상태에 있다.

<<< 「불경기」의 의미로도 사용된다.

inertness
[inə́ːrtnis]

→ His **inertness** comes from senility.

그의 둔함은 노쇠에서 오는 것이다.

latency
[léitənsi]

→ Beware of possible **latency** of ailments.

질병이 잠복하고 있을 수 있다는 데 주의해야 한다.

<<< 「보이지 않음」, 「잠재」

125　trend _ 동향, 움직임

어떤 대상의 자세나 자리가 바뀌거나 그것이 운동할 때, 혹은
현상의 추이가 변할 때 사용하는 단어들이다.

trend*
[trend]

→ He doesn't know anything about a price **trend**.
그는 물가 동향에 대해 아무것도 모른다.
<<< price trend 「물가 동향」

movement***
[múːvmənt]

→ He joined a **movement for** saving wildlife.
그는 야생동물 보호 운동에 동참했다.
<<< 【기계】「운전(상태)」, 【미술】「동적 효과」, 【음악】「(교향곡의) 악장」

motion**
[móuʃən]

→ You can experience the laws of **motion** when you run.
달리기를 할 때 운동의 법칙을 경험할 수 있다.

move***
[muːv]

→ Make a **move** fast for a dominant position.
우위의 선점을 위해 빨리 움직임을 취하라.

migration**
[maigréiʃən]

→ The **migration** of wild geese occurs during the fall and spring seasons.
기러기들은 가을과 봄에 이동한다.

exodus
[éksədəs]

→ There will be an **exodus** if the virus spreads.
그 바이러스가 퍼지면 많은 사람들의 대이동이 있을 것이다.
<<< 【성서】「출애굽기」

126 sleep _ 수면

생물이 에너지와 생체 기능의 회복을 위해 잠을 자며 휴식을
취하는 것을 표현한다. sleep과 drowsiness를 제외한 단어
들은 모두 공통적으로 「겉잠」, 「선잠」의 의미를 갖는다.

sleep***
[sli:p]

→ Yelling from the outside at midnight disturbed my **sleep**.

한밤중에 밖에서 들려오는 고함소리에 잠을 설쳤다.

nap**
[næp]

→ You better take a **nap** if you are tired behind the wheel.

운전 중에 피곤하다면 잠깐 낮잠을 자는 게 좋다.

slumber(s)**
[slʌ́mbər]

→ I went into a **slumber** after a heavy lunch.

나는 점심을 과하게 먹고 선잠이 들었다.

<<< 「혼수상태」, 「무기력」, 「침체」

doze*
[douz]

→ She fell into a **doze**, drooling all over her face .

그녀는 온 얼굴에 침을 흘리며 깜박 겉잠에 빠졌다.

<<< fall into a doze 「(자신도 모르는 새)깜박 졸다」

drowsiness
[dráuzinis]

→ I couldn't fight the **drowsiness** after the pill.

그 약을 먹은 이후에 졸음을 참을 수가 없었다.

127　devotion_ 충성

사람이나 사물에 대해 헌신적인 애정이나 믿을 수 있는 충심을
바치는 것을 말한다.

---

devotion``
[divóuʃən]

→ He is well-known for his **devotion to** work.

그는 일에 헌신하는 것으로 유명하다.

---

allegiance`
[əlí:dʒəns]

→ Don't go pledge your **allegiance** to any flag.

아무 깃발에나 충성을 맹세하지 마라.

<<< 「충성」, 「충절」, 「(신하의 왕에 대한) 충성의 의무」

---

fidelity`
[fidéləti]

→ My boss expects unwavering **fidelity** from me.

나의 상관은 내게서 확고한 충성심을 원한다.

<<< 「(부부 사이의) 정절」

---

sincerity`
[sinsérəti]

→ I am disheartened to learn that her **sincerity** has been fake.

나는 그녀의 성의가 가짜였다는 것을 알고 낙담했다.

---

loyalty``
[lɔ́iəlti]

→ The knight decided to keep his **loyalty to** the king by dying for him.

그 기사는 죽음으로써 왕에 대한 자신의 충절을 지키기로 결심했다.

treachery _ 배반

단체나 신조에 대한 입장을 바꾸거나, 상대와의 신의를 저버리는
행위를 말한다.

---

treachery⁕

[trétʃəri]

→ The despot won't have any bud of **treachery**.

그 독재자는 어떤 반역의 싹도 용납하지 않을 것이다.

<<< 「배반」, 「변절」, 「반역 행위」

---

betrayal

[bitréiəl]

→ His emigration was called a **betrayal** of his own family.

그가 이민을 간 것은 자신의 가문에 대한 배신으로 간주됐다.

---

disloyalty

[dislɔ́iəlti]

→ The marquis was deprived of peerage due to his **disloyalty**.

그 후작은 불충으로 인해 작위를 박탈당했다.

---

defection

[difékʃən]

→ His **defection** caused an upheaval in the party.

그의 탈당은 당내 지각변동을 야기했다.

<<< 「변절」, 「탈퇴」

---

apostasy

[əpɑ́stəsi]

→ **Apostasy** in Islam is a deadly decision.

이슬람에서 배교는 생명에 관계되는 결정이다.

<<< 「배신」, 「변절」, 「탈당」

129 accord _ 일치, 동의

의사나 의견에 합의를 보았을 때 사용하는 단어들이다.

---

accord··
[əkɔ́ːrd]

→ We're now of one **accord** after a long dispute.

긴 논쟁 끝에 이제 우리는 일치를 이루었다.

<<< be of one accord 「(모두가) 일치되어 있다」

---

consensus·
[kənsénsəs]

→ We have finally reached a **consensus** on service charges.

우리는 마침내 서비스 요금에 대한 합의에 도달했다.

---

agreement··
[əgríːmənt]

→ The contract was made by force, not by **agreement**.

그 계약은 동의에 의한 게 아니라, 강요에 의해 성사된 것이다.

---

consent··
[kənsént]

→ I couldn't get his **consent** for that matter.

나는 그 문제에 관해 그의 동의를 얻을 수 없었다.

---

assent·
[əsént]

→ As you see, with the **assent** of the principal, I can leave early.

알다시피 교장 선생님의 승인이 있었으니, 나는 조퇴할 수 있다.

---

unanimity
[jùːnəníməti]

→ Inducing them towards **unanimity** was far from an easy task.

그들의 만장일치를 유도하는 일은 쉬운 임무가 아니었다.

---

concurrence
[kənkə́ːrəns]

→ The regulations passed by the **concurrence** of the majority.

그 법규는 다수의 의견 일치로 통과되었다.

---

130 debate _ 논의, 논쟁

상대방과 의견이나 입장이 다를 때 서로의 주장을 내세워 토론
하고 다투는 것을 말한다.

debate
[dibéit]

➜ I am not allowed to talk about a case under
debate.

나는 논의 중인 안건에 대해서는 말할 수 없다.

controversy
[kántrəvə̀ːrsi]

➜ The **controversy** over abortion is still on.

낙태에 관한 논란은 아직도 진행 중이다.

<<< 【법률】「민사상의 분쟁」

dispute
[dispjúːt]

➜ The air raids at last brought about a **dispute**.

그 공습은 결국 논쟁을 불러왔다.

<<< 「분쟁」, 「언쟁」

discussion
[diskʌ́ʃən]

➜ Any more **discussion** will be silenced by him.

그는 더 이상의 토론은 침묵시킬 것이다.

<<< 【법률】「변론」

disagreement
[dìsəgríːmənt]

➜ A bitter **disagreement** has parted us into
separate ways.

심각한 의견차이가 우리를 다른 길로 갈라놓았다.

quarrel
[kwɔ́ːrəl]

➜ He sued for divorce after a series of **quarrels**.

그는 일련의 싸움 끝에 이혼 소송을 했다.

argument
[áːrgjəmənt]

➜ Heated **arguments** were proceeded before
the execution of the thief.

그 도둑의 사형 집행에 앞서 격렬한 논쟁이 있었다.

131 deadlock _ 막다른 골목, 교착

어떤 사건에 변화나 진전이 없는 상태에서 앞이 막혀 있음을
의미한다.

deadlock* [dédlàk]	→ The situation has at last come to a **deadlock**. 그 사태는 끝내 막다른 골목에 다다랐다.
standstill* [stǽndstìl]	→ The game eventually rolled to a **standstill** . 경기는 점차 답보 상태에 빠졌다. <<< 「막힘」, 「휴지」, 「정체」
stalemate* [stéilmèit]	→ Nobody can solve this diplomatic **stalemate**. 아무도 이 외교적 교착 상태를 해결할 수가 없다. <<< 「막다름」, 【체스】 「(양쪽의) 수가 막힘」
impasse [ímpæs]	→ When his father passed away, he reached an **impasse** in his life. 아버지가 돌아가셨을 때, 그는 자기 인생의 막다른 골목에 이르렀다.
dead end [ded end]	→ When the rat reached a **dead end** in the pipe, it started gnawing it. 파이프의 막다른 끝에 이르자 그 쥐는 그것을 쏠기 시작했다.

132 assault _ 공격

상대에게 피해를 주기 위한 물리적 행동을 일컫는 단어들이다.

assault

[əsɔ́:lt]

→ She initiated an **assault** without waiting for the deadlock to end.

그녀는 교착상태가 끝나기를 기다리지 않고 습격을 개시했다.

attack

[ətǽk]

→ I have had no sleep since the **attack** began.

나는 공격이 시작된 이후 잠을 자지 못했다.

invasion

[invéiʒən]

→ The king resented the **invasion** of their neighboring country.

왕은 이웃나라의 침공에 분노했다.

aggression

[əgréʃən]

→ He cried over an **aggression on** his homeland.

그는 조국이 침략당한 것을 보고 울었다.

<<< 「(타당한 이유 없는)공격」, 【의학】 「(욕구불만성) 공격성」

raid

[reid]

→ The police made a **raid on** a brothel.

경찰은 매음굴을 급습했다.

<<< 「(주로 점령이 아닌 타격, 약탈 목적) 급습」

A. Choose the synonym for the underlined word in the sentence.

1 Though Jane is well in her forties, she is full of <u>liveliness</u>.

    Ⓐ vitality   Ⓑ timidity

    Ⓒ congeniality   Ⓓ obstancy

2 There is a <u>movement</u> to encourage people to slow down and focus on the quality of living.

    Ⓐ emphasis   Ⓑ insinuation

    Ⓒ trend   Ⓓ congregation

3 There are some regions in the world where they take a <u>short sleep</u> called a 'siesta.'

    Ⓐ nap   Ⓑ hibernation

    Ⓒ narcolepsy   Ⓓ languidness

4 The head of the party couldn't trust the <u>fidelity</u> of a new comer from the opposite side.

    Ⓐ truth   Ⓑ statement

    Ⓒ amicability   Ⓓ loyalty

5 They expect that they will make a <u>consensus</u> at this round table conference between labor and management.

    Ⓐ coincidence   Ⓑ arrival

    Ⓒ agreement   Ⓓ commiseration

6 The senators came to a <u>deadlock</u> in their attempt to find a solution to the problem.

    Ⓐ raid   Ⓑ impasse

    Ⓒ hamlet   Ⓓ breakthrough

Answers   1.Ⓐ 2.Ⓒ 3.Ⓐ 4.Ⓓ 5.Ⓒ 6.Ⓑ

B. Draw a line between a word and the matching meaning.

7 vivacity

Ⓐ 공격

8 stagnancy

Ⓑ 활발함

Ⓒ 배교

9 apostasy

Ⓓ 침체

10 dispute

Ⓔ 논쟁

11 aggression

Ⓕ 간청

C. Choose the most appropriate word in accordance with the context.

As the drug trafficking organizations came out of a short
12. _____ and re-started the 13. _____ of
narcotics smuggling, the police increased their numbers
but their efforts proved futile. However, the informations
obtained from the 14. _____ of one of the criminals
has made the police 15. _____ very successful and
got them out of the investigation 16. _____ .

Ⓐ betrayal   Ⓑ dormancy   Ⓒ activity
Ⓓ raid   Ⓔ standstill   Ⓕ allegiance

133 triumph _ 승리

상대방과 겨루어 그에 대한 우세를 획득하고, 우월함을
확인함을 의미한다.

triumph··
[tráiəmf]

→ His arrogance shows that he is very elated
over the **triumph**.

그의 오만이 그가 승리에 잔뜩 고무되었음을 보여 준다.

win···
[win]

→ My coach is obsessed with getting a **win**.

우리 감독님은 승리에 집착한다.

<<< [구어체] 「승리」, 「성공」

victory··
[víktəri]

→ Achilles, the son of Thetis, could get a **victory
over** almost anyone.

테티스의 아들인 아킬레우스는 거의 모든 이와 싸워 승리할 수 있었다.

conquest··
[káŋkwest]

→ Their **conquest of** our country has brought on
a hell on earth.

그들이 우리나라를 정복하자 땅위에 지옥을 펼쳐졌다.

mastery·
[mǽstəri]

→ His **mastery over** you means his superiority
over you.

그가 너를 상대로 우승을 거둔 것은 그가 너보다 우월함을 의미한다.

134 defeat _ 패배

싸우고 겨루어서 상대방에게 졌을 때 사용하는 단어들이다.

defeat***
[difíːt]

→ We couldn't concede our unexpected **defeat**.

우리는 예상치 못한 우리의 패배를 인정할 수 없었다.

<<< 【법률】「무효화」, 「파기」

beating*
[bíːtiŋ]

→ Sarah's team took a **beating** at the game for national championship.

사라의 팀은 전국 선수권 대회 경기에서 패배했다.

whitewash*
[hwáitwɑ̀ʃ]

→ They want a **whitewash** over a visiting team.

그들은 원정팀의 완패를 바란다.

<<< [구어체] 「영패」, 「완패」

discomfiture
[diskʌ́mfitʃər]

→ The battle ended up with a **discomfiture** of his army.

그 전투는 그의 군대의 완패로 끝나게 되었다.

rout
[raut]

→ A **rout** of the soccer team stirred up its hooligans to a riot.

그 축구팀의 대패는 그 팀의 훌리건들을 자극해 소요를 일으켰다.

135 government _ 지배

상대를 자신의 뜻에 따르도록 복종시켜 다스리는 것을 말한다.

government***
[gʌ́vərnmənt]
→ Resistants aim for the destruction of foreign **government**.

저항자들은 외세 지배의 분쇄를 목표로 한다.

predominance
[pridámənəns]
→ In the past, nobility had **predominance over** peasantry.

과거에는 귀족들이 농민들을 지배했다.

domination˙
[dàmənéiʃən]
→ Our products obtained market **domination**.

우리 제품들은 시장 지배를 확보했다.

<<< 「통치」, 「우세」　market domination 「시장 지배력」

rule***
[ruːl]
→ This country is under the **rule** of laws.

이 나라는 법에 의해 통치된다.

<<< 【법률】「(법정의) 명령」

reign**
[rein]
→ Under his **reign**, there were peaceful times.

그의 통치 기간 동안, 시대는 평화로웠다.

<<< 「치세」, 「왕대」, 「권세」

136 subservience _ 복종

타인의 명령에 따라 그대로 행동하는 것, 혹은 타인에 의해 지배당하는 상태를 의미한다.

---

subservience
[səbsə́ːrviəns]

→ Our people resisted the dictator's demand for **subservience**.

우리 민족은 굴종을 바라는 그 독재자의 요구에 저항했다.

---

obedience˝
[oubíːdiəns]

→ Dogs behave according to their habitude of **obedience**.

개들은 그들의 복종하는 습성에 따라 행동한다.

---

submission˝
[səbmíʃən]

→ They were raised by a rule of strict **submission** as soldiers.

그들은 군인으로서 엄격한 복종의 규칙에 의해 양육되었다.

---

subordination
[səbɔ̀ːrdənéiʃən]

→ In the past, slaves had to eat crow **in subordination to** the masters.

과거에, 노예들은 주인들에게 종속되어 굴욕을 참아야 했다.

capture _ 포획

어떤 대상을 사로잡거나 가두어 두는 행위를 일컫는 단어들이다.

capture
[kǽptʃər]

→ The **capture** of a runaway lion relieved them.

달아난 사자가 포획되자 그들은 안심했다.

seizure
[síːʒər]

→ The police plans the **seizure** of the fugitives.

경찰은 그 탈주자들의 체포를 계획하고 있다.

<<< 「압류」, 「강탈」 이 외에 「점유」, 「발작」

abduction
[æbdʌ́kʃən]

→ He was indicted for the **abduction** of an heiress.

그는 한 상속녀를 납치한 혐의로 기소되었다.

kidnapping
[kídnæpiŋ]

→ She fainted at the news of the **kidnapping** of her son.

그녀는 아들이 유괴되었다는 소식에 기절했다.

holdup
[hóuldʌ̀p]

→ He got arrested for the bank **holdup**.

그는 은행을 강탈한 이유로 체포되었다.

<<< 「(불법적) 억류」, 「(수송) 지체」

hijack
[háidʒæ̀k]

→ A senior had a heart failure during the **hijack**.

비행기가 납치되었을 때 어느 노인이 심장발작을 일으켰다.

138 prisoner _ 포로, 인질

담보나 인질로서 자신의 의지에 반해 강제로 구류되거나 감금을
당한 사람들을 의미한다.

prisoner··
[príznər]

→ The **prisoner** of war instigated a riot while
protesting against illegal treatment.

그 포로는 불법적 대우에 항의하며 폭동을 선동했다.

captive··
[kǽptiv]

→ The coarse invaders hold the young princess
as a **captive**.

야비한 침략자들은 어린 공주를 포로로 잡고 있다.

pawn·
[pɔːn]

→ The reporter has become a **pawn** in the
international conflict.

그 기자는 국제 분쟁의 볼모가 되었다.

hostage·
[hάstidʒ]

→ One of the **hostages** tried to confront the
armed bank robbers.

인질 중 한 명이 무장한 은행 강도들과 맞서려 했다.

affiliation _ 연합, 제휴

개인이나 단체가 공동의 뜻이나 이익을 좇아 결합하여 함께
움직이는 것을 뜻하는 단어들이다.

affiliation

[əfìliéiʃən]

→ I have no preference with regards to political **affiliation**.

나는 어떤 특정 정치적 연합도 선호하지 않는다.

association``

[əsòusiéiʃən]

→ We are now **in association with** the world's largest toy company.

우리는 현재 세계 최대 규모의 장난감 회사와 제휴 관계에 있다.

connection``

[kənékʃən]

→ The dissident severed his **connection with** the organization.

그 반체제 운동가는 그 조직과의 연계를 끊었다.

alliance`

[əláiəns]

→ We aim to form an **alliance with** Siemens.

우리는 지멘스사와의 제휴를 목표로 하고 있다.

140 inimicalness _ 적의

어떤 대상에 대한 증오, 불신 등으로 그를 해치려는 마음을
가지는 상태이다.

inimicalness
[inímikəlnis]

→ An old **inimicalness** between them melted away.

그들 사이의 오래된 적의는 점차 사라졌다.

hostility**
[hɑstíləti]

→ The commander treated war prisoners with open **hostility**.

그 지휘관은 전쟁 포로를 노골적인 적개심으로 대했다.

antagonism*
[æntǽgənìzəm]

→ I was at my wit's end with their **antagonism**.

나는 그들의 적대에 어찌할 줄을 몰랐다.

<<< 【생태】「길항 작용」,「상호 작용」

opposition**
[àpəzíʃən]

→ I don't expect my project to meet **opposition**.

나는 내 계획이 반대에 부딪칠 것이라고 생각지 않는다.

<<< 【논리】「대당(對當)」,「대우(對偶)」,【법률】「이의 신청」

enmity*
[énməti]

→ The Montagues were **at** a deep rooted **enmity with** the Capulets.

몬태규 가문은 캐퓰렛 가와 뿌리 깊은 원한 관계에 있었다.

141 imprisonment _ 구속, 감금

상대의 신체의 자유를 강탈하여 감옥에 가두는 행위를 말한다.

---

imprisonment
[impríznmənt]

→ He is looking at **imprisonment** for the abduction.

그는 유괴를 저질러서 구속을 눈앞에 두고 있다.

---

confinement[*]
[kənfáinmənt]

→ The wild lion couldn't stand **confinement**.

그 야생 상태의 사자는 감금당한 것을 견딜 수 없어 했다.

---

captivity[*]
[kæptívəti]

→ I eagerly desire to be released from this state of **captivity**.

나는 이 속박의 상태에서 풀려나기를 간절히 바란다.

---

custody[*]
[kʌstədi]

→ The police **took** him **into custody** for nothing.

경찰은 그를 아무 이유 없이 구류했다.

<<< 「보관」, 「보호 관리」의 뜻으로도 사용된다.

---

detention
[diténʃən]

→ Some in Iraq couldn't come home because of the illegal **detention**.

이라크에 있는 일부 사람들은 불법 구금으로 인해 귀국하지 못했다.

142 release _ 석방, 해방

감금이나 구속 상태에서 풀려나와 자유로워짐을 뜻하는 단어
들이다.

release··
[rilíːs]
→ He permitted the **release** of an old trusty.

그는 한 늙은 모범수의 석방을 허락했다.

<<< 【법률】「기권(증서)」, 「양도(증서)」

deliverance·
[dilívərəns]
→ They objected to **deliverance** of a cop killer.

그들은 경찰 살해범의 석방에 반대했다.

emancipation·
[imǽnsəpéiʃ∂n]
→ She was a noted pro-**emancipation** activist.

그녀는 유명한 노예 해방론자였다.

<<< [특히] 「(노예의) 해방」, 「(미신으로부터) 벗어남」

liberation
[lìbəréiʃ∂n]
→ I fought for **liberation from** colonial rule.

나는 식민지배에서 해방되기 위해 싸웠다.

acquittal
[əkwítəl]
→ Jay won an **acquittal** even after his crime.

제이는 범죄행위를 하였는데도 석방 판결을 얻어 냈다.

<<< 【법률】「무죄 방면」

Self Test

A. Choose the synonym for the underlined word in the sentence.

1 The emperor wanted to celebrate his <u>conquest</u> of the enemy country after the long lasting resistance.
  - Ⓐ battle
  - Ⓑ mastery
  - Ⓒ reputation
  - Ⓓ certainty

2 There was a time when the dinosaurs' <u>domination</u> of the earth was real.
  - Ⓐ reign
  - Ⓑ cultivation
  - Ⓒ method
  - Ⓓ order

3 They condemned him as a pseudo-scientist for asserting that the alien <u>abductions</u> happened.
  - Ⓐ kidnappings
  - Ⓑ existences
  - Ⓒ travels
  - Ⓓ visitations

4 The maltreatment and abuse of war <u>prisoners</u> are violations of the Geneva Convention.
  - Ⓐ hosts
  - Ⓑ owners
  - Ⓒ captives
  - Ⓓ captors

5 The <u>hostility</u> she has shown to foreigners is because of the deeply rooted prejudice in her exclusive culture.
  - Ⓐ antagonism
  - Ⓑ indifference
  - Ⓒ hospitality
  - Ⓓ apathy

6 The <u>release</u> of a notorious former gang leader will be harmful to our society.
  - Ⓐ discharge
  - Ⓑ embrace
  - Ⓒ infiltration
  - Ⓓ conjunction

B. Draw a line between a word and the matching meaning.

7   discomfiture   Ⓐ 완승

8   subordination   Ⓑ 연합

                             Ⓒ 종속

9   affiliation   Ⓓ 적의

10 enmity   Ⓔ 완패

11 detention   Ⓕ 구금

C. Choose the most appropriate word in accordance with the context.

> Two tribes which shared the only river around the region
> also shared a history of 12. _____ . They never
> missed the chance to take up arms against each other
> taking turns at 13. _____ and 14. _____ .
> Even when they were not engaged, they used to take
> members of the other tribe as 15. _____ to provoke
> them rather than to demand a ransom. Therefore it was
> natural that they were embarrassed to bring up the
> necessity of a[an] 16. _____ between them when
> they faced a mutual enemy from the outside.

  Ⓐ hostages   Ⓑ defeat   Ⓒ inimicalness
  Ⓓ victory   Ⓔ companies   Ⓕ alliance

143 belligerence _ 호전성

싸우기 좋아하고 공격적인 성격이나 적의가 있고 전투적인
자세를 뜻한다.

belligerence
[bəlídʒərəns]

→ **Belligerence** within the tribe has finally ruined themselves.

그 부족의 호전성이 결국 그들을 파멸시켰다.

militarism
[mílitərìzəm]

→ There is always **militarism** lurking in his thoughts.

그의 의견에는 언제나 군국주의가 도사리고 있다.

bellicosity
[belikásəti]

→ I detest the theory to justify their **bellicosity**.

나는 그들의 호전성을 정당화하는 그 이론이 싫다.

pro-war inclination
[prou wɔːr ìnklənéiʃən]

→ He surprised the crowd with a speech of **pro-war inclination**.

그는 전쟁 지지 성향의 연설을 해 사람들을 놀라게 했다.

warmonger
[wɔ́ːrmʌ̀ŋgər]

→ The professor's word doesn't count as he is a total **warmonger**.

그 교수는 전적인 주전론자이므로 그의 이야기는 중요하지 않다.

144 peacefulness _ 온건주의, 평화주의

폭력과 전쟁을 불신하고 반대하는 태도, 혹은 온화하고 평화를
사랑하는 성격에 관련된 단어들이다.

---

peacefulness

[píːsfəlnis]

→ Their **peacefulness** ironically invited warfare into their country.

아이러니하게도 그들의 온건함이 그 나라에 전쟁을 불러왔다.

---

pacifism

[pǽsəfìzəm]

→ The teacher explained Gandhiism and **pacifism** in the class.

그 선생님은 수업 중에 간디주의와 평화주의에 관해 설명했다.

---

moderatism

[mádərətìzəm]

→ His **moderatism** is often contradicted by his political opponents.

그의 온건주의는 종종 그의 정적들에게 공격을 받는다.

---

peacemonger

[píːsmÀŋgər]

→ War maniacs like to call her a **peacemonger**.

전쟁광들은 그녀를 평화애호가로 즐겨 부른다.

<<< 이 단어는 경멸적, 굴욕적 의미를 내포한다.

145 etiquette _ 예의

상대에 대한 존경과 배려를 나타내는 정중하고 조심스러운 태도
나 몸가짐을 일컫는다.

---

etiquette˚˚
[étikèt]

→ A yawn is considered a bleach of **etiquette**.
하품은 예절에 어긋나는 것으로 간주된다.
<<< 「(동업자 간의) 불문율」, 「(궁정, 외교상의) 예식」

---

courtesy˚
[kə́ːrtəsi]

→ I smiled at a neighbor out of **courtesy** when
I ran into her.
이웃 사람과 우연히 만났을 때 나는 예의상 웃어보였다.

---

politeness˚
[pəláitnis]

→ By his **politeness**, it is shown that he is
properly educated.
그의 공손함에서 그가 제대로 교육을 받았음을 알 수 있다.

---

civility˚
[sivíləti]

→ I felt uncomfortable with his overstated
civility.
나는 그의 과장된 정중함에 거북함을 느꼈다.

(good) manners
[gud mǽnərs]

→ **Good manners** never do any harm.
예절을 지켜서 손해 보는 일은 없다.

---

decorum
[dikɔ́ːrəm]

→ His lack of **decorum** sometimes perplexes me.
그의 예의 없음이 가끔 나를 당혹스럽게 한다.
<<< [종종 복수형으로] 「예법」

146 insolence _ 무례

언동에 예의가 없는 태도를 일컫는다. 이 단어들은 모두 「건방진 행동」, 「무례한 언행」의 의미도 함께 갖는다.

insolence*
[ínsələns]

→ Being spoiled as an only son, he has a bit of **insolence**.

외아들로 버릇없이 자라서 그는 약간 무례하다.

impudence**
[ímpjudəns]

→ The beggar had enough **impudence** to ask for more again.

그 거지는 또 더 달라고 할 정도의 뻔뻔함을 가지고 있었다.

impertinence*
[impə́ːrtənəns]

→ Where did such an **impertinence** come from?

대체 왜 그렇게 건방진 것인가?
<<< 「무례한[건방진] 사람」

impoliteness
[ìmpəláitnis]

→ Remember, **impoliteness** can be the death of relationships.

무례함은 인간관계를 파탄시킬 수 있는 걸 기억해라.

discourtesy
[diskə́ːrtəsi]

→ He did a **discourtesy** just like his mother did.

그는 자기 꼭 어머니처럼 실례를 범했다.
<<< 「무례한 언행」

disrespect
[dìsrispékt]

→ **Disrespect for** seniors is not tolerated here.

어르신들에 대한 불경은 여기서 용납되지 않는다.
<<< 「무례」, 「경멸」, 「실례의 말[행위]」

147 presence _ 존재

어떤 장소나 시간을 실제로 차지하는 현실적인 대상을 의미하는 단어들이다.

---

presence"
[prézəns]

→ I feel Burt's **presence** even after his death.

나는 버트가 죽은 뒤에도 그의 존재를 느낀다.

---

existence"
[igzístəns]

→ Scientists didn't know about the **existence** of coelacanth until 1938.

과학자들은 1938년까지 실러캔스의 현존에 대해 모르고 있었다.

---

being"
[bíːiŋ]

→ Sometimes people forget that an animal is a living **being** as well.

때로 사람들은 동물들도 살아있는 존재라는 사실을 잊는다.

---

occurrence'
[əkə́ːrəns]

→ A huge **occurrence** of coal was reported.

광대한 석탄 매장량의 존재가 보고되었다.

‹‹‹ 「(천연자원의) 존재」외에 「(동식물의) 발견」이라는 뜻도 있다.

---

subsistence'
[səbsístəns]

→ Malnutrition is fatal to infants' **subsistence**.

영양실조는 유아들의 생존에 치명적이다.

‹‹‹ 【철학】「존립」, 「자존」

---

entity
[éntiti]

→ Most preachers will say that God is an **entity**.

대부분의 전도자들은 신은 실재한다고 할 것이다.

‹‹‹ 「존재」, 「실체」

148 slaughter _ 살육

생명의 목숨을 빼앗는 행위로, 여기서는 특히 잔인함과 폭력성을
내포한다.

slaughter**
[slɔ́:tər]

➡ I never sleep well after witnessing a horrible
slaughter.

그 끔찍한 살육을 목격하고 나는 잠을 잘 못 잔다.

massacre*
[mǽsəkər]

➡ **Massacres** took place during the Kosovo
crisis.

코소보 사태 때 대량학살이 자행되었다.

decimation
[dèsəméiʃən]

➡ Cholera caused **decimation** in Medieval
Europe.

콜레라가 중세유럽 전반에 걸쳐 많은 사람의 죽음을 초래했다.

butchery
[bútʃəri]

➡ The killers showed no regret over the
butchery of their victims.

살인자들은 희생자들을 학살하고도 어떤 후회도 하지 않았다.

carnage
[ká:rnidʒ]

➡ He closed his eyes at the sight of **carnage**.

그는 대량학살의 광경에 눈을 감았다.
<<< [집합적]「즐비한 시체」

genocide
[dʒénəsàid]

➡ **Genocide** is a serious war crime and one of
the most inhumane acts.

집단학살은 심각한 전쟁범죄이며 최악의 반인륜적인 행위 중 하나다.

149 survival _ 생존

생명을 가진 사물이 어려움이나 위험을 겪은 후에 존재를
계속 이어나감을 말한다.

---

survival˚
[sərváivəl]

➡ **Survival** is the only goal of his life after war.
전쟁 이후 그의 삶의 유일한 목표는 살아남는 것이다.
<<< 「생존자」, 「(고대의) 유물」

---

subsistence˚
[subsístəns]

➡ Robin has to work for her own **subsistence**.
로빈은 자기 자신의 생계를 위해 일을 해야 한다.

---

existence˚˚
[igzístəns]

➡ Vegetative wasps have a peculiar **existence**.
동충하초는 독특한 존재 양식을 가지고 있다.
<<< [부정관사 an과 함께] 「존재[생활]양식」

---

living˚˚
[lívíŋ]

➡ He was thrilled to steal a glance at the
models' splendid **living**.
그는 모델들의 화려한 생활을 잠깐 볼 수 있다는 데 흥분했다.

---

life˚˚˚
[laif]

➡ The struggle for **life** is wearing out his spirit.
생존 경쟁이 그의 마음을 지치게 하고 있다.

150 ruin _ 죽음, 멸망

생명이 다하는 것, 혹은 기력을 잃고 쇠락하여 사라지는 것을
의미하는 단어들이다.

ruin··
[rúːin]

→ Lust for fame brought about his **ruin** at last.

명예에 대한 욕망으로 끝내 그는 파멸하게 되었다.

end···
[end]

→ He met his **end** when the plane crashed.

비행기가 추락으로 자신의 종말을 맞았다.

‹‹‹ meet one's end 「숨을 거두다」

fall···
[fɔːl]

→ The invasion resulted in the **fall** of their city.

그 침공으로 그들의 도시는 멸망하게 되었다.

decease
[disíːs]

→ Connie couldn't believe the news of her
husband's **decease**.

코니는 자신의 남편의 죽음을 전하는 뉴스를 믿을 수가 없었다.

demise
[dimáiz]

→ The king's **demise** was a shock to his people.

그 왕의 서거로 그 나라 국민들은 충격을 받았다.

‹‹‹ death의 높임말, 【법률】「(유언·임대차에 의한) 권리 양도」

새로운 존재나 현상 등이 드러나 시야에 들어오거나 부각되는
것을 의미한다.

rise···
[raiz]

→ Climate charge leads to **rise** of new species.

기후 변화는 새로운 종의 등장으로 이어진다.

<<< 「기원」, 「발생」, 「근원」, 「일어남」

appearance··
[əpíərəns]

→ They say there was an **appearance** of a
monster in the Han river.

한강에서 괴물이 출현했다고 한다.

apparition·
[æpəríʃən]

→ He alleges he saw an **apparition** of ghost.

그는 유령의 출현을 보았다고 우겨댄다.

<<< 「유령」, 「망령」, 「불가사의한 것」, 【천문】 「(혜성 등의) 출현」

emergence
[imə́ːrdʒəns]

→ We noticed an **emergence** of new language.

우리는 새로운 언어가 발생한 것을 알게 되었다.

<<< 【과학】 「(진화 단계의) 돌연변이」, 【지리】 「해저의 상승」

152 annihilation _ 전멸

개체, 단체 등이 파괴되어 멸절되는 것, 혹은 어떤 사물이 완전히
소실되는 것을 뜻한다.

annihilation[*]

[ənàiəléiʃən]

→ The tyrant wants an **annihilation** of his enemy.

그 폭군은 적들을 전멸시키길 원했다.

removal[*]

[rimú:vəl]

→ He went to a dermatologist for the **removal** of
his mole.

그는 사마귀를 제거하기 위해 피부과 의사에게 갔다.

extirpation

[èkstərpéiʃən]

→ Oysterbirds are on the verge of **extirpation**.

섬은머리롤뻬새는 질멸 위기에 처해 있다.

<<< 【의학】「적출술」

extinction[*]

[ikstíŋkʃən]

→ Human activity caused the **extinction** of dodos.

인간의 활동으로 도도 새의 멸종이 초래되었다.

<<< 【생물】「멸종」, 【법률】「(권리 등의)소멸」

extermination[*]

[ikstə̀:rmənéiʃən]

→ The **extermination** of smuggling is required.

밀수는 근절되어야 한다.

eradication

[iræ̀dəkéiʃən]

→ My mother called the exterminators for pest
eradication.

나의 어머니는 해충 박멸을 위해 해충 구제업자를 불렀다.

A. Choose the synonym for the underlined word in the sentence.

1 The <u>belligerence</u> of the island nation caused unceasing wars between neighboring countries.
Ⓐ bellicosity Ⓑ naivety
Ⓒ cordiality Ⓓ significance

2 He admitted that he thought her words of <u>courtesy</u> sometimes sounded hypocritical.
Ⓐ negligence Ⓑ etiquette
Ⓒ diligence Ⓓ intelligence

3 There are people who believe in the <u>existence</u> of ghosts.
Ⓐ coordination Ⓑ property
Ⓒ presence Ⓓ collateral

4 International human rights organizations have strongly criticized a horrible <u>carnage</u> which had been committed in the war.
Ⓐ masculinity Ⓑ massacre
Ⓒ massiveness Ⓓ mittimus

5 The decrease of our market dominance is the consequence of his failure to correctly estimate the effect of a new competitor's <u>emergence</u>.
Ⓐ indulgence Ⓑ cohesion
Ⓒ appearance Ⓓ utterance

6 Scientists believe that the cause of the dinosaurs <u>annihilation</u> is global warming from a comet's collision into the earth.
Ⓐ annotation Ⓑ extinction
Ⓒ extension Ⓓ prosperity

B. Draw a line between a word and the matching meaning.

7   moderatism   Ⓐ 존재

8   discourtesy   Ⓑ 온건주의

                          Ⓒ 생존

9   entity   Ⓓ 사망

10   survival   Ⓔ 실례

11   decease   Ⓕ 강경론

C. Choose the most appropriate word for the blank.

12   An international society expressed concern over the reviving _____ in this country, which has a history of drawing half the world into war.

13   He truly loved peace but his _____ was often mistaken for cowardice.

14   The political debate on TV was very overheated and the moderator had to ask for _____ from the guests.

15   The gentleman was shocked at the _____ of the begging boy when he spat and swore at him.

16   The indiscreet use of agricultural chemicals on paddy fields is thought to be a major factor in the _____ of the heron population there.

Ⓐ civility	Ⓑ congratulation	Ⓒ pacifism	Ⓓ impoliteness
Ⓔ militarism	Ⓕ decimation	Ⓖ evasion	Ⓗ monument

153 boldness _ 용기

대담무쌍하고 호방하여 기개가 있음을 표현하는 단어들이다.

---

boldness*
[bóuldnis]

➡ She has such a **boldness** that she volunteers as a scout.

그녀는 정찰대로 지원할 정도의 용기를 지녔다.

---

bravery**
[bréivəri]

➡ The **bravery** you've shown makes me proud.

네가 보여준 용감함이 나를 자랑스럽게 한다.

‹‹‹ 【문어】「화려」, 「화려한 빛깔(옷)」, 「옷치장」

---

courage***
[kə́:ridʒ]

➡ He showed off his **courage** fighting a lioness.

그는 암사자와 싸우면서 자신의 용기를 자랑했다.

---

prowess*
[práuis]

➡ Being challenged, he proved his **prowess**.

도전을 받았을 때 그는 자신의 용기를 증명했다.

‹‹‹ [특히 전장에서의] 「무용」, 「용맹」

---

valor*
[vǽlər]

➡ His **valor** saved a lot of his fellow servicemen.

그의 용맹함이 많은 동료 군인들을 구했다.

‹‹‹ [특히 전장에서의] 「무용」, 「용맹」 【시어】, 【문어】

154 dastardliness _ 비겁

용기가 부족하여 위험이나 어려움에 맞서기 두려워하며, 쉽게
겁을 먹는 성격이나 태도를 나타낸다.

---

dastardliness

[dǽstərdlinis]

→ I despised him when I saw the evidence of his **dastardliness**.

그의 비겁함의 증거를 보았을 때, 나는 그를 경멸하게 되었다.

---

cravenness

[kréivnis]

→ You can't blame his **cravenness** in the battle as he is just a boy.

그는 어린애이니까 전쟁터에서의 그의 겁 많음을 비난해선 안 된다.

---

cowardice

[káuərdis]

→ The soldier has shrunk in fear in front of the enemies because of his **cowardice**.

그 병사는 겁이 나서 적들을 보고 잔뜩 움츠러들었다.

---

poltroonery

[pɑltrú:nəri]

→ Tell him he can laugh at my **poltroonery** after he sees it.

그에게 그걸 보고 나서 내 비겁함에 대해 비웃으라고 전해라.

155 audacity _ 대담함

겁이 없고 대범한 성격, 혹은 관습이나 사회적 가치를 등한시
하는 태도를 말한다.

audacity*
[ɔːdǽsəti]

→ The boy admired his brother's **audacity**.

소년은 제 형제의 대담함을 동경했다.

<<< [보통 복수형으로]「대담한 짓」, 「뻔뻔스러운 발언」

daring**
[déəriŋ]

→ I see the **daring** he has shown as a privilege of being young.

나는 그가 보여준 모험적인 기상이 젊음의 특권이라고 생각한다.

intrepidity
[ìntrəpídəti]

→ Her **intrepidity** is the first element of victory.

그녀의 대담성은 승리를 가져온 첫 번째 요소이다.

<<< 「대담한 행위」

hardihood
[hάːrdinis]

→ We call him 'chicken' because he has no **hardiness** or anything.

배짱이나 뭐 그런 게 없어서 우리는 그를 '겁쟁이'라고 부른다.

156 timidity _ 소심함

쉽게 두려워하거나 놀라고 부끄러움을 잘 타는 성격과 관련된
단어들이다.

timidity
[timídəti]

→ He couldn't stand up for himself owing to his **timidity**.

그는 자신의 소심함으로 스스로 일어설 수 없었다.

shyness
[ʃáinis]

→ He laughed at my **shyness** when I blushed.

내가 얼굴을 붉혔을 때 그는 나의 소심함을 비웃었다.

bashfulness
[bǽʃfəlnis]

→ This **bashfulness** prevents me from making any friends.

이런 수줍음은 내가 친구를 사귀는 데 방해가 된다.

coyness
[kɔ́inis]

→ Her **coyness** draws attention from the boys.

그녀의 부끄러워하는 태도는 남자애들의 관심을 끈다.

<<< [특히 여자를 묘사할 때] 「수줍어함」, 「부끄러워함」, 「어려워함」

retiringness
[ritáiəriŋnis]

→ She usually stays at home and reads because of her **retiringness**.

그녀는 수줍음 때문에 보통 집에서 독서를 한다.

157 nature _ 성질, 기질

인간 성정의 본바탕이나 사물, 현상의 주요 특성과 관련해
사용한다.

nature
[néitʃər]

→ I could see there is kindness in his **nature**.
나는 그의 천성에 상냥함이 있다는 것을 알 수 있었다.

temperament
[témpərəmənt]

→ His **temperament** often got him into a brawl.
그의 기질이 그를 종종 말싸움에 휘말리게 했다.
<<< 「체질」, 「격한 성미」, 「조절」【음악】「평균율」

character
[kǽriktər]

→ Her position requires her to be a strong
woman of noble **character**.
그녀는 고상한 인격의 강한 여성이 되어야 하는 위치에 있었다.

disposition
[dìspəzíʃən]

→ His eerie **disposition** kept him from company.
그의 기괴한 성질이 친구들이 그를 멀리하게 했다.
<<< 「배열」, 「처분」【법률】「양도」, 「증여」【의학】「소인(素因)」

temper
[témpər]

→ An even **temper** is required to be a good
paramedic.
좋은 응급구조대원이 되려면 침착한 기질을 가져야 한다.

158 behavior _ 행동

사람의 의지가 들어간 몸동작을 표현한다.

---

behavior""
[bihéivjər]

→ Tumultuous **behavior** is banned in libraries.
도서관에서 떠들썩한 행동을 하는 것은 금지되어 있다.

---

conduct""
[kándʌkt]

→ That **conduct** will do an enormous harm to himself.
그 행위는 그 자신에게 엄청난 손해를 끼칠 것이다.

---

manner"""
[mǽnər]

→ Her **manner** shows what the domestic habits of her family are like.
그녀의 몸가짐이 그 집안의 가풍을 보여준다.

---

deed""
[deed]

→ She donated the entire fortune, which is not an easy **deed** to do.
그녀는 모든 재산을 기부했는데, 그런 행위는 하기 쉬운 것이 아니다.

---

demeanor"
[dimíːnər]

→ His constant smiling and pleasant **demeanor** make him a good teacher.
한결같이 미소를 띠고 상냥하게 행동하는 그는 좋은 교사이다.

---

act"""
[ækt]

→ She detests any **act** out of cheap pity.
그녀는 값싼 동정에서 나온 행동을 몹시 싫어한다.

---

159 avidity _ 욕망, 탐욕

어떤 대상에 대한 과도한 갈망이나 욕구를 의미한다.

---

avidity
[əvídəti]

→ He is doing good deeds with **avidity** to better his reputation.

그는 제 명성을 높이려는 욕망으로 선행을 하고 있다.

---

greed
[gri:d]

→ Too much **greed for** money makes a man low.

돈에 대한 욕심이 지나치면 사람이 천해진다.

<<< 「탐욕」, [드물게] 「대식」

---

avarice
[ǽvəris]

→ She is left alone with her indefatigable **avarice**.

그녀는 자신의 지칠 줄 모르는 탐욕으로 홀로 남겨졌다.

<<< 「(특히 금전에 대한)탐욕」, 「허욕」

---

covetousness
[kʌ́vitəsnis]

→ **Covetousness** is one of the cardinal sins.

탐욕은 칠대죄악 중 하나이다.

---

cupidity
[kjupídəti]

→ No one has greater **cupidity for** wealth than he does.

재물에 대한 욕심이 그처럼 많은 사람은 없다.

---

rapacity
[rəpǽsəti]

→ **Rapacity** is an inveterate disease of yours.

물욕이 너의 고질병이다.

<<< 「강탈」의 의미도 있다.

160 abstinence _ 절제, 금욕

욕망을 참고 제한하는 것, 혹은 쾌락이나 안락함에 대한 욕구를
억제하는 것을 의미한다.

abstinence
[ǽbstənəns]

→ Gray Friars lived by rules of strict **abstinence**.

프란체스코회 수도사들은 엄격한 절제의 규칙에 따라 생활했다.

<<< 「금욕」, 「금주」

asceticism
[əsétəsìzəm]

→ He has confuted their hypocritical **asceticism**.

그는 그들의 위선적 금욕주의를 논파했다.

<<< 【종교】「고행(생활)」

(self-)denial
[self dináiəl]

→ I'm exercising **self-denial** not to gain weight.

나는 살이 안 찌려고 절제하고 있는 중이다.

continence
[kántənəns]

→ He abides by a **continence**, which is practiced by only the few.

그는 소수파들만이 실천하고 있는 극기 생활을 고수하고 있다.

temperance°
[témpərəns]

→ Being a heavy drinker, he abhorred the **temperance** movement.

대주가로서 그는 금주 운동을 몹시 싫어했다.

161 saving _ 절약

돈이나 다른 자원을 아껴서 사용하고, 또 그것을 낭비하지
않도록 주의하는 태도나 습관을 지칭한다.

saving**
[séiviŋ]

→ A **saving** of 50 dollars per month won't make you richer.

매달 50달러씩 절약한다고 부자가 되지는 않는다.

economy**
[ikánəmi]

→ They practice **economy** living a simple life.

그들은 간소한 생활을 하며 절약을 실천한다.

<<< 「경제(상태)」, 【신학】 (하늘의) 「조화」, 「섭리」

husbandry*
[hʌ́zbəndri]

→ Habituated **husbandry** got him out of debt.

검약을 습관화하여 그는 빚에서 벗어났다.

<<< 「농업[학]」, 「축산학」

frugality
[fruːgǽləti]

→ Her vain pride isn't fit to live in **frugality**.

그녀의 헛된 오만함은 검소하게 사는 데 어울리지 않는다.

<<< live in frugality 「검소하게 살다」

thrift*
[θrift]

→ The rigid practice of **thrift** irritated his puerile and immature mind.

그는 철없는 마음에 엄격하게 절약을 실천해야 하는 것이 짜증났다.

162 dissipation _ 낭비

자원이나 물자를 필요 이상으로 소비하거나, 헛되게 함부로 쓰는 것을 표현한다.

dissipation
[dìsəpéiʃən]

The heiress contracted habits of **dissipation**.

그 상속녀는 낭비하는 습관이 들어 있다.

<<< 【물리】「(에너지의)소산」, 「흩어지기」

waste＊＊
[weist]

➡ She went bankrupt after she **wasted** her inheritance.

그녀는 유산을 낭비하여 파산하게 되었다.

extravagance＊
[ikstrǽvəgəns]

➡ The rich and famous live in **extravagance**.

부유하고 유명한 사람들은 사치스럽게 산다.

profusion＊
[prəfjúːʒən]

➡ Buying expensive clothes in **profusion** is her favorite thing to do.

흥청망청 비싼 옷을 사는 것이 그녀가 제일 좋아하는 일이다.

squander
[skwάndər]

➡ She kept on regretting the **squander** of money.

그녀는 돈을 낭비한 것을 계속해서 후회했다.

wasteful expenditure
[wéistfəl ikspénditʃər]

➡ He frowns at **wasteful expenditures** of papers.

그는 종이를 낭비하는 것을 보면 눈살을 찌푸린다.

prodigality
[prὰdəgǽləti]

➡ He got away with **prodigality** of a public loan.

그는 공공 차관을 낭비하고도 교묘히 넘어갔다.

A. Choose the synonym for the underlined word in the sentence.

1 The king wants his son to display his <u>bravery</u> accordant to his position in front of the retainers.

    Ⓐ caution   Ⓑ frivolity

    Ⓒ courage   Ⓓ friability

2 The sentry's <u>cowardice</u>, which made him faint upon seeing an approaching shadow of a mountain beast became the subject of mockery for a good while.

    Ⓐ cravingness   Ⓑ covetousness

    Ⓒ craziness   Ⓓ cravenness

3 The <u>character</u> of the millionaire was most obstinate and self-righteous.

    Ⓐ deployment   Ⓑ despatch

    Ⓒ disposition   Ⓓ determination

4 Most religions are concerned with the worship of one or several deities as well as ethical rules of <u>conduct</u>.

    Ⓐ faith   Ⓑ speech

    Ⓒ thought   Ⓓ behavior

5 Money grabbing misers and money stealing thieves are two creatures of <u>avarice</u>.

    Ⓐ gratitude   Ⓑ grace

    Ⓒ greed   Ⓓ gracility

6 There should be a worldwide discussion about the irrational <u>profusion</u> of natural sources such as water, forests, and land.

    Ⓐ waste   Ⓑ preservation

    Ⓒ reservation   Ⓓ conservation

B. Draw a line between a word and the matching meaning.

7   intrepidity   Ⓐ 품행

8   timidity   Ⓑ 신중

                            Ⓒ 금욕주의

9   demeanor   Ⓓ 소심함

10   asceticism   Ⓔ 대담성

11   frugality   Ⓕ 검소

C. Choose the most appropriate word in accordance with the context.

> The spokesman said the President would award Colonel
> Pullman the Medal of Honor for his 12. _____ of
> 13. _____ during the war. It is known that he has
> always led his regiment with broad minded 14. _____
> and achieved remarkable respect with his constant
> 15. _____ of 16. _____ .

Ⓐ temperament   Ⓑ manner   Ⓒ controls

Ⓓ acts   Ⓔ temperance   Ⓕ valor

163 wealth _ 부유

재물, 재화 등이 풍부하여 부족함이 없고 넉넉한 생활을 할 수
있는 상태를 의미한다.

wealth**
[welθ]

→ No one knows how he gathered **wealth**.

그가 어떻게 부를 모았는지 아무도 모른다.

opulence
[ápjələns]

→ My aunt is modest for a person with such **opulence**.

내 친척 아주머니는 그렇게 부유한 사람치고는 겸손한 편이다.

affluence
[æflu(:)əns]

→ It obviously shows that he had once lived in **affluence**.

한때 그가 풍족하게 살았다는 것이 확실하게 티가 난다.

abundance**
[əbʌ́ndəns]

→ Unlike many countries around the world, America has food in **abundance**.

세계 여러 나라들과는 달리 미국은 식량이 풍부하다.

riches**
[rítʃiz]

→ All the **riches** the entrepreneur had amassed are gone.

그 기업가가 쌓아온 모든 재산이 사라졌다.

164 need _ 곤궁, 빈곤

물질적으로 넉넉하지 못하여 가난하고 결핍된 상태를 가리키는
단어들이다.

need···
[niːd]

→ She was in desperate **need** and there was no
one to help her.

그녀는 극심한 곤궁에 처해 있었고 도와줄 사람도 없었다.

poverty··
[pávərti]

→ He has fallen into **poverty** after getting
swindled.

그는 사기를 당한 이후에 가난해졌다.

penury
[pénjəri]

→ She looks down on people living in **penury**.

그녀는 궁핍하게 사는 사람들을 깔본다.

<<< 【문어】

indigence
[índidʒəns]

→ His genius made it possible to free himself
from **indigence**.

그의 천재성이 그를 극심한 빈곤에서 벗어날 수 있도록 했다.

destitution
[déstətjùːʃən]

→ Audrey burst into a cry at the sight of the
destitution of her relatives'.

오드리는 친척들의 곤궁한 생활을 보고 울음을 터뜨렸다.

165 boom _ 번영

어떤 사물이나 생명체의 세력이나 규모가 성장하여 번성하고
융성할 때 사용한다.

boom**

[bu:m]

→ An economic **boom** followed after the
notorious worldwide slump.

그 악명 높은 세계적 경기침체 이후에 경기 급등이 뒤따랐다.

prosperity**

[prɑspérəti]

→ These were once the days of his **prosperity**.

한때 그가 번영했던 시절도 있었다.

flourish**

[flə́:riʃ]

→ The semiconductor industry in India is now **in
full flourish**.

현재 인도의 반도체 산업이 한창 융성하고 있다.

thrift*

[θrift]

→ The **thrift** of cirrus gives a creepy impression.

덩굴손 식물의 번성은 오싹한 느낌을 준다.

<<< (식물의)「번성」,「무성」,「성장」

166 wane _ 쇠퇴

기세나 상태가 기울어 그 세력이나 양과 질이 작아지는 것을
뜻한다.

wane*
[wein]

→ The coal mining industry has been **on the wane** ever since the use of oil.

석탄채굴 산업은 석유가 사용된 이후부터 쇠퇴해왔다.

fall***
[fɔːl]

→ They posted a 51% **fall** in net profit for the second half of the year.

그들은 올해 하반기 순이익이 51% 감소했다고 보고했다.

decline**
[dikláin]

→ He couldn't accept the **decline** of his power in the company.

그는 회사에서 자신의 힘이 쇠퇴하는 것을 받아들일 수 없었다.

decadence
[dékədəns]

→ She tries to take advantage of his spirit that is in **decadence**.

그녀는 그의 쇠미한 정신을 이용하려 한다.

deterioration
[ditìəriəréiʃən]

→ This **deterioration** of efficiency is due to continual meetings.

이 능률 저하의 이유는 빈번한 회의 탓이다.

surplus _ 잔여, 과잉

필요를 초과하는 분량이 있는 상태, 혹은 사용 이후 남게 된
나머지를 말한다. plethora를 제외한 모든 단어가 「여분」의
의미를 가지고 있다.

surplus**
[sə́:rplʌs]

→ As you know, the **surplus** in the budget is not a private asset.

알다시피, 예산의 잔여분은 개인 재산이 아니다.

excess**
[iksés]

→ An **excess** of fat can cause a health problem.

지방 과다는 건강 문제를 야기할 수 있다.

redundancy
[ridʌ́ndənsi]

→ Try to avoid **redundancy** in your writing.

작문할 때 (언어의) 잉여성을 피하도록 해라.

<<< 「여분」, 「중복성」, [영국] 「실업」, 「일시해고」

overplus
[óuvərplʌs]

→ After we had eaten dinner, I gave the **overplus** to the dog.

우리가 저녁 식사를 마친 후, 나는 남은 것을 그 개에게 주었다.

plethora
[pléθərə]

→ I was confused at the **plethora** of information.

나는 정보의 과잉에 당혹스러웠다.

<<< 【의학】 「적혈구 과다증」

overabundance
[òuvərəbʌ́ndəns]

→ There is currently an **overabundance** of labor.

현재 노동력이 과잉 상태에 있다.

superfluity
[sù:pərflú:əti]

→ A **superfluity** of farm produce will result in lower food prices.

농산물의 과잉은 식품가격을 인하하는 결과를 가져올 것이다.

168 consumption _ 소진, 고갈

무언가를 다 써버려서 더 이상 남지 않게 된 상태에 관련해
사용한다.

consumption**
[kənsʌ́mpʃən]

→ Such a **consumption** of physical strength will make you sick.

체력을 그렇게 소진하면 병이 날 것이다.

depletion
[diplíːʃən]

→ The world wide **depletion** of oil is unavoidable.

전 세계적인 석유의 고갈은 불가피한 일이다.
<<< 【의학】「결핍」, 【생태】「소모」

exhaustion*
[igzɔ́ːstʃən]

→ The **exhaustion** of food in North Korea has led to a famine.

북한의 식량 고갈이 기근에 이르게 되었다.

drain**
[drein]

→ The **drain** on human resources became a major issue.

인적자원의 고갈이 큰 문제가 되었다.

169 source _ 원인, 근원

무언가가 비롯되는 근본적인 장소, 사물, 사건 혹은 사람을
지칭한다.

cause***
[kɔːz]

→ The **cause** of his project failure was his own
misjudgment.

그의 계획이 실패한 원인은 바로 그의 계산 착오였다.

source**
[sɔːrs]

→ He is the **source** of this rumor of his boss
being fired.

그가 그의 상관이 해고당할 것이라는 소문의 근원지이다.

origin**
[ɔ́ːrədʒin]

→ Everyone knows that 'The **Origin** of Species'
is one of Charles Darwin's works.

'종의 기원'이 찰스 다윈의 저서 중 하나인 건 다 아는 사실이다.

root**
[ruːt]

→ The **root** of all the warfare comes from
avarice and the vanity of humans.

모든 전쟁의 근원은 인간의 탐욕과 허영에서 비롯된다.

어떤 일이나 사건의 성과나 결말을 일컫는 단어들이다.

result*
[rizʌ́lt]
→ The **result** of the conference was very fruitful.
그 회의 결과는 무척 알찼다.

consequence**
[kánsikwèns]
→ The **consequences** of the legislation must be considered first.
먼저 그 법률 제정에 따를 결과에 대해 고려해야 한다.

ramification
[ræ̀məfikéiʃ∂n]
→ Depression can have fatal **ramifications**.
우울증은 치명적 결과를 가져올 수 있다.
<<< 「나뭇가지」의 뜻에서 「지류」, 「(파생) 효과」가 됨.

effect**
[ifékt]
→ If there is an **effect**, then there must have been a cause.
결과가 있다면 원인도 있었을 것이다.

outcome**
[áutkλ̀m]
→ The **outcome** of his job silenced dissenters.
그가 해낸 일의 성과는 반대자들을 침묵시켰다.
<<< [보통 단수형으로] 「결과」, 「결론」

product**
[prádəkt]
→ This masterpiece is the **product** of his toil.
이 걸작은 그의 노고의 산물이다.

aftermath
[ǽftərmæ̀θ]
→ The **aftermath** from the wars was disastrous.
잇따른 전쟁의 여파는 비참했다.
<<< 「(목초의) 두벌베기」, 「(전쟁, 재해 등의) 영향」

171 mimicry _ 모방

어떤 대상을 흉내 내서 재현하는 행위이다. copy를 제외하고
모두 「모조(품), 가짜」의 뜻도 가지고 있다.

mimicry*
[mímikri]

→ She scolded her sister in **mimicry** of mother.

그녀는 엄마를 흉내 내며 여동생을 야단쳤다.

<<< in mimicry of 「~를 흉내 내어」

simulation
[sìmjəléiʃən]

→ Before a pilot can fly an airplane he must go through a **simulation** first.

조종사는 비행기를 몰기 전에 먼저 반드시 모의 훈련을 거쳐야 한다.

copy***
[kápi]

→ He has a **copy** of a Van Gogh painting.

그는 반 고흐의 그림 카피 한 점을 가지고 있다.

imitation**
[ìmitéiʃən]

→ I detest his **imitation** of my favorite celebrity.

나는 그가 내가 좋아하는 유명인의 생활 방식을 모방하는 것을 혐오한다.

<<< 「모사」, 「위조품」, 【음악】「모방 작법」

parody _ (해학적) 모방

단순한 본뜨기가 아닌 익살과 풍자적 요소가 가미된 모방을
의미한다.

---

parody
[pǽrədi]

. → The **parody** is considered a bigger hit than the
original film.

그 패러디 영화가 원작보다 더 큰 성공작으로 간주된다.

---

satire**
[sǽtaiər]

→ This cartoon is a poignant **satire** on politics.

이 만화는 정치에 대한 신랄한 풍자이다.

---

mockery*
[mάkəɪi]

→ He got punished for his rash **mockery** of the
principal.

그는 교장선생님에 대해 경망스레 조롱 섞인 흉내를 내서 벌을 받았다.

---

lampoon
[læmpúːn]

→ A simple **lampoon** can send you to jail in a
despotic country.

독재 국가에서는 풍자문 하나로 감옥에 갈 수도 있다.

---

spoof
[spuːf]

→ Her **spoof** has put the class in turmoil.

그녀가 장난삼아 쓴 글이 교실에 소동을 몰고 왔다.

---

burlesque
[bərlésk]

→ He often ridicules celebrated literary works in
his **burlesque**.

그는 종종 자신의 풍자 희극에서 유명 문학 작품들을 조롱한다.

---

travesty
[trǽvəsti]

→ A **travesty** of a famed writer offended his
readers.

한 유명 작가의 작품을 풍자한 개작은 그의 독자들을 화나게 했다.

A. Choose the synonym for the underlined word in the sentence.

1 As the gulf between the rich and poor is getting wider than ever, there are some people showing unconditional hatred for those who live in <u>opulence</u>.

   Ⓐ reputation Ⓑ honor
   Ⓒ wealth Ⓓ career

2 By getting married to a penniless man, she came to comprehend the meaning of the saying, when '<u>poverty</u> comes in at the door, love flies out of the window.'

   Ⓐ penury Ⓑ pension
   Ⓒ potential Ⓓ position

3 The <u>decline</u> of the Byzantine Empire was due to the attack by the Ottoman Turk's army in 1453.

   Ⓐ incline Ⓑ bulge
   Ⓒ fall Ⓓ deposition

4 The employee will be fired now that he has been exposed for hoarding and selling the <u>surplus</u> of office supplies for 3 years.

   Ⓐ overabundance Ⓑ scarcity
   Ⓒ shortage Ⓓ dearth

5 The <u>consumption</u> of creativity due to aging was the most remote problem for the painter.

   Ⓐ plenty Ⓑ gush
   Ⓒ strength Ⓓ exhaustion

6 The great Roman philosopher, politician, orator and playwright Lucius A, Seneca said 'All art is an <u>imitation</u> of nature.'

   Ⓐ origin Ⓑ spring
   Ⓒ copy Ⓓ fountainhead

B. Draw a line between a word and the matching meaning.

7 affluence   Ⓐ 개작

8 boom   Ⓑ 급등

                       Ⓒ 근원

9 source   Ⓓ 결과

10 ramification   Ⓔ 풍요

11 travesty   Ⓕ 손실

C. Choose the most appropriate word for the blank.

12 She ended up in living in such a devastating _____ after being deprived of the farm and everything she inherited from her father.

13 The 1920's in America which is known as the 'Jazz Age' was a decade of great _____ .

14 Scientists think protein-containing foods could help slow the _____ of the elderly's muscles.

15 The drought caused an escalation in prices and _____ of supplies.

16 Some insects survive by their _____ of flowers and leaves in front of natural enemies.

Ⓐ deterioration	Ⓑ prosperity	Ⓒ reproduction	Ⓓ development
Ⓔ amelioration	Ⓕ destitution	Ⓖ simulation	Ⓗ depletion

173 predicament _ 곤경

형편이나 처지가 어려운 상황을 말한다.

---

predicament
[pridíkəmənt]

➡ He has been **in a predicament** since he was layed off.

그는 정리해고를 당한 이후, 곤경에 처해 있다.

---

dilemma
[dilémə]

➡ She will be facing a **dilemma** caused by her duplicity.

그녀는 자신의 일구이언으로 진퇴양난에 빠지게 될 것이다.

---

crisis
[kráisis]

➡ His reckless managing strategy brought the company to a **crisis**.

그의 무분별한 경영 전략이 회사를 위기에 몰아넣었다.

---

fix
[fiks]

➡ You will see your enemy **in a fix** soon.

곧 너의 적이 궁지에 몰리는 걸 보게 될 것이다.

‹‹‹ [구어체에서 보통 부정관사를 동반하여] 「곤경」, 「궁지」

---

plight
[plait]

➡ Whenever I am **in a plight**, he comes to help.

내가 곤경에 처할 때마다 그가 와서 도와주곤 한다.

---

strait(s)
[streit]

➡ She sold off everything she had because she was in desperate **straits**.

큰 금전적 곤란 때문에 그녀는 자기가 가진 모든 것을 팔아치웠다.

174 shudder _ 전율, 떨림

두려움이나 공포, 혹은 격한 기쁨으로 몸이 떨리는 것을 표현하는 단어들이다.

shudder **
[ʃʌ́dər]

→ The sound of gunshots sent a **shudder** of fear through the house.

총소리에 온 집안에 공포의 전율이 흘렀다.

trepidation
[trèpidéiʃən]

→ It's normal for a newcomer to feel a little **trepidation**.

신입생이 어느 정도 불안해 하는 것은 정상적인 일이다.

tremor *
[trémər]

→ I noticed the **tremor** in his voice when he got up on stage.

나는 그가 무대 위에 올랐을 때 그의 목소리가 떨림을 알아챘다.

shiver **
[ʃívər]

→ The boy's dismal eyes give me the **shivers**.

그 소년의 음침한 눈동자는 나를 오싹하게 한다.

<<< give ~ the shivers 「~를 떨게 하다」

quiver **
[kwívər]

→ She didn't hide she felt a **quiver** of excitement at the thought of the money.

그녀는 그 돈 생각에 전율하는 것을 감추지 않았다.

175 pleasure _ 기쁨

즐거움이나 만족의 느낌을 표현할 때 사용한다.

---

pleasure···
[pléʒər]

→ Hugging my shaggy dog gives me **pleasure**.

복슬복슬한 내 개를 끌어안는 것은 내게 즐거움을 준다.

‹‹‹ [one's pleasure로]「취미」,「의향」,「의지」

---

joy···
[dʒɔi]

→ Being in the days of youth is a great **joy**.

청년 시절을 산다는 것은 커다란 기쁨이다.

---

delight··
[diláit]

→ Her daughter has been the only **delight** of hers since her husband died.

그녀의 남편이 죽은 뒤 딸은 그녀의 유일한 기쁨이었다.

---

glee·
[gli:]

→ He exclaimed with **glee** about winning the first prize in the contest.

그는 대회에서 일등상을 받으며 환희에 차 소리를 질렀다.

---

exultation·
[ègzʌltéiʃən]

→ We could share the **exultation** of the project being a big hit.

우리는 그 계획이 크게 성공하자 큰 기쁨을 함께 나눌 수 있다.

실망, 불만, 불행 등으로 정신적 고통을 느끼는 상태를 표현한다.

---

grief"
[gri:f]

→ The children wailed in **grief over** the death of their mother.

아이들이 어머니의 죽음으로 인한 슬픔으로 울부짖었다.

---

distress"
[distrés]

→ He couldn't find a way to get out of **distress**.

그는 비탄에서 벗어날 길을 찾을 수가 없었다.

<<< 「비통」, 「곤란」, 【항해】「조난」

---

sorrow"
[sárou]

→ She felt **sorrow for** his chronical despair.

그녀는 만성적인 그의 절망에 슬픔을 느꼈다.

---

sadness"
[sǽdnis]

→ She felt great **sadness** upon hearing that her disease is fatal.

그녀는 자신의 병이 치명적이라는 말에 큰 슬픔을 느꼈다.

---

pathos˙
[péiθɑs]

→ The **pathos** of the film made the whole audience shed tears.

그 영화의 애수가 관객들 전부를 눈물짓게 했다.

---

lamentation˙
[læ̀məntéiʃən]

→ Some fainted with a crying **lamentation**.

일부 사람들은 울부짖으며 애도를 하다가 실신했다.

177 damage _ 손해

육체적, 정신적 손상이나 물질적 피해를 일컫는다.

damage**
[dǽmidʒ]

→ The asset **damage** made by this investment case is due to his mismanagement.

이번 투자 건에서의 자산 감손은 그의 실수에서 기인한다.

harm**
[hɑːrm]

→ He will have to take responsibility for the **harm** he created.

그는 자신이 끼친 손해에 대한 책임을 져야 할 것이다.

mischief**
[místʃif]

→ Her behaviors inflict **mischief** on the class.

그녀의 행동은 학급에 해악을 끼친다.

detriment
[détrəmənt]

→ He gained riches **to the detriment of** honor.

그는 명예를 손상시키고 부를 얻었다.

impairment
[impέərmənt]

→ The fever left her with hearing **impairments**.

그녀는 열병으로 청각 장애를 갖게 되었다.

<<< 「손상」, 「해침」, 【의학】「결함」, 「장애」

178 compensation _ 배상(금)

타인에게 손해를 끼친 당사자가 그것을 만회해 주는 행위를
의미한다.

compensation[**]
[kàmpənséiʃən]

→ He is to pay 3,000 dollars **in compensation**.

그는 배상금으로 3,000 달러를 내야한다.

payment[**]
[péimənt]

→ The **payment for** your blunder is yet to be claimed.

네 대실책에 대한 보상은 아직 청구되지 않았다.

reparation[*]
[rèpəréiʃən]

→ Consumers demanded **reparations from** the toy company.

소비자들은 그 장난감 회사에 보상을 요구했다.

ransom[*]
[rǽnsəm]

→ Pirates held the whole crew for **ransom**.

해적들이 승무원 전원을 억류하고 몸값을 요구했다.

<<< 「배상금」

reimbursement
[rìːimbə́ːrsmənt]

→ She sent him a check for **reimbursement**.

그녀는 변상을 위해 그에게 수표를 보냈다.

indemnity
[indémnəti]

→ They kept neglecting demands for **indemnity**.

그들은 배상 요구를 계속해서 무시했다.

<<< 「보상금」, 「(형벌의) 면책」, 【보험】「손해 보상」

179　accident _ 사고

피해를 입히는 예기치 못한 사건을 지칭한다.

accident[*accident 두 점*]
[ǽksidənt]

→ The site of the **accident** was horrible to see.
그 사고 현장은 보기 끔찍했다.
‹‹‹ aviation accident「항공사고」

crash[*두 점*]
[kræʃ]

→ Many lives were taken by the **crash**.
그 충돌 사고는 많은 생명을 앗아갔다.
‹‹‹ 「(비행기) 추락」, 「(차량) 충돌」

collision[*두 점*]
[kəlíʒən]

→ Two cars coming from opposite directions came into **collision** with each other.
마주 보고 달리던 두 대의 차량이 충돌했다.

shipwreck[*한 점*]
[ʃíprèk]

→ A young boy is said to have been pulled out of the **shipwreck**.
한 어린 소년이 난파 사고에서 구조되었다고 한다.

conflagration[*한 점*]
[kànfləgréiʃən]

→ The tragic **conflagration** occurred in Chicago in 1871.
1871년, 시카고에서 비극적인 대화재가 일어났다.

180 forestallment _ 예방, 방지

사건이나 사고 등이 발생하기 전에 그것을 막는 일을 의미하는
단어들이다.

forestallment
[fɔːrstɔ́ːlmənt]

→ They watch seismographs for earthquake **forestallment**.

그들은 지진 예방을 위해 지진계를 관찰한다.

preclusion
[priklú:ʒən]

→ This measure is made for the **preclusion** of tax evasion.

이 방침은 세금포탈을 방지하기 위한 것이다.

check***
[tʃek]

→ They audit to hold illegal dealings in **check**.

그들은 부전거래를 제지하기 위해 감사를 실시한다.

<<< hold ~ in check 「~를 제지하다」

precaution(s)**
[prikɔ́ːʃən]

→ He took every **precautions against** burglary.

그는 빈집털이에 방지하기 위한 모든 예방 조치를 취했다.

protection**
[prətékʃən]

→ Most DVD's have copy **protection** on them.

대부분 DVD들은 복사 방지 처리가 되어 있다.

<<< 【컴퓨터】「(프로그램 복사) 방지」, 【경제】「보호무역제도」, 【법률】「보호 영장」

181 hygiene _ 위생, 청결

건강 보호와 증진을 위해 그에 알맞은 환경을 조성하고 주변을
깨끗이 하는 행위를 뜻한다.

---

hygiene°
[háidʒiːn]

→ In the medieval times, **public hygiene** was not a concern.

중세시대에 공중위생은 관심사가 아니었다.

---

sanitation°
[sænətéiʃən]

→ The hotel really needs proper and modern **sanitation**.

그 호텔은 적절하고 현대적인 위생 시설이 절실히 필요하다.

---

cleanliness°
[klénlinis]

→ There is an old saying that **cleanliness** is next to godliness.

청결은 경건함 다음이라는 옛 속담이 있다.

---

cleanness
[kliːnis]

→ You are destitute of **cleanness** and so is your room as everybody says.

모두가 말하듯이 너는 청결함이 부족하고, 네 방도 마찬가지다.

---

neatness
[níːtnis]

→ **Neatness** is an article of his creed.

깔끔함은 그의 신조 중 하나이다.

182 disease _ 질병

외부적 감염이나 체내 이상으로 건강에 이상이 생긴 상태를
일컫는 단어들이다. 국부적 질환에는 trouble, disorder,
complaint를 사용하기도 한다.

disease°°
[dizíːz]

→ The explorer caught a **disease** in the jungle.
그 탐험가는 정글에서 질병에 걸렸다.

ailment°
[éilmənt]

→ Tardiness is not a Korean **ailment** anymore.
지각은 더 이상 한국병이 아니다.
<<< 「(만성적이거나 가벼운) 병」, 「(정치, 경제 등의) 불안정」

illness°°
[ílnis]

→ I feigned **illness** to take a day off from work.
나는 하루 휴가를 얻으려고 꾀병을 부렸다.

malady°
[mǽlədi]

→ He died after a long battle with a **malady**.
그는 질병과의 오랜 싸움 끝에 사망했다.
<<< 「(만성적인) 병」, 「(사회의) 병폐」

indisposition
[ìndispəzíʃən]

→ His temper is merely from an **indisposition**.
그의 짜증은 단순히 병에서 비롯된 것이다.
<<< 「(두통, 감기 등의) 가벼운 병」, 「기분이 언짢음」

A. Choose the synonym for the underlined word in the sentence.

1 He was in such a <u>predicament</u> that he didn't know whether to advance or retreat.

    Ⓐ occasion   Ⓑ dilemma

    Ⓒ province   Ⓓ obstacle

2 When the obstetrician said the baby was a healthy boy, they all shared the <u>joy</u> together at the happy news.

    Ⓐ sadness   Ⓑ anger

    Ⓒ delight   Ⓓ awe

3 It is evident that the flippant child's careless handling of the peaches caused <u>damage</u> to them.

    Ⓐ sugar content   Ⓑ moisture

    Ⓒ harm   Ⓓ fiber

4 If it is known that our products are actually harmful to children, the customers' claims for <u>reparation</u> will follow one after another without ceasing.

    Ⓐ compensation   Ⓑ truce

    Ⓒ reconciliation   Ⓓ accordance

5 Casualty lists were not published until two days after the <u>aviation accident</u>.

    Ⓐ airplane crash   Ⓑ stunt flying

    Ⓒ airplane demonstration   Ⓓ aviation meet

6 Flu shots are given every fall as a <u>precaution</u> against an epidemic the following winter.

    Ⓐ remedy   Ⓑ preclusion

    Ⓒ treatment   Ⓓ service

Answers   1. Ⓑ 2. Ⓒ 3. Ⓒ 4. Ⓐ 5. Ⓐ 6. Ⓑ

B. Draw a line between a word and the matching meaning.

7	tremor	Ⓐ	장려
8	pathos	Ⓑ	애수
9	check	Ⓒ	위생
10	sanitation	Ⓓ	제지
11	malady	Ⓔ	전율
		Ⓕ	질병

C. Choose the most appropriate word in accordance with the context.

The swift spread of Black Death all over Europe during medieval times was facilitated by the poor 12 _____ of the communities. Some measures were suggested as a[an] 13. _____ such as the breathing in of foul odors. The killing of presumed carriers like dogs and cats was also encouraged, but none of these precautions had any medical grounds or valid effects. No one could prove that these things were a[an] 14. _____ to their health. Thus, this epidemic swept all of Europe leaving those alive in a state of 15. _____ and driving the society into the 16. _____ of insufficient labor.

Ⓐ hygiene   Ⓑ lamentation   Ⓒ forestallment
Ⓓ collision   Ⓔ crisis   Ⓕ detriment

183 remedy _ 치료

약물이나 어떤 방법을 이용하여 병을 고치거나 상처 등을
낫게 하는 것을 의미한다.

remedy··
[rémədi]

→ His injury needs an immediate **remedy**.

그의 상처는 즉각적인 치료가 필요하다.

<<< 「구제책」, 「교정법」

antidote·
[ǽntidòut]

→ Doctors have finally developed an **antidote** to counteract the poison.

의사들은 마침내 그 독을 중화시킬 해독제를 개발했다.

treatment··
[trí:tmənt]

→ They tried a new **treatment** on him.

그들은 그에게 새로운 치료법을 시험해 보았다.

<<< 「취급」, 「대우」, 「(화학 약품에 의한) 처리」

panacea
[pæ̀nəsí:ə]

→ There is no such thing as a **panacea**.

세상에 만병통치약 같은 것은 없다.

cure··
[kjuər]

→ She wants to try a newly spotlighted **cure for** headaches as a last resort.

그녀는 마지막 수단으로 새롭게 각광 받는 두통 치료법을 받으려 한다.

therapeutics
[θèrəpjú:tiks]

→ The professor's **therapeutics** is his only hope.

그 교수의 치료술은 그의 유일한 희망이다.

<<< 단수 취급한다.

antigen
[ǽntidʒən]

→ We don't have an **antigen** for the pathogen.

우리에게는 그 병원체에 대한 항원이 없다.

184 recovery _ 회복, 복구

정상적인 원래의 상태로 되돌아가는 것을 뜻하는 단어들이다.

---

recovery··
[rikʌ́vəri]

→ His son is now in the **recovery** room.

이제 그의 아들은 회복실에 있다.

<<< 【법률】「권리의 회복」, 「승소」

---

rehabilitation·
[rìːhəbìlətéiʃən]

→ The alcoholic went to a **rehabilitation** center.

그 알콜 중독자는 재활원에 들어갔다.

<<< 「회복」, 「(장애인 등의)사회 복귀」, 「(알콜, 마약중독자의)갱생」

---

restoration·
[rèstəréiʃən]

→ They tried to set up a **restoration** plan for the ancient relics.

그들은 고대 유적의 복구 계획을 세우려고 했다.

---

convalescence
[kɑ̀nvəlésəns]

→ The period of **convalescence** usually varies with each patient.

회복 기간은 보통 환자에 따라 다르다.

---

retrieval
[ritríːvəl]

→ We could recover the deleted information using a data **retrieval** program.

우리는 자료 복구 시스템으로 삭제된 정보를 되찾을 수 있었다.

185 underpinning _ 기반, 토대

어떤 사물이나 사상의 바탕이나 근본, 기초를 의미한다.

underpinning(s) [ʌ̀ndərpíniŋ]	→ The public purse is the **underpinnings** of national power. 국고는 국력의 기반이다.
basis˙˙ [béisis]	→ The theory has been established without a firm **basis**. 그 학설은 아무 확실한 근거도 없이 세워진 것이다.
base˙˙˙ [beis]	→ He needs to solidify his **base** knowledge. 그는 기초 지식을 다져야 한다.
ground(s)˙˙˙ [graund]	→ She has good **grounds** for accusing him. 그녀에게는 그를 비난할 만한 충분한 근거가 있다. ‹‹‹ [종종 복수형으로]「기초」,「이유」,「동기」
foundation˙˙ [faundéiʃən]	→ The two countries laid the **foundation** for mutual understanding. 두 나라는 상호 이해의 토대를 마련했다.

186 ornament _ 장식

어떤 대상을 아름답고 세련되게 만들기 위해 꾸미는 것을
뜻한다.

ornament**
[ɔ́ːrnəmənt]

→ She wore the Hope Diamond **as an ornament**.

그녀는 장식으로 호프 다이아몬드를 걸고 있었다.

decoration**
[dèkəréiʃən]

→ The interior of his home is hideous because there are no **decorations**.

그의 집의 실내는 아무런 장식이 없어서 흉측스럽다.

flourish**
[flɔ́ːriʃ]

→ They criticized the politician for his empty rhetorical **flourishes**.

사람들은 공허한 수사학적 미사여구를 쓴다고 그 정치인을 비난했다.

adornment
[ədɔ́ːrnmənt]

→ The article is about personal **adornments** of the Joseon dynasty.

그 기사는 조선 왕조 시대의 장신구에 대한 것이다.

embellishment
[imbéliʃmənt]

→ Tell me only the facts without **embellishment**.

윤색하지 말고 내게 사실만 말해라.

<<< 「꾸밈」, 「장식[물]」

187　structure _ 구조, 구성

부분이나 요소들이 조직적인 전체를 이룬 체계, 또는 그러한
방식을 의미한다.

---

structure＊＊
[strʌ́ktʃər]

→ I have a strong interest in the **structure** of languages.

나는 언어 구조에 관심이 많다.

---

composition＊＊
[kàmpəzíʃən]

→ The **composition** of this rock is still unknown.

이 암석의 구성은 아직 알려져 있지 않다.

<<< 「조성」, 【법률】「조정」, 「타협」, 【문법】「(단어의) 합성」

---

makeup＊
[méikʌ̀p]

→ I have no idea what the **makeup** of this odd material is.

이 이상한 물질이 무엇으로 구성되는지 전혀 모르겠다.

---

constitution＊＊
[kànstətjúːʃən]

→ He thinks a rival will change the **constitution** of his corporation.

그는 경쟁자가 그 사단법인의 구성을 바꿀 것이라고 생각한다.

---

organization＊＊
[ɔ̀ːrgənəzéiʃən]

→ He helped the **organization** start a revolution.

그는 조직이 혁명을 시작하도록 도왔다.

---

formation＊
[fɔːrméiʃən]

→ The **formation** of a new committee has been delayed again.

새로운 위원회의 구성이 또 연기되었다.

188 infrastructure _ 하부 구조

어떤 단체나 체계의 내부, 혹은 말단을 이루는 구성을 뜻하는
단어들이다.

infrastructure [ínfrəstrʌ̀ktʃər]	➥ A firm **infrastructure** is the base of every sound organization. 단단한 하부 구조는 어느 조직에서나 건실한 체제의 기초이다.
foot··· [fut]	➥ A stir began at the **foot** of the organization. 조직의 최하부가 동요하기 시작했다. <<< [보통 the foot으로] 「(산의) 기슭」, 「(층계, 기둥, 페이지 등의) 최하부」
groundwork [gráundwə̀:rk]	➥ It was him that set up the **groundwork** of our principle. 우리 행동 원리의 토대를 세운 것은 바로 그였다.
understructure [ʌ́ndərstrʌ̀ktʃər]	➥ Its weak **understructure** will sure be a problem one day. 언젠가 그것의 허술한 하부 구조가 분명히 문제가 될 것이다.
substructure [sʌ́bstrʌ̀ktʃər]	➥ They started the excavation work for the **substructure**. 그들은 기초(공사)를 위해 굴착 작업을 시작했다.

189 accumulation _ 축적, 수집

특히 지식, 재산 등을 모으는 것이나, 그 집적을 표현할 때
사용한다.

---

accumulation[**]
[əkjùːmjəléiʃən]

→ The **accumulation** of assets is the only joy in a miser's life.

재산 축적은 그 수전노에게 유일한 삶의 기쁨이다.

---

gathering[**]
[gǽðəriŋ]

→ He could survive by **gathering** wild fruit.

그는 야생 과일을 채집하여 살아남을 수 있었다.

---

accretion
[əkríːʃən]

→ A cliff is formed by the **accretion** of layers.

그 절벽은 단층의 퇴적으로 형성되었다.

<<< 「(발육, 부착 등에 의한) 증대」, 【천문】 「우주 먼지의 부착 성장」

---

collection[**]
[kəlékʃən]

→ He said that his **collection** of old records cost him a lot of money.

그는 오래된 LP판의 수집에 많은 돈을 썼다고 했다.

---

compilation
[kàmpəléiʃən]

→ She is planning a **compilation** for the Navajo dictionary.

나바호 족 언어의 사전 편찬을 계획하고 있다.

---

amassment
[əmǽsmənt]

→ He broke down from the **amassment** of stress.

그는 스트레스가 축적되어 앓아누웠다.

---

backlog
[bǽklɔ̀(ː)g]

→ We worked late due to a **backlog** of orders.

우리는 주문 잔량 때문에 초과근무를 했다.

<<< 「큰 장작」에서 「잔무」, 「비축」, 「주문잔고」의 뜻으로 확대되었다.

---

190 record _ 기록

사실, 사건, 정보 등을 지면이나 영상으로 보존하는 것, 혹은
그 보존된 글이나 영상을 의미한다.

record***
[rékərd]

➡ I don't think he will deny our claims once he sees these **records**.

그가 이 기록을 보면 우리 주장을 부인하지는 못할 것이다.

document**
[dákjəmənt]

➡ The president has access to classified **documents**.

대통령은 기밀 문서에 대한 접근권한을 가지고 있다.

minute***
[mínit]

➡ A motion was made to accept the **minutes**.

의사록 수긍를 위한 발의가 이루어졌다.
<<< [복수형으로]「의사록」

transaction(s)*
[trænsǽkʃənz]

➡ I've read the **transactions** of the meeting.

그 회의에 관한 회보를 읽어 보았다.
<<< [복수형으로]「(학회나 회의 등의) 회보」,「보고서」,「의사록」

archive(s)
[á:rkáivs]

➡ The old writer decided to donate his **archives** to a public institution.

노작가는 자신의 기록물들을 공립 기관에 기부하기로 했다.

191 element _ (구성) 요소, 성분

어떤 사물을 이루는 부분이나 근본적인 요건이 되는 물질을
표현할 때 사용한다.

element✱✱ [éləmənt]	➜ Diligence is the key **element** of success.
	근면은 성공의 주요 요소이다.
	‹‹‹ 【물리·화학】「원소」, 【전기】「전지」, 「전극」

component✱ [kəmpóunənt]	➜ My cell phone has one missing **component**.
	내 핸드폰의 부품 하나가 없어졌다.
	‹‹‹ 「(기계나, 스테레오 등의) 구성물」

| **ingredient**✱ [ingríːdiənt] | ➜ There are many chemical **ingredients** in processed food. |
| | 가공식품에는 화학적 성분들이 많이 들어있다. |

| **constituent**✱ [kənstítʃuənt] | ➜ One of the group's **constituents** disagrees with the plan. |
| | 단체 구성원 중 하나가 그 계획에 동의하지 않고 있다. |

part✱✱✱ [pɑːrt]	➜ A cell is just a small **part** of our body.
	세포는 우리 몸의 작은 부분일 뿐이다.
	‹‹‹ 【물리, 화학】「원소」, 【기하】「도형의 구성 요소」

192 arrangement _ 배열, 정렬

사물을 일정한 양식이나 순서에 따라 놓는 행동이나 그렇게
놓여 있는 상태를 뜻한다.

arrangement**
[əréindʒmənt]

→ She finalized her seating **arrangements** three weeks before wedding day.

그녀는 결혼식 3주 전에 좌석 배치를 끝냈다.

array*
[əréi]

→ I don't need an **array** of fabricated excuses.

날조된 변명을 열거하는 것은 듣고 싶지 않다.

<<< (군대의)「정렬」,「포진」

order***
[ɔ́ːrdər]

→ The boy drew up the toy soldiers in **order**.

소년은 장난감 병정늘늘 성렬시켰다.

<<< 【군사】「대형」,「대열」 draw up in order「정렬시키다」

disposition**
[dìspəzíʃən]

→ They made some changes in the **disposition** of the regular troops.

그들은 정규군의 배치를 약간 변동했다.

alignment
[əláinmənt]

→ He checked if the wheels were in **alignment**.

그는 자동차 바퀴가 일렬로 정렬되어 있는지 확인했다.

<<< in alignment with「~와 일직선에 있는」

A. Choose the synonym for the underlined word in the sentence.

1 Hundreds of years ago cloves were used as a <u>remedy</u> for headaches.
   - Ⓐ process
   - Ⓑ cure
   - Ⓒ disposal
   - Ⓓ examination

2 Proper exercise plays a significant role in the <u>rehabilitation</u> of patients with various back ailments.
   - Ⓐ operation
   - Ⓑ recovery
   - Ⓒ relaxation
   - Ⓓ appointment

3 The room was full of decorations and other beautiful <u>ornaments</u>.
   - Ⓐ portraits
   - Ⓑ advertisements
   - Ⓒ carpets
   - Ⓓ adornments

4 The candy's <u>composition</u> includes sugar, chocolate and milk.
   - Ⓐ makeup
   - Ⓑ nature
   - Ⓒ sweetness
   - Ⓓ package

5 To file a medical malpractice lawsuit, you will need the <u>amassment</u> of clinical data related to your case.
   - Ⓐ condensation
   - Ⓑ quote
   - Ⓒ composition
   - Ⓓ collection

6 She is in charge of the seating <u>arrangement</u> at the promenade.
   - Ⓐ disposition
   - Ⓑ capacity
   - Ⓒ dissipation
   - Ⓓ stuff

B. Draw a line between a word and the matching meaning.

7 underpinning
          Ⓐ 의사록

8 infrastructure
          Ⓑ 하부 구조

          Ⓒ 기반

9 accretion
          Ⓓ 퇴적

10 minutes
          Ⓔ 침식

11 constituent
          Ⓕ 구성 요소

C. Choose the most appropriate word in accordance with the context.

After frequent visits to a juvenile reformatory for pilfering and stealing, it seemed as if there was no 12. _____ that could help with the 13. _____ of his disturbed mind. Just when we thought his 14. _____ with the police could not get any worse, he was able to add his already large 15. _____ of misdemeanors by stealing sneakers. It was sure that it would be a shameful 16. _____ of his life.

Ⓐ journal   Ⓑ restoration   Ⓒ part
Ⓓ accumulation   Ⓔ record   Ⓕ treatment

193 hazard _ 위험

피해나 손해를 입힐 사건이 생길 가능성이 있는 상태를 말한다.

hazard
[hǽzərd]

→ We encountered a lot of **hazards** in the jungle.
우리는 정글에서 많은 위험과 마주쳤다.
<<< 특히 우연성이 내포되어 있다.

jeopardy
[dʒépərdi]

→ I won't let you put my property in **jeopardy**.
네가 내 재산을 위태롭게 만들도록 내버려 두지 않겠다.
<<< put ~ in jeopardy 「~를 위태롭게 하다」

danger
[déindʒər]

→ The argument began as soon as they were out of **danger**.
그들이 위험에서 벗어나자마자, 논쟁이 시작되었다.

peril
[pérəl]

→ Meril has been faced with a financial **peril**.
메릴은 재정적 위험에 맞닥뜨렸다.
<<< 특히 임박성과 불가피성을 내포한다.

risk
[risk]

→ The **risk** of aggressive investment can't scare the investor now.
그 투자자는 지금 공격적 투자의 위험성을 겁내지 않는다.

emergency _ 급박, 위급

즉각적인 주의나 행동을 요구하거나 여유가 없는 상황에 대한
표현들이다.

---

emergency""
[imə́:rdʒənsi]

→ A state of **emergency** has been proclaimed.

비상 사태가 선포되었다.

<<< a state of emergency 「비상 사태」

---

urgency"
[ə́:rdʒənsi]

→ The 911 operator sensed the **urgency** from a caller's voice.

그 911 전화 교환원은 전화 건 사람의 목소리에서 긴급성을 느꼈다.

---

pressure""
[préʃər]

→ The **pressure** of the situation made me leave without saying good-bye.

긴박한 상황에 나는 인사도 하지 않고 떠났다.

---

imminence
[ímənəns]

→ The **imminence** of the issue called us in.

우리는 그 문제의 절박성 때문에 모이게 되었다.

<<< 「절박한 위험」, 「촉박」

---

impendence
[impéndəns]

→ The president denied the **impendence** of war.

대통령은 계속해서 전쟁의 임박성을 부인했다.

<<< 금방이라도 일어날 것 같은 일에 대해 사용한다. ⑱impending

---

exigency
[éksədʒənsi]

→ He betrayed himself in the **exigency**.

그는 위급한 상황에서 본성을 드러냈다.

<<< [보통 복수형으로는] 「(사정, 상황 등의 본질적인) 요건」

195 flood(s) _ 홍수

강, 호수 등으로부터 물이 불어나 넘치는 것을 말한다. 이 단어들은 모두 「쇄도」, 「다량」의 뜻이 있다.

flood(s)**
[flʌd]

→ The **floods** have done a grave harm to them.

그들은 홍수로 심각한 피해를 입었다.

inundation
[ínəndéiʃən]

→ Annual **inundation** of the Nile made the soil of its delta fertile.

매해 반복되던 나일 강의 범람은 그 삼각주 토양을 비옥하게 했다.

overflow**
[òuvərflóu]

→ The **overflow** swept through her house.

홍수가 그녀의 집을 휩쓸고 지나갔다.

<<< 「과다」, 「과잉」, 「넘쳐 흐른 것」

deluge*
[délju:dʒ]

→ He wondered how vermin survived the **Deluge**.

그는 어떻게 해충이 노아의 대홍수에서 살아남았는지 의아해했다.

<<< 【기독교】 The Deluge 「노아의 대홍수」

spate
[speit]

→ The river was **in spate** due to heavy rains.

폭우로 강물이 증수되어 있었다.

<<< [영국] 「큰비」, 「홍수」, 「호우」

cataclysm
[kǽtəklìzəm]

→ This **cataclysm** took everything from him.

그는 이번 대홍수로 모든 것을 잃었다.

<<< 「(정치·사회적) 대변동」, 【지질】 「지각 변동」

196 drought _ 가뭄

강우량이 부족한 메마른 날씨가 계속되는 상태를 뜻한다.

drought*

[draut]

→ A long period of **drought** was accompanied by the poorest crop.

장기간의 가뭄은 최악의 흉작을 수반했다.

aridity

[ərídəti]

→ I prefer **aridity** to a high humidity.

나는 습도가 높은 것 보다는 건조한 것이 좋다.

<<< 「빈약」, 「무미건조」, aridity index 「건조 지수」

lack [want] of rain

[læk ɑv rcin]

→ The reservoir has dried up from the severe **lack of rain**.

그 저수지는 극심한 가뭄으로 말라버렸다.

dry spell

[drai spel]

→ We have been in a **dry spell** for over a month.

우리는 한 달 이상 건조기를 지내고 있다.

<<< 「불황기」, 「정체기」

197 catastrophe _ 재난, 사고

예상치 못한 자연적 재앙이나 인간이 초래한 재해를 표현하는
단어들이다.

catastrophe*
[kətǽstrəfi]

→ He sees a **catastrophe** as an opportunity.

그는 대참사를 기회로 생각한다.

<<< 「(비극의) 파국[대단원]」, 【지질】「(지각의) 격변」

disaster**
[dizǽstər]

→ This is exemplary of man-made **disasters**.

이것은 인간이 만든 재해의 전형이다.

calamity**
[kəlǽməti]

→ He deceived victims of the **calamity** out of their money.

그는 그 재난의 피해자들을 속여 돈을 뜯어냈다.

accident**
[ǽksidənt]

→ You can't prevent every **accident**.

모든 사고를 예방할 수는 없다.

<<< [미국] 「자동차 사고」

fatality*
[feitǽləti]

→ Volunteers from across the nation thronged after the **fatality** of his family.

그의 가족이 참사를 당한 뒤 전역에서 자원봉사자들이 몰려들었다.

mishap*
[míshæp]

→ A **mishap** occurred when he was crossing the river by a bridge.

그가 다리로 강을 건너고 있을 때 사고가 일어났다.

198 assistance _ 원조, 구조

상대를 물질적으로 도와주는 행위나 재난을 당한 사람을 구해
주는 행위를 표현한다.

assistance˙˙
[əsístəns]

→ G7 promised to render **assistance** to Africa.

G7은 아프리카에 원조를 해주기로 약속했다.

help˙˙˙
[help]

→ He desperately called for **help** sending signals
to a rescue boat.

그는 필사적으로 조난구조선에 신호를 보내며 구조를 요청했다.

aid˙˙
[eid]

→ The corporation offers **aid** to young leukemia
patients in need.

그 회사는 생활이 어려운 어린 백혈병 환자들을 지원하고 있다.

support˙˙˙
[səpɔ́ːrt]

→ I've given **support** to an animal rights
organization.

나는 한 동물권익단체를 후원해왔다.

rescue˙˙
[réskjuː]

→ A miner in the tunnel waited for the **rescue**.

터널 안의 한 광부는 구출을 기다렸다.

<<< 【법률】「불법 석방」, 「불법 탈환」

succor
[sʌ́kər]

→ There should be **succor** for wild animals in
danger.

위험에 처한 야생동물들을 구제해야 한다.

199 environment _ 환경

어떤 존재를 둘러싼 자연적, 사회적 조건이나 상황을 표현하는
단어들이다.

---

environment˙˙
[inváiərənmənt]

→ We'd better protect the **environment** for our own good.

우리는 스스로의 이익을 위해서 환경을 보호하는 것이 좋다.

---

surrounding(s)˙˙
[səráundiŋ]

→ He wants educationally better **surroundings**.

그는 교육적으로 더 나은 주변 환경을 원한다.

<<< [복수형으로]「처지」, 「주변 상황」, [때로]「주위 사람들」

---

habitat
[hǽbətæt]

→ Do not take wild orchids with you from their **habitat**.

서식처에서 야생 난초를 채취해 가지 마시오.

---

setting˙
[sétiŋ]

→ An antique house stands on the hill with lovely **settings**.

고풍스런 집 한 채가 아름다운 배경이 있는 언덕 위에 있다.

---

ecology
[i:kálədʒi]

→ Save waste and practice recycling for **ecology**.

생태 환경을 위해서 쓰레기를 줄이고 재활용을 하라.

200 inhabitant _ 거주자

어떤 일정 지역에 살고 있는 사람에 대한 표현들이다.

inhabitant··
[inhǽbətənt]

→ The floods drove out all the **inhabitants** here.
홍수가 이곳의 주민들을 모두 쫓아냈다.
<<< 「서식 동물」의 의미도 있다.

resident··
[rézidənt]

→ **Residents** in this district are now detained.
이 지역의 거주자들은 지금 억류되어 있다.
<<< 「전문의 수련자」, 「외국 주재 사무관」, 「텃새」

citizen··
[sítəzən]

→ **Citizens** of New York are called New Yorkers.
뉴욕의 시민들은 뉴요커라고 불린다.

tenant··
[ténənt]

→ There was a **tenants**' mass protest about the unannounced blackout.
예고없는 정전사태에 관한 주민들의 집단 항의가 있었다.

dweller·
[dwélər]

→ **Dwellers** in the Amazon are suffering from thoughtless development.
아마존의 거주자들은 난개발로 고통 받고 있다.

occupant·
[ákjəpənt]

→ I don't like the **occupant** of the apartment.
나는 그 아파트의 현거주자가 마음에 들지 않는다.

201 prerequisite _ 조건

어떤 일에 선행해서 충족되어야 할 요소, 요구 등을 의미한다.

prerequisite [pri:rékwəzit]	➡ Filling in the blanks in the form is a **prerequisite** for applicants. 양식의 빈 칸을 채워 넣는 것은 지원자에게 필요조건이다.
condition^{***} [kəndíʃən]	➡ He made it a **condition** that his son would pay the money back. 그는 아들이 돈을 갚을 것을 조건으로 내걸었다.
requirement^{**} [rikwáiərmənt]	➡ To my regret, the students could not meet the **requirements** for admission. 유감스럽게도 그 학생들은 입학 요건을 충족시키지 못했다.
qualification [kwὰləfəkéiʃən]	➡ She agreed with the **qualification** that she would be employed in 3 months. 그녀는 3개월 이내에 고용된다는 조건으로 동의했다.
essential factor [isénʃəl fǽktər]	➡ Confidence is one of the **essential factors** of mutual cooperation. 신뢰는 상호협력의 필수적인 요소 중 하나이다.

gauge _ 척도, 평가

대상의 양이나 질을 측정하거나 가치를 헤아리는 일, 혹은
그 기준에 대한 표현들이다.

gauge*
[geidʒ]

➡ This new sedan is the **gauge** of high salaries.

이 신형 세단은 고임금의 척도이다.

<<< 「계량기」, 「용적」, 「범위」

measurement**
[méʒərmənt]

➡ The student is taking the **measurements** of his desk and chair.

그 학생은 자기 책상과 의자의 높이를 측정하고 있다.

account***
[əkáunt]

➡ Your **account** of him is just a biased idea.

그에 대한 너의 평가는 단지 편견에 치우친 생각일 뿐이다.

calculation**
[kælkjəléiʃən]

➡ There was an oversight in **calculation** of the break-even point.

손익분기점 계산에 실수가 있었다.

computation
[kàmpjutéiʃən]

➡ The branch manager didn't like my **computation** of profits.

지점장은 내 이익 산정수치를 마음에 들어 하지 않았다.

A. Choose the synonym for the underlined word in the sentence.

1 He is the one who invited <u>danger</u> to his own business by opening fire on the financial magnate.
    Ⓐ jeopardy   Ⓑ attention
    Ⓒ celebrity   Ⓓ notice

2 The two countries had reached the stage where they could feel the <u>urgency</u> of war.
    Ⓐ support   Ⓑ sense
    Ⓒ emergency   Ⓓ importance

3 Ocean geologists say that sea level rise may have an effect on erosion and <u>inundation</u> of the region.
    Ⓐ conflagration   Ⓑ confluence
    Ⓒ accommodation   Ⓓ flood

4 Both a person's heredity and his <u>settings</u> help to shape his character.
    Ⓐ educations   Ⓑ nationalities
    Ⓒ relatives   Ⓓ surroundings

5 San Francisco's Chinese community, comprising 67,000 <u>inhabitants</u>, is the largest concentration of Chinese outside of Asia.
    Ⓐ adults   Ⓑ workers
    Ⓒ visitors   Ⓓ residents

6 Calipers are instruments that you can use to get the <u>measurement</u> of the distance between two surfaces.
    Ⓐ gauge   Ⓑ creation
    Ⓒ fulfillment   Ⓓ enclosure

Answers   1.Ⓐ 2.Ⓑ 3.Ⓓ 4.Ⓓ 5.Ⓓ 6.Ⓐ

B. Draw a line between a word and the matching meaning.

7 aridity   Ⓐ 구제

8 succor   Ⓑ 건조

                                  Ⓒ 현거주자
9 ecology
                                  Ⓓ 필요조건

10 occupant   Ⓔ 생태 환경

11 prerequisite   Ⓕ 습윤

C. Choose the most appropriate word in accordance with the context.

An agonized country that has just passed a man-made

12. _____ now suffers a natural one, as the most

terrible 13. _____ in decades is overtaking it after

enduring several years of war. It is reported that it is drying

up their already war — scorched earth and destroying the

14. _____ , elevating the 15. _____ of mass

starvation. This leaves them no option but to ask for

international 16. _____ .

Ⓐ aid   Ⓑ drought   Ⓒ disaster
Ⓓ impendence   Ⓔ environment   Ⓕ comfort

203 enthusiasm _ 열광, 열심

사람이나 사물에 대해 강렬한 의욕과 열의, 흥미가 있음을
의미한다.

enthusiasm**
[enθú:ziæ̀zəm]

→ He has lacked **enthusiasm for** racing since the accident.

그는 사고 이후로 자동차 경주에 열광하지 않는다.

zeal**
[zi:l]

→ Lately, she's been working out **with zeal**.

그녀는 최근 열심히 운동을 해왔다.
<<< with (great) zeal 「(아주) 열심히」

eagerness**
[í:gərnis]

→ He assured me of her **eagerness** to study.

그는 나에게 그녀의 학업에 대한 열의를 보장했다.

passion**
[pǽʃən]

→ He puts his **passion** and devotion into bonsai.

그는 분재에 자신의 열정과 애정을 쏟는다.
<<< [부정관사 a와 함께]「울화」, 「격노」, the Passion 「그리스도의 수난」

fervor*
[fə́:rvər]

→ The speaker harangued **with fervor**.

그 연설자는 열렬히 장광설을 펼쳤다.
<<< 「백열」, 「작열」

ardor*
[á:rdər]

→ His **ardor** for helping the poor is genuine.

가난한 사람들을 돕겠다는 그의 정열은 참되다.

204 effort _ 노력

원하는 바를 성취하기 위해 정신적, 육체적으로 애쓰는 것을
의미한다.

effort··
[éfərt]

➡ I spared no **efforts** to help him rise again.

나는 그의 재기를 돕기 위해 노력을 아끼지 않았다.

<<< 「(모금 등의)운동」, 「노력의 성과」

struggle··
[strʌ́gəl]

➡ There is a **struggle for** life going on even in this fishbowl.

이 어항 안에서도 생존을 위한 악전고투가 일어난다.

attempt···
[ətémpt]

➡ There is evidence that a burglar made an **attempt** to break in.

빈집털이가 침입을 시도했던 흔적이 있다.

endeavor··
[endévər]

➡ He is making every **endeavor for** truce talks.

그는 휴전교섭을 위해 모든 노력을 기울이고 있다.

<<< 【문어】

exertion·
[igzɔ́:rʃən]

➡ He has always made the necessary **exertions for** success his entire life.

그는 평생 성공을 위해 필요한 진력을 다해왔다.

205 feat _ 위업, 성취

비범한 공적이나 공훈을 표현하는 단어들이다.

feat [fiːt]	→ His **feat** during the war has been undermined. 전쟁 동안 쌓은 그의 위업이 손상되었다. <<< 「공훈」, 「기술」, 「묘기」
achievement [ətʃíːvmənt]	→ Thanks to his **achievement**, we now have a breakthrough. 그의 업적 덕분에, 이제 우리는 돌파구를 갖게 되었다.
exploit [éksplɔit]	→ His boss wouldn't acknowledge his **exploits**. 그의 상관은 그의 공훈을 인정하지 않으려 했다.
success [səksés]	→ There are many people in praise of his honorable **success**. 그의 훌륭한 성취를 칭찬하는 사람들이 많이 있다.
attainment [ətéinmənt]	→ I affirm the **attainment** of our business goal. 나는 우리 사업 목표의 달성을 단언한다. <<< [종종 복수형으로] 「학식」, 「재능」
accomplishment [əkámpliʃmənt]	→ This failure shames our past **accomplishment**. 이번 실패는 우리가 이룬 과거의 성과를 무색하게 한다. <<< [복수형으로] (훈련으로 쌓은) 「기예」, 「교양」, 「예능」

206 barrier _ 방해, 장애물

의지나 일의 진행을 가로막고 훼방 놓는 행동, 사물, 현상 등을 표현한다.

barrier˚˚ [bǽriər]	→ They couldn't overcome the language **barrier**. 그들은 언어 장벽을 극복할 수 없었다. <<< 「방벽」, 「(역의) 개찰구」, 「(지리적) 경계」
hindrance˚ [híndrəns]	→ Sometimes experience can be a **hindrance** to unprejudiced judgements. 때로 경험은 편견 없는 판단을 하는 데 방해가 될 수 있다.
obstacle˚˚ [ábstəkəl]	→ The competitor's become an **obstacle** to him. 그 경쟁자는 그에게 장애물이 되었다
deterrent [ditə́:rənt]	→ Good exercise is one of several **deterrents** against diabetes. 운동은 당뇨병에 대한 몇몇 억제책 중 하나이다.
impediment˚ [impédəmənt]	→ Dyslexia is an **impediment** to his progress. 난독증은 그의 발전을 가로막는 장애였다. <<< 「방해물」, 「(신체 장애 중 특히) 언어 장애」
obstruction˚ [əbstrʌ́kʃən]	→ His mom seems to remove all the **obstructions** in his way. 그의 엄마는 그에게 방해물이 되는 것은 모조리 없애 버릴 것 같다.

207 industry _ 근면

요행이나 부당한 이득을 바라지 않고 부지런하고 성실하게
최선을 다하는 태도나 자세를 의미한다.

---

industry···
[índəstri]

→ My **industry** gave the boss a good impression.

나의 근면함은 상관에게 좋은 인상을 주었다.
<<< 「열심」, 「노력」 **industrious**

---

application··
[æplikéiʃən]

→ He first seemed to have **application** but actually was indolent.

그는 처음에는 근면한 듯 보였으나 실제로는 나태했다.

---

diligence··
[dílədʒəns]

→ I know **diligence** doesn't always promise me a high salary.

나는 부지런함이 언제나 많은 월급을 약속해 주지는 않는다는 것을 안다.

---

assiduity
[æsidʒú:əti]

→ Students receiving a state scholarship should study **with assiduity**.

국비 장학생들은 근면하게 공부해야 한다.

---

sedulity
[sidʒú:ləti]

→ Koreans are known for their untiring **sedulity**.

한국인들은 그들의 꾸준한 근면함으로 유명하다.

208 fortitude _ 꿋꿋함, 인내

고통, 곤란, 어려움 등을 견디고 참는 능력을 일컫는다.

---

fortitude*

[fɔ́ːrtətjùːd]

→ He shows **fortitude** with that crummy pay he's getting.

그는 자신이 받고 있는 그 적은 급료에도 꿋꿋함을 보여준다.

---

endurance*

[indjúərəns]

→ He finished a tedious task **with endurance**.

그는 인내하며 지루한 업무를 끝마쳤다.

<<< 「참을성」, 「내구성」, 「지구력」

---

perseverance*

[pə̀ːrsivíːrəns]

→ My **perseverance** has finally worn out with his extravagance .

그의 방종으로 인해 내 참을성이 드디어 바닥이 나게 되었다.

---

patience*

[péiʃəns]

→ I have no **patience with** my mother-in-law.

나는 내 장모님에 대해선 인내심을 발휘할 수가 없다.

---

tolerance*

[tálərəns]

→ You should have a lot of **tolerance** to raise playful children.

장난치기 좋아하는 아이들을 기르려면 많은 인내력을 가져야 한다.

어느 쪽으로도 기울지 않은 고르고 안정된 상태를 표현한다.

---

balance˙˙
[bǽləns]

→ It is not easy keeping a **balance between** work and home.

일과 가정 사이에서 균형을 잡는 일은 쉽지 않다.

---

stability˙˙
[stəbíləti]

→ He had to downsize for business **stability**.

그는 사업의 안정성을 위해 인원을 감축해야 했다.

‹‹‹ 「(사람, 마음 등의)착실(성)」, 【기계】「(특히 비행기, 선박의)안정성」

---

equilibrium˙
[ìːkwəlíbriəm]

→ Her action has disturbed the **equilibrium** between the two forces.

그녀의 행동은 힘의 평형 상태를 깨뜨렸다.

---

poise˙
[pɔiz]

→ She has lost her **poise** of mind since the layoff.

해고당한 이후로 그녀는 마음의 평형을 잃었다.

---

evenness
[íːvənnis]

→ They say the **evenness** of this pavement's surface is great.

그들은 이 도로면의 균등성은 놀랍다고 한다.

---

symmetry
[símətri]

→ His face reaches bilateral **symmetry** almost perfectly.

그의 얼굴은 거의 완벽하게 좌우대칭을 이룬다.

210 bias _ 선입관, 편견

애호나 혐오 등 치우치고 공평하지 못한 성향을 표현할 때
사용한다.

bias*
[báiəs]

→ The child has a **bias against** the opposite sex.

그 아이는 이성에 관한 선입관을 가지고 있다.

prejudice**
[prédʒədis]

→ His judgement was nothing but a pathetic
product of **prejudice**.

그의 판단은 한심한 편견의 산물에 불과했다.

preoccupation*
[priːɑ̀kjəpéiʃən]

→ Teachers are liable to have a **preoccupation** of
slow pupils.

선생님들은 자칫하면 열등생에 관해 선입견을 가지기 쉽다.

preconception
[priːkənsépʃən]

→ Try not to have a **preconception** about
anything before experience.

경험하기 전에는 무엇에 관해서도 선입견을 가지지 않도록 해라.

prepossession
[priːpəzéʃən]

→ My father has a **prepossession** for my sister.

나의 아버지는 내 여자형제를 편애한다.

<<< 「선입관」을 뜻하기도 하나, 특히 「호감(=predilection)」을 뜻한다.

211 chance _ 가망, 가능성

어떤 일이 미래에 실현될 수 있는 성질을 표현할 때 사용하는
단어들이다.

chance***
[tʃæns]

→ You have no **chance** of topping the list.

네가 선두에 서게 될 가망은 없다.

<<< 「승산」, 「우연」, 「위험」

possibility**
[pàsəbíləti]

→ She has a bare **possibility** of recovery.

그녀는 회복할 가능성이 희박하다.

probability**
[pràbəbíləti]

→ There is the **probability** that he would win the election.

그가 다음 선거에서 이기는 것은 있음직한 일이다.

likelihood*
[láiklihùd]

→ He's just trying to increase the **likelihood** of trouble for his own good.

그는 그저 자기 이익을 위해 분쟁의 가능성을 높이려고 하고 있을 뿐이다.

212 prospect _ 예상, 우연성

예정되어 있거나 일어날 가능성이 큰 일에 대해 미리 예기하는
것을 뜻한다.

prospect**
[práspekt]

→ He decided to call up his wife at the **prospect** of flight delay.

비행기 지연을 예상하고 그는 아내에게 전화를 걸기로 했다.

outlook**
[áutlùk]

→ Analysts' **outlook** for the economy next year is not bright owing to a slack time.

불황기로 인해 전문가들의 내년 경제 예측은 밝지 않다.

perspective*
[pəɹspéktiv]

→ You should set up your plan from a long-term **perspective**.

계획은 장기적 전망에서 세워야 한다.

eventuality
[ivèntʃuǽləti]

→ She is resolved to confront an **eventuality** of any kind.

그녀는 어떤 종류의 우발성과도 맞설 결심이다.

contingency
[kəntíndʒənsi]

→ Business persons should cope with both the continuity and the **contingency**.

사업가들은 연속성과 우연성 양쪽을 다 극복해야 한다.

A. Choose the synonym for the underlined word in the sentence.

1 As a young teacher, Jane has shown great <u>enthusiasm</u> for the cause of education.

   Ⓐ zeal   Ⓑ amusement

   Ⓒ seal   Ⓓ entertainment

2 <u>Attempts</u> have been made for nearly three decades to increase the amount of precipitation from clouds by seeding them with salt or silver iodide.

   Ⓐ Efforts   Ⓑ Hypotheses

   Ⓒ Devices   Ⓓ Suggestions

3 Flying across the Atlantic for the first time was a great <u>achievement</u>.

   Ⓐ eagerness   Ⓑ jealousy

   Ⓒ attainment   Ⓓ commiseration

4 The boss asked John if the foreman has a reliable <u>industry</u> for the job.

   Ⓐ care   Ⓑ sense

   Ⓒ diligence   Ⓓ incompetence

5 Keynes showed that the modern economy could still find its <u>equilibrium</u> even with continuing, serious unemployment.

   Ⓐ control   Ⓑ balance

   Ⓒ management   Ⓓ counterpart

6 No one can anticipate all the <u>prospects</u> no matter how great of a futurologist he or she might be.

   Ⓐ components   Ⓑ creatures

   Ⓒ perspectives   Ⓓ misconceptions

B. Draw a line between a word and the matching meaning.

7 ardor   Ⓐ 선입견

8 deterrent   Ⓑ 방해물

                                  Ⓒ 인내력

9 perseverance   Ⓓ 정열

10 preconception   Ⓔ 있음직함

11 probability   Ⓕ 노력

C. Choose the most appropriate word in accordance with the context.

Two things, 12. _____ and endurance are the prerequisites for 13. _____ . If your mind is equipped with fortitude that does not bend in front of laborious 14. _____ and when your body is prepared to perform constant 15. _____ , then the pointer of scale changes from eventuality to a high 16. _____ .

Ⓐ endeavor   Ⓑ assistances   Ⓒ success

Ⓓ possibility   Ⓔ barriers   Ⓕ sedulity

213 sequence _ 연속, 연쇄

어떤 상태나 사건이 끊이지 않고 발생하거나 이어지는 양상을
의미한다.

sequence"
[síːkwəns]

→ There followed a shocking **sequence** of
bombing.

충격적인 연속 폭격이 뒤따랐다.

string"
[striŋ]

→ His negligence incurred a **string** of accidents.

그의 태만함이 일련의 사건을 초래했다.

<<< 「연속」, 「연발」, 【식물】「덩굴손」

series"
[síəriːz]

→ She was not prepared for a **series** of
misfortune as such.

그녀는 그러한 일련의 불행의 대비되어 있지 않았다.

chain"'
[tʃein]

→ The attack's invited a serious **chain** reaction.

그 공격은 심각한 연쇄 반응을 불러왔다.

<<< 【생물】「(세균의) 연쇄상균」, 【화학】「(원자의) 연쇄」

succession"
[səkséʃən]

→ He couldn't hear a thing after a **succession** of
earsplitting gunfire.

고막이 찢어질 듯한 연속된 총격 속에서 그는 아무것도 들을 수 없었다.

214 interval _ 간격, 틈

시간적, 공간적으로 벌어진 사이나 그 정도를 일컫는 단어들이다.

---

interval[..]
[íntərvəl]

→ Put them with an **interval** of 3 inches.

그것들을 3인치 간격으로 놓아라.

<<< 「(장소나 시간의) 간격」

---

space[..]
[speis]

→ Boys are aligned by equal **spaces** for a parade.

소년들이 행진을 위해 같은 간격으로 정렬해 있다.

<<< (시간적) 「동안」, 「간격」, (공간적) 「거리」, 「간격」

---

distance[...]
[dístəns]

→ His attitude has changed much at a **distance** of 3 weeks.

3주 사이에 그의 태도는 많이 변해 있었다.

---

period[...]
[píəriəd]

→ The astronomer is amazed by the accuracy of natural **periods**.

그 천문학자는 자연 주기의 정확성에 놀랐다.

---

pause[..]
[pɔːz]

→ Troops are looking for a suitable place to take a **pause**.

군대가 (중간) 휴식에 적당한 장소를 찾고 있다.

---

lull[..]
[lʌl]

→ A **lull** in the riot is making them even more anxious.

폭동의 일시적 소강상태가 그들을 더욱 불안하게 하고 있다.

215 proponent _ 지지자

개인이나 집단의 주장, 사상, 의견 등에 찬성하는 사람을
가리킨다.

---

proponent
[prəpóunənt]

→ He is an avid **proponent** of active euthanasia.

그는 적극적 안락사의 열렬한 지지자이다.

---

advocate
[ǽdvəkit]

→ He got involved in a debate with **advocates** of the war.

그는 그 전쟁에 대한 옹호자들과 논쟁을 하게 되었다.

---

supporter
[səpɔ́:rtər]

→ She is a key **supporter** of the charitable institution for children in need.

그녀는 그 가난한 어린이를 위한 자선 기관의 주요 후원자이다.

---

adherent
[ædhíərənt]

→ She has been an ardent **adherent** of creationism.

그녀는 과거부터 창조론의 열렬한 신봉자였다.

---

partisan
[pá:rtəzən]

→ **Partisans** of the Democrats congregated for inter-party competition.

민주당의 당원들이 당내경선을 위해 모였다.

216 rival _ 적, 대항자

같은 목표를 두고 경쟁 관계에 있는 상대를 일컫는 단어들이다.

rival
[ráivəl]

→ He has completely squashed his main **rival** this time.

그는 이번에 자신의 주된 적을 완전히 눌렀다.

competitor
[kəmpétətər]

→ She doesn't like being chased by **competitors**.

그녀는 경쟁자들에게 쫓기는 것을 좋아하지 않는다.

<<< competitor analysis 「경쟁 기업의 정보 분석」

opponent
[əpóunənt]

→ He got scared by the heavyweight **opponent**.

그는 덩치가 큰 적수를 보고 겁을 먹었다.

<<< 【해부】「대항근」, 「길항근」

antagonist
[æntǽgənist]

→ The prince is defeated by his **antagonist** in power struggle.

그 왕자는 권력투쟁에서 적대자에게 패배했다.

adversary
[ǽdvərsèri]

→ The senator is framed by his mortal **adversary**.

그 상원의원은 불공대천의 적이 놓은 함정에 빠졌다.

contestant
[kəntéstənt]

→ He beat all the **contestants**.

마침내 그는 모든 경쟁 상대를 물리쳤다.

<<< 특히 「(선거의 결과, 유언 등에 대한) 이의 신청자」

obliteration _ 말살, 제거

어떤 것을 완전히 파괴하여 존재를 없앰을 뜻한다.

---

obliteration

[əblìtəréiʃən]

➡ The attempt of ethnic **obliteration** must be stopped.

그 인종 말살의 기도는 제지되어야 한다.

---

elimination

[ilìmənéiʃən]

➡ We are trying for the **elimination** of violence on the street.

우리는 거리에서 폭력을 제거하기 위해 노력하고 있다.

---

removal

[rimú:vəl]

➡ She needs the surgical **removal** of a tumor.

그녀는 종양 제거 수술을 받아야 한다.

---

deletion

[dilí:ʃən]

➡ He ordered the **deletion** of essential records.

그는 중요한 기록들에 대한 삭제를 명령했다.

<<< 「삭제 부분」, 「(염색체, 유전자 일부의) 결실(缺失)」

---

erasion

[iréiʒən]

➡ I am in trouble owing to the **erasion** of data.

그 자료가 삭제되어서 나는 곤란에 처해 있다.

<<< 【외과】「(태아의) 소파」, 「제거」

---

effacement

[iféismənt]

➡ There has been an **effacement** of his report of birth without any reason.

아무 이유도 없이 그의 출생 신고 기록이 말소되었다.

---

218 remnant _ 나머지, 잔여

시간이나 사건의 경과 후 남아 있는 전체에서 떨어진 부분을
표현한다.

---

remnant°
[rémnənt]

→ He finished the **remnants** of the food.

그는 음식의 나머지를 먹어치웠다.

<<< [보통 정관사 the와 함께] 「유물」, 「자취」

---

residue
[rézidjù:]

→ She bequeathed her son only the **residue** of
real estate.

그녀는 아들에게 잔여 부동산만을 남겼다.

---

remain(s)°°°
[riméin]

→ I withdrew all the **remains** in his account.

나는 통장에 있던 나머지 돈을 다 인출했다.

<<< 「잔고」, 「잔존자」, 「유해」, 「유물」

---

remainder°
[riméindər]

→ The **remainders** of the corps surrendered.

그 군단의 잔류자들은 투항했다.

<<< 「잔여」, [복수형으로] 「유적」

---

relic°
[rélik]

→ Now the **relic** of the tradition is fading away.

이제 그 관습의 잔재는 사라지고 있다.

<<< [복수형으로] 「유물」, 「유적」

---

dreg(s)
[dreg]

→ The **dregs** of coffee sometimes leave stains on
the bottom of cups.

커피 찌꺼기는 가끔 컵 바닥에 얼룩을 남긴다.

219 enthral(l)ment _ 매혹, 매력

상대의 마음을 사로잡아 정신을 흐리게 함을 뜻하는 표현들이다.

enthral(l)ment
[enθrɔ́:lmənt]

→ His **enthrallment** coaxed money out of her.

그녀는 그에게 매혹되어 돈을 뜯겼다.

<<< 「노예화」, 「노예 상태」

fascination
[fæsənéiʃən]

→ I decided to buy it because of my **fascination**.

나는 그것에 매료되어 그것을 사기로 했다.

<<< 「매료」, 「(최면에 대한) 감응」

charm
[tʃɑːrm]

→ The **charm** she possesses is rated very high.

그녀가 지닌 매력은 매우 높이 평가된다.

<<< 「매력」, 「주문」

captivation
[kæptivéiʃən]

→ The boy happily smiled in **captivation** of a game machine.

그 소년은 새 게임기에 매료되어 즐겁게 미소 지었다.

hypnotism
[hípnətìzəm]

→ They severely suffered for Hitler's **hypnotism** of Germany.

그들은 히틀러가 독일에 던진 최면으로 쓰라린 고통을 겪었다.

mesmerization
[mèzməraizéiʃə]

→ The patient has woken up from an indistinct **mesmerization**.

그 환자는 몽롱한 최면 상태에서 깨어났다.

220 loathing _ 혐오

매우 강하게 싫어하고 미워하는 감정을 나타낸다.

loathing [lóuðiŋ]	→ His worst **loathing** is any kind of extremism. 그는 어떤 종류든 극단주의에 가장 강한 혐오를 품고 있다.
abhorrence [əbhɔ́:rəns]	→ My teacher has an **abhorrence** of plagiarism. 나의 선생님이 딱 질색하시는 것은 표절이다. <<< have an abhorrence of 「~를 몹시 싫어하다」
disgust** [disgʌ́st]	→ I don't bother to hide my **disgust** towards war. 나는 전쟁에 대한 혐오감을 감추지 않는다.
abomination* [əbàmənéiʃən]	→ An infidelity is thought to be an **abomination**. 배신행위는 혐오감을 주는 것으로 생각된다.
aversion* [əvə́:rʒən]	→ Her boyfriend has become her pet **aversion**. 그녀의 남자친구는 그녀가 가장 싫어하는 사람이 되었다. <<< 「싫어하는 것」, 「혐오」
antipathy [æntípəθi]	→ Usually the Amish have an **antipathy to** drinking and gambling. 보통 암만파 교도들은 음주와 도박에 반감을 가지고 있다.
repugnance [ripʌ́gnəns]	→ He felt a **repugnance with** his son's lies. 그는 아들의 거짓말에 염증을 느꼈다. <<< 「모순」, 「불일치」

221 severity _ 엄격

태도나 규칙의 적용 등이 매우 엄하고 철저함을 표현할 때
사용한다.

---

severity°
[səvérəti]

→ He treats his son with an alarming **severity**.

그는 자기 아들을 놀라울 만큼 엄격하게 다룬다.

<<< 「격렬」, 「혹독」, [보통 복수형으로]「모진 경험」, 「가혹한 처사」

---

harshness
[háːrʃnis]

→ That kind of abuse is a sure proof of his **harshness**.

그런 학대는 그가 가혹하다는 확실한 증거이다.

---

rigor°
[rígər]

→ The absence of **rigor** in education can spoil a child.

교육상 엄격함이 없으면 아이를 망칠 수도 있다.

---

austerity°
[ɔːstériti]

→ I can't stand the **austerity** of boarding school.

나는 기숙학교의 엄격함을 참을 수 없다.

<<< [복수형으로]「내핍」, 「금욕행위」

---

rigidity
[ridʒídəti]

→ Every detail of his sculpture reveals the **rigidity** of a traditionalist.

그의 조각의 모든 세부묘사가 전통주의자의 엄격함을 드러낸다.

---

inclemency
[inklémənsi]

→ The game is called off due to the **inclemency** of the weather.

그 경기는 험악한 날씨로 취소되었다.

222 tolerance _ 관용, 아량

견해나 문화의 차이에 대한 수용성, 혹은 타인의 실책에 대한
너그러움을 뜻한다.

tolerance
[tάlərəns]

→ **Tolerance** is the essential virtue for these days of pluralism.

관용은 이 다원론적 시대에 꼭 필요한 가치이다.

leniency
[líːniənsi]

→ The thief had the face to ask for **leniency** from me whom he had just stole from.

방금 내 물건을 훔치고 그 도둑은 뻔뻔스럽게 내게서 관대함을 구했다.

generosity
[dʒènərάsəti]

→ The **generosity** she has bestowed is all from her humanitarian love.

그녀가 베푼 아량은 전부 그녀의 인도주의적 사랑에서 비롯된 것이다.

forbearance
[fɔːrbέərəns]

→ There in no room for **forbearance** in his mind.

그에게는 관용이라는 것이 없다.

<<< 【법률】「(권리 행사의)보류」,「지불 유예」

A. Choose the synonym for the underlined word in the sentence.

1 The winning pitcher became a real thorn in the other players' side as a <u>series</u> of victories made him arrogant.

    Ⓐ sequence   Ⓑ glee

    Ⓒ delusion   Ⓓ ovation

2 When the eye of the hurricane passed over, there was a <u>lull</u> in the storm.

    Ⓐ interval   Ⓑ refreshment

    Ⓒ outburst   Ⓓ rise

3 He was a noted civic activist and <u>advocate</u> for human right before he was elected as congressman.

    Ⓐ partner   Ⓑ founder

    Ⓒ follower   Ⓓ proponent

4 The police have discovered gunshot <u>residue</u> on his torn up glove.

    Ⓐ trail   Ⓑ smell

    Ⓒ remnant   Ⓓ chemical

5 The transfer student tried so much to win the teacher's favor that he won the other students' <u>abomination</u>.

    Ⓐ friendship   Ⓑ aversion

    Ⓒ compassion   Ⓓ sympathy

6 The <u>severity</u> of this earthquake ripped the hearts of inhabitants here just like it ripped the surface of the Earth.

    Ⓐ mildness   Ⓑ lukewarmness

    Ⓒ harshness   Ⓓ stealthiness

B. Draw a line between a word and the matching meaning.

7	partisan	Ⓐ	관대함
8	contestant	Ⓑ	당원
9	obliteration	Ⓒ	최면
10	hypnotism	Ⓓ	말살
11	leniency	Ⓔ	경쟁 상대
		Ⓕ	위선

C. Choose the most appropriate word for the blank.

12 He couldn't pass the desperately wounded even if he was his own _____ .

13 The experiment in the past showed that the _____ of a mouse's hypothalamus had effects on its feeding regulation and motherhood.

14 The late chairman is widely known to have had a lifelong _____ with collecting exquisite custom - built cars with rarity value.

15 A woman shouted her _____ for the politicians' hypocrisy, forcing her way into the ball where the ruling party's convention was being held.

16 You'd better use _____ with others' mistakes, especially when you think that you can make them too.

Ⓐ abnormality	Ⓑ adversary	Ⓒ repugnance	Ⓓ signature
Ⓔ removal	Ⓕ forbearance	Ⓖ fascination	Ⓗ memento

223 survey _ 조사(1)

주로 어떤 통계적 사실이나 학술적 문제를 명확히 알기 위한
설문이나 분석 등을 표현할 때 사용하는 단어들이다.

survey··
[səːrvéi]

→ A **survey** says toughening automobile safety
regulations doesn't help.

한 조사에 의하면, 자동차 안전수칙 강화는 효과가 없다고 한다.

examination··
[igzæmənéiʃən]

→ Now, they are doing an **examination** on the
performance of hybrid cars.

이제, 그들은 하이브리드 자동차들의 성능을 조사 중이다.

research··
[risə́ːrtʃ]

→ He stopped doing his market **research** after a
complaint.

그는 민사 소송을 당한 후에 시장 조사를 중단했다.

poll··
[poul]

→ Public anger against the now government was
expressed by the opinion **poll**.

그 여론 조사로 현 정부에 대한 국민의 분노가 드러났다.

census·
[sénsəs]

→ The recent population **census** shows the
decrease in population.

최근의 인구 조사는 인구가 감소했음을 보여준다.

inquiry _ 조사(2)

어떤 사건이나 사실에 대해, 혹은 개인이나 단체에 대해 심리, 감사, 심사 등이 이루어질 때 사용한다.

---

inquiry``
[inkwáiəri]

➡ A parliamentary **inquiry** of his peculation will be held soon.

곧 그의 공금 유용에 관한 국정 조사가 열리게 될 것이다.

---

inspection``
[inspékʃən]

➡ An **inspection** of financial documents began.

회계 장부에 대한 정밀 감사가 시작됐다.

<<< 「(서류의) 열람」, 「시찰」

---

investigation``
[invèstəgéiʃən]

➡ The bribery case is **under investigation**.

그 뇌물 수수 사건은 지금 수사 중에 있다.

<<< 「연구 논문」, 「조사 보고」의 의미도 있다.

---

scrutiny`
[skrú:təni]

➡ A **scrutiny** will be made into the institution in question next week.

다음 주에 문제의 기관에 대한 정밀 조사가 실시될 것이다.

---

inquisition`
[ìnkwəzíʃən]

➡ He went through a thorough **inquisition** that lasted 4 hours.

그는 4시간에 걸친 철저한 취조를 받았다.

---

audit
[ɔ́:dit]

➡ He is stressed out from the ongoing independent **audit**.

그는 지금 진행 중인 외부 감사 때문에 스트레스를 받고 있다.

225 inquiry _ 연구, 추구

지식이나 정보의 추구를 위해서 어떤 대상을 조사하고 고찰하는
일을 뜻한다.

inquiry **
[ínkwáiəri]

→ His **inquiry** stopped due to a lack of funds.

그의 연구는 기금 부족으로 중단되었다.

exploration **
[èkspləréiʃən]

→ He continued the **exploration into** divinity.

그는 신성에 대한 탐구를 계속했다.

<<< 【의학】「진찰」, 「검진」

search **
[səːrtʃ]

→ Her **search for** human entity never ceases.

인간 존재에 관한 그녀의 탐구는 그치지 않는다.

quest **
[kwest]

→ Theologians have been on a **quest for** the providence of God .

신학자들은 신의 섭리를 탐구해 왔다.

pursuit **
[pərsúːt]

→ His **pursuit** of fame has been stemmed by the ungrounded rumor.

그 근거없는 소문이 그의 명성에 대한 추구를 저지했다.

chase **
[tʃeis]

→ She was an artist in **chase** of eternity.

그녀는 영원을 추구하던 예술가였다.

<<< 「추격」, 「추적」, 「쫓기는 사람」, 「추구의 대상」

226 scope _ 범위, 한도

활동력이나 영향력이 뻗을 수 있는 테두리를 일컫는 단어들이다.

scope"
[skoup]

→ I will do everything I can within the **scope** of my ability.

내 능력 범위 내에서 할 수 있는 모든 걸 하겠다.

extent"
[ikstént]

→ They have aggressively broadened the **extent** of their business territory.

그들은 과감하게 사업 영역의 한계를 넓혔다.

range"'
[reindʒ]

→ I want a T-shirt in the 60 to 70 dollar **range**.

나는 6, 70달러 한도 내의 티셔츠를 사려고 한다.

<<< 「(지식, 능력, 세력의) 범위」, 「(변동, 변화의) 한계」

spectrum˚
[spéktrəm]

→ The **spectrum** of his political itinerancy is beyond imagination

그의 정치적 편력의 범위는 상상을 초월한다.

stretch"
[stretʃ]

→ He answered within the **stretch** of his knowledge.

그는 자신이 가진 지식의 범위 내에서 대답했다.

227 power _ 힘

자기 자신이나 타인에 미칠 수 있는 물리력, 영향력, 능력 등을
표현할 때 사용한다.

power***
[páuər]

➡ He has the respectable **power** over the army.
그는 군대에 상당한 힘을 발휘한다.

force***
[fɔːrs]

➡ Human beings are destined to give in to the **forces** of nature.
인간은 결국 자연의 힘에 굴복하게 되어 있다.

strength**
[streŋkθ]

➡ This patient has no **strength** to live on.
이 환자는 살아갈 힘이 없다.
<<< 「체력」, 「지력」, 「도의심」

might***
[mait]

➡ He acts rashly depending on the **might** of his tycoon father.
그는 자신의 거물 아버지의 힘에 기대 분별없이 행동한다.

vigor**
[vígər]

➡ This colt is full of **vigor** and vivacity.
이 수놈 망아지는 힘과 생기가 넘친다.

energy**
[énərdʒi]

➡ The **energy** of his words has moved me.
나는 그의 말이 가진 힘에 흔들렸다.
<<< [종종 복수형](개인의)「활동력」, 「행동력」

228 mark _ 유명, 명성

세상에 이름이 널리 알려져 있는 상태를 의미한다.

---

mark
[mɑːrk]

→ He's become a man of **mark** since the accident.

그는 사고 이후 유명한 사람이 되었다.

<<< a man of mark 「유명 인사」

---

renown
[rináun]

→ She has **renown** for her generosities.

그녀는 관대한 행동들로 유명하다.

---

fame
[feim]

→ The actor gained **fame** as evil characters.

그 배우는 악역으로 명성을 얻었다.

---

note
[nout]

→ He plotted to assassinate a politician **of note**.

그는 유명 정치가의 암살을 꾀했다.

<<< [of note로]「유명함」, 「중요함」, 「명성」

---

reputation
[rèpjətéiʃən]

→ The mathematician has a great **reputation** for his keen intellect.

그 수학자는 머리 좋은 것으로 명성이 자자하다.

---

celebrity
[səlébrəti]

→ The businessman is a man of wealth and **celebrity**.

그 사업가는 재산과 명성이 있는 사람이다.

---

eminence
[émənəns]

→ He's finally reached **eminence** as a painter.

그는 마침내 화가로서 저명해졌다.

<<< [His [Your] Eminence]【카톨릭】「(추기경에 대한 존칭으로) 전하」

---

229 purpose _ 목적

이루려고 하는 목표나 도달하고자 하는 대상을 의미한다.

purpose···
[pə́:rpəs]
➡ The **purpose** of his utterance is not clear.
그의 발언의 목적은 정확치 않다.
<<< 「결의」, 「성과」, 「논점」

aim··
[əim]
➡ Success in life is the only **aim** he has.
출세만이 그가 가진 유일한 목적이다.

goal··
[goul]
➡ We've already achieved our **goal** for the first quarter this year.
우리는 이미 올해 1분기 목표를 달성했다.

end···
[end]
➡ He'll go through fire and water for his **end**.
그는 자신의 목적을 위해서 불물을 가리지 않을 것이다.
<<< 「존재 이유」

function··
[fʌ́ŋkʃən]
➡ The main **function** of learning a foreign language is to communicate.
외국어를 배우는 주요 목적은 의사소통을 하기 위해서이다.

objective·
[əbdʒéktiv]
➡ The **objective** of this study is to learn our unconscious.
이 연구의 목표는 우리의 무의식에 대해 알아보는 것이다.

target··
[tá:rgit]
➡ There goes a missile following its **target**.
미사일 하나가 그 표적을 따라 가고 있다.

230 avenue _ 수단, 방법

목표한 바에 접근하기 위해 취하는 방식이나 도구를 의미하는
단어들이다.

avenue˝ [ǽvənjùː]	➡ We will explore every **avenue** to settle this tangled situation. 우리는 이 혼란스러운 사태를 해결하기 위해 모든 수단을 강구할 것이다.
instrument˝ [ínstrəmənt]	➡ He achieved his success by a foul **instrument**. 그는 더러운 방법으로 성공했다. <<< 「매개자」, 「계기가 되는 것」
means˝ [miːnz]	➡ There was no **means** to get there on time. 그곳에 제때 도착할 방법이 없었다. <<< 「재산」, 「부」의 의미일 때는 항상 복수이다.
measure(s)˝˝˝ [méʒər]	➡ **Measures** will be taken for narcotic control. 마약 단속을 위한 조치가 취해질 것이다. <<< 「수단」, 「대책」
channel˝ [tʃǽnl]	➡ He has a number of different **channels** he can use to enter this building. 그에게는 이 빌딩에 들어올 수 있는 갖가지 접근 수단이 많다.
method˝ [méθəd]	➡ The professor introduced a new **method** of teaching for autistic children. 그 교수는 자폐 아동을 위한 새로운 교육 방법을 소개했다.

231 edition _ (책의) 판, 권

책의 내용이나 외형에 대해 표현할 때 사용하는 단어들이다.

edition"
[idíʃən]

→ The book is the third impression of the fifth **edition**.

그 책은 5판의 3쇄이다.

book"""
[buk]

→ His memoir of the war is a timely issued **book**.

그의 전쟁 수기는 시기 적절히 발간한 책이다.

volume"
[váljuːm]

→ I had 2 **volumes** among 6 of his literary works.

나는 그의 저술 6 권 중 2권을 가지고 있었다.

<<< 「(서적, 전집류, 정기 간행물 등의) 권」

copy"""
[kápi]

→ He sent me a **copy** of his latest novel.

그는 나에게 자신의 최근작 한 권을 보냈다.

<<< (같은 책, 잡지의) 「부」, 「권」

issue"
[íʃuː]

→ I looked over the May **issue** of the magazine.

나는 그 잡지의 5월호를 훑어보았다.

<<< 「발행부」, 「제 ~판」, 「쇄」

tome
[toum]

→ A 700-page history-themed **tome** is published.

700페이지 분량의 역사를 주제로 한 책자가 발간되었다.

<<< 특히 (부피감이 있고 내용이 방대한) 「책」, 「학술서」

average _ 평균, 표준

양, 질, 정도에 차이가 없도록 고르게 한 것, 혹은 산술적 계산
으로 나온 고른값을 뜻한다.

---

average
[ǽvəridʒ]

→ The disciple's ability is above **average**.
그 제자의 능력은 평균 이상이다.
<<< 「평균치」, 「표준」, 【보험】「(해상 보험의) 해손(海損)」

---

mean
[miːn]

→ From now on, find the arithmetic **mean** for the following data.
이제부터는 다음 자료의 산술평균을 구해라.

---

normal
[nɔ́ːrməl]

→ This year's rainfall has already exceeded the **normal** annual amount.
올해 강우량은 이미 연간 평균을 넘어섰다.

---

norm
[nɔːrm]

→ This product meets all international **norms**.
이 제품은 모든 국제 기준을 충족시킨다.

---

par
[paːr]

→ The efficiency in our work place is up to **par**.
우리 작업장의 효율성은 표준에 달하고 있다.
<<< above par 「액면 이상의」, 「표준 이상으로」

---

median
[míːdiən]

→ The **median** in this statistics is against expectation.
이 통계의 중앙값은 예상과는 다르다.

A. Choose the synonym for the underlined word in the sentence.

1 You can't trust every result from the <u>surveys</u> they performed without any doubt.

   Ⓐ experiences   Ⓑ researches

   Ⓒ operations   Ⓓ studies

2 There will be an <u>inspection</u> into the mass food poisoning that happened in an elementary school yesterday.

   Ⓐ statement   Ⓑ invitation

   Ⓒ investigation   Ⓓ declaration

3 He became agitated when his toddler nephew went beyond the <u>scope</u> of his sight.

   Ⓐ range   Ⓑ angle

   Ⓒ authority   Ⓓ ceiling

4 When he was on top of the ladder of success, he assumed an arrogant attitude with his limitless <u>power</u>.

   Ⓐ ambition   Ⓑ desire

   Ⓒ might   Ⓓ talent

5 The retired actress couldn't accept that her golden days with <u>fame</u> were all gone.

   Ⓐ beauty   Ⓑ youth

   Ⓒ reputation   Ⓓ ability

6 You'd better set your <u>goal</u> first before starting your career, and after that stay focused on it.

   Ⓐ prestige   Ⓑ status

   Ⓒ end   Ⓓ position

Answers   1. Ⓓ 2. Ⓒ 3. Ⓐ 4. Ⓒ 5. Ⓒ 6. Ⓒ

B. Draw a line between a word and the matching meaning.

7 census   Ⓐ 중앙값

8 quest   Ⓑ 인구조사

                                    Ⓒ 책
9 measure
                                    Ⓓ 조치
10 tome
                                    Ⓔ 질문

11 median   Ⓕ 탐구

C. Choose the most appropriate word in accordance with the context.

A sociologist who has 12. _____ for being the author of some controversial 13. _____ has published a new one this week. It is said that her influence extends over a wide 14. _____ , as she has been engaged in social action for years. In this book, she deals with the possibility of the infringement on individual freedom by the social 15. _____ . The 16. _____ of such an infraction is also explained as she examines the possible benefits it will have on public safety and national security.

Ⓐ norms   Ⓑ books   Ⓒ renown
Ⓓ purpose   Ⓔ range   Ⓕ boundaries

IN THE EXAMINATION ROOM

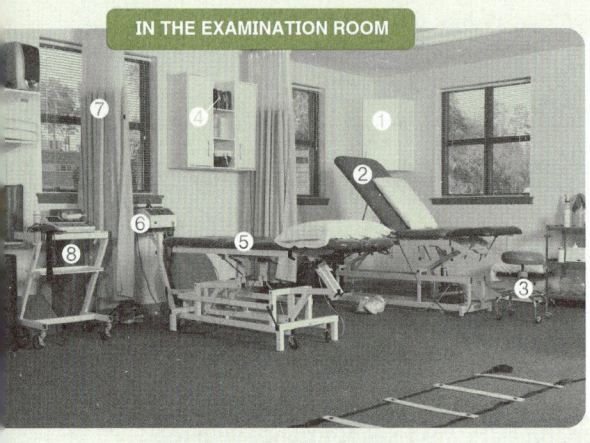

1 **closet** 벽장

2 **examination table** 진료대

3 **medical examination-stool** 진료 의자

4 **medical supplies** 의약품

5 **examination bed** 진료 침대

6 **patient monitor** 환자 모니터기

7 **privacy curtain** 커튼

8 **medical equipment** 의료 기기

WORDS & EXPRESSIONS

emergency room(ER) 응급실
operating room(OR) 수술실
intensive care unit(ICU) 중환자병동

recovery room 회복실
delivery room 분만실
newborn care unit 신생아실

internal medicine 내과
neurology 신경과
uology 비뇨기과
ophthalmology 안과
otolaryngology 이비인후과
plastic surgery 성형외과
dental surgery 치과
obstetrics and gynecology 산부인과

surgery 외과
psychiatry 정신과
radiology 방사선과
oncology 암 전문
orthopaedics 정형외과
dermatology 피부과
pediatrics, pediatry 소아과

see[consult] a doctor 진찰을 받다
enter[go into] hospital, be hospitalized 입원하다
undergo[have] a surgical operation 수술을 받다

Section **3**

Verbs

233 institute _ 시작하다

새로운 시대나 시간, 새로운 일, 혹은 동작이 시작되었을 때
사용한다.

institute°°
[ínstətʃùːt]동

→ The police **instituted** their investigation into
the case.

경찰이 그 사건에 대한 수사를 시작했다.

initiate°
[iníʃièit]동

→ She **initiated** a book reading club in the
school.

그녀는 학교에서 독서 클럽을 창설했다.

begin°°°
[bigín]

→ A detective has **begun** researching into the
murder.

한 형사가 그 살인 사건에 대한 조사에 착수했다.

originate°°
[ərídʒənèit]

→ The quarrel **originated from** a rivalry between
the two tribes.

그 싸움은 두 부족 간의 경쟁에서 시작되었다.

commence°°
[kəméns]

→ The soldiers **commenced with** shoveling.

그 병사들은 삽질부터 시작했다.

inaugurate°
[inɔ́ːgjərèit]동

→ He said the internet had **inaugurated** a whole
new era for us.

그는 인터넷이 우리에게 완전히 새로운 시대를 열었주었다고 했다.

break out
[breik aut]

→ The audience **broke out** into wild laughter.

관객들이 돌연 광적으로 웃기 시작했다.

<<< 「탈출하다」, 「돌발하다」

234 suspend _ 연기하다

어떤 일이 일어나기로 정해진 시간이나, 약속된 기한을 뒤로
미루는 것을 뜻한다.

---

suspend[*][*]
[səspénd]

→ The judge **suspended** a sentence for burglary.

판사는 주거 침입에 대한 판결을 보류했다.

<<< (판단, 결정, 형벌을)「연기하다」,「일시 정지시키다」

---

prolong[*][*]
[proulɔ́:ŋ][타]

→ I wanted to **prolong** my visa for a longer stay.

나는 더 오래 체류하기 위해 비자 기간을 연장하고 싶었다.

---

adjourn[*][*]
[ədʒə́:rn]

→ Some of the residents want to **adjourn** the hearing.

주민들 중 일부는 그 청문회를 연기하길 바란다.

---

delay[*][*]
[diléi]

→ We decided to **delay** our vacation until next month.

우리는 휴가를 다음 달까지 미루기로 결정했다.

---

postpone[*][*]
[poustpóun]

→ The party was **postponed to** the 10th.

그 파티는 10일까지 연기되었다.

<<< 【의학】「(병 등이) 손쓰기에 늦어지다」

---

defer[*]
[difə́:r]

→ He had to **defer** his departure due to the weather.

그는 궂은 날씨 때문에 출발을 연기했다.

---

put off
[put ɔ:f]

→ She **put off** coming here until Sunday.

그녀는 이곳에 오는 것을 일요일까지 연기했다.

235 occur _ 발생하다

특정한 일이나 사건이 일어날 때, 또는 집회나 경기가 개최될 때
쓰는 단어들이다.

occur [əkə́ːr]짜	➜ A manure throwing incident once **occurred** in the National Assembly building. 한때 국회의사당에서 인분 투척 사건이 발생한 적이 있다.
happen [hǽpən]짜	➜ Accidents may **happen** in the municipal event. 시가 주관하는 행사에서 사고가 일어날수도 있다.
take place [teik pleis]	➜ When will his retirement party **take place**? 그의 은퇴 기념 파티는 언제 열릴 것인가? <<< 「(사건 등이)일어나다」, 「(행사 등이)개최되다」
be held [bi: held]	➜ A conference on disarmament **was held** last week in Seoul. 지난주 서울에서 군축 회의가 개최됐다.
break out [breik aut]	➜ An unidentified virus epidemic **broke out**. 알 수 없는 바이러스 전염병이 발생했다. <<< 「(전쟁, 폭동, 화재, 전염병 등)이 돌발하다」

236 lapse _ 소멸하다

원래 세상에 있던 존재가 사라져 없어짐을 뜻한다.

---

lapse[*]
[læps]짜

→ The current regulations on property tax have **lapsed**.

재산세에 대한 현행 법규는 소멸했다.

---

annihilate[*]
[ənáiəlèit]타

→ They need to amend the Constitution to **annihilate** the court's judgments.

그들이 법원의 판결을 무효화하려면 헌법을 바꿔야 한다.

---

extinguish[*]
[ikstíŋgwiʃ]타

→ The despot **extinguished** the dissidents that were against him.

독재자는 자신에게 반대하는 반대자들을 모두 절멸시켰다.

---

vanish[*]
[vǽniʃ]

→ The dyed color of her hair is **vanishing**.

그녀의 머리에 염색한 색이 희미해지고 있다.
<<< 「(빛, 빛깔) 소멸하다」

---

die away
[dai əwéi]

→ The savage ritual was soon to **die away**.

그 야만스런 의식은 곧 사라졌다.

---

nullify
[nʌ́ləfài]타

→ The legal force of their marriage is **nullified**.

그들 결혼의 법적 효력은 소멸되었다.

237 terminate _ 종결하다

어떤 일이나 사물이 최종 단계에 이르러 더 이상 계속되지
않거나 끝나다.

terminate**
[tə́:rmənèit]

→ The conference has **terminated in** an unusual
way due to the demonstrators' intrusion.

회담은 시위대의 난입에 의해 비정상적인 방법으로 종결되었다.

stop***
[stɑp]

→ They **stopped** supplying electricity in the rebel
region.

그들은 반란군 지역의 전기 공급을 중단했다.

end***
[end]

→ The conversation between them at last **ended
in** the argument.

그들 사이의 대화는 결국 논쟁으로 끝났다.

conclude**
[kənklú:d]

→ The meeting on the dismissal **concluded with**
an awkward silence.

정리해고에 관한 회의는 어색한 침묵으로 끝났다.

dissolve**
[dizálv]

→ The unequal contract was **dissolved** after a
long term court case.

그 불공정 계약은 오랜 법정 공방 끝에 무효화되었다.

lull**
[lʌl]

→ Fierce chopping waves finally seemed to **lull**.

매서운 삼각파도가 마침내 가라앉는 것 같았다.

<<< 「(파도, 폭풍우 등이) 잠잠해지다」

238 shift _ 이동하다

한 지점에서 다른 지점으로 자리를 옮기다.

shift[¹¹] [ʃift]	➡ She **shifted from** human resource **to** the public relations department. 그녀는 인적자원부에서 홍보부로 이동했다.
migrate[¹¹] [máigreit]	➡ Wild geese **migrate** in a V-formation in the winter. 기러기는 겨울에 V형 대열로 이동한다.
move[¹¹¹] [muːv]	➡ The wounded have to be **moved** slowly. 부상자들은 천천히 이송되어야 한다.
transfer[¹¹] [trænsfɔ́ːr]	➡ The honor student is planning to **transfer to** a privileged school. 그 우등생은 명문학교로 전학할 계획이다.
travel[¹¹¹] [trǽvəl]	➡ Bad news **travels** fast. 나쁜 소식은 빨리 전해진다. ‹‹‹ 「(빛, 소리 등이) 전도되다」

239 emerge _ 나타나다

사람이나 사물이 존재하게 되거나, 시야에 들어오거나, 부각되거나 할 때 사용한다.

emerge* [imə́ːrdʒ]짜	→ They saw an enemy submarine **emerging from** the sea. 그들은 적의 잠수함이 바다 속에서 나타나는 것을 보았다.
crop up [krɑp ʌp]	→ Unexpected obstacles have **cropped up** in the procedure. 진행 중에 예상치 못한 방해물이 나타났다.
appear** [əpíər]짜	→ The sun **appeared** from behind the clouds. 태양이 구름 뒤에서 나타났다.
come out [kʌm aut]	→ He shouted with fear, "**come out** and show yourself!" 그는 두려워하며 "나와서 모습을 보이라"고 소리쳤다.
turn up [təːrn aut]	→ Men from the neighborhood watch have **turned up** due to the loud scream. 비명소리에 자율방범대들이 출동했다.
come forth [kʌm fɔːrθ]	→ The regulations will **come forth** soon. 그 법규는 곧 공표될 것이다. <<< 「나오다」, 「(제안, 법률 등) 공표되다」
come into prominence [kʌm íntu prámənəns]	→ He has **come into prominence** after a senior star player's injury. 선배 스타 선수의 부상 후에 그가 등장했다.

302

240 vanish _ 사라지다

어떤 사람이나 사물이 존재하지 않게 되거나 시야에서 없어지다.

---

vanish^{··}
[vǽniʃ]

→ Many animal species have **vanished from** the earth.

많은 종의 동물들이 지구상에서 사라졌다.

---

fade away
[feid əwéi]

→ His retentive faculty is **fading away** bit by bit every day.

그의 기억력은 매일 사라져가고 있다.

---

disappear^{··}
[dìsəpíər]

→ The thief evaded pursuit and **disappeared** in the crowd.

도둑은 추격을 따돌리고 군중 속으로 사라졌다.

---

pass out of existence
[pæs aut ɑv igzístəns]

→ Finally their old lifestyles have **passed out of existence**.

결국 그들의 오래된 생활양식은 사라졌다.

---

dwindle away
[dwíndl əwéi]

→ His savings **dwindled away** to nothing.

그의 저금은 점점 줄어서 없어졌다.

---

go out of sight
[gou aut ɑv sait]

→ The ship he was on has **gone out of sight** in no time.

그가 탄 배는 어느새 안 보이게 되었다.

241 make _ 만들다

물질적 제작품이나, 정신적 생산물을 창조하고 이루어 냄을
의미한다.

make···
[meik]

→ They **make** luxurious yachts for the rich.

그들은 부유한 사람들을 위한 고급 요트를 만든다.

render··
[réndər]

→ This movie is **rendered** by Hollywood.

이 영화는 할리우드에서 제작되었다.

<<< 재로는 「(당연한)보수를 지급하다」, 「사례금을 주다」등의 뜻이 있다.

manufacture··
[mænjəfǽktʃər] 타

→ This factory **manufactures** tires.

이 공장은 타이어를 제조한다.

<<< 「(문학 작품 등을)남작하다, (이야기를)날조하다」

create···
[kriéit]

→ The writer has **created** a masterpiece of 20th century.

그 작가는 20세기의 걸작을 창조했다.

produce··
[prədjú:s]

→ Countries on the Persian Gulf **produce** oil.

페르시아 만에 있는 국가들은 석유를 생산한다.

weave··
[wi:v]

→ Penelope **wove** thread into cloth by day.

페넬로페는 낮에는 실로 천을 짰다.

<<< weave-wove[드물게 weaved/woven]-wove

concoct
[kɑnkɑ́kt] 타

→ This lotion **is concocted from** various herbs.

이 화장수는 다양한 식물을 조합하여 만들어진다.

<<< 「(음료 등을) 혼합하여 만들다」, 「(이야기 등을) 조작하다」

242 destroy _ 파괴하다

어떤 대상을 부수거나 해를 입혀 와해시키다.

---

destroy***
[distrɔ́i]

➡ The flood **destroyed** the many infrastructures of the city.

홍수가 그 도시의 많은 기반시설이 파괴했다.

---

ruin**
[rúːin]

➡ The rain has **ruined** our plan for a picnic.

비가 우리의 계획을 망쳐 놓았다.

---

demolish*
[dimáliʃ]唉

➡ The risky plan is finally **demolished**.

위험스런 그 계획은 결국 뒤집어졌다.
<<< 「(건물을) 헐다」, 「(제도 등을) 폐지하다」

---

devastate*
[dévəstèit]

➡ Hurricanes often **devastate** the coffee crop.

허리케인은 종종 커피 작황을 황폐화시킨다.
<<< (사람을) 「압도하다」, 「망연자실케 하다」의 의미도 있다.

---

raze
[reiz]唉

➡ The spanish attack **razed** the whole Incan civilization.

에스파냐 군대의 공격이 전 잉카 문명을 무너뜨렸다.

---

pull down
[pul daun]

➡ They **pulled down** the old house that is said to be haunted.

그들은 유령이 출몰한다는 헌 집을 허물어뜨렸다.

---

tear down
[tɛ́ər daun]

➡ The revolutionary army **tore down** the statue of the dictator.

혁명군이 독재자의 동상을 철거했다.

A. Choose the synonym for the underlined word in the sentence.

1 Daylight saving time was <u>instituted</u> to increase productivity.
   - Ⓐ initiated
   - Ⓑ decided
   - Ⓒ braided
   - Ⓓ abhorred

2 Within a given year, a maximum of seven eclipses can <u>occur</u>, either four solar and three lunar, or five solar and two lunar.
   - Ⓐ take place
   - Ⓑ desecrate
   - Ⓒ enjoy
   - Ⓓ extend

3 The Salk vaccine is a major factor in the fight to completely <u>annihilate</u> polio.
   - Ⓐ disguise
   - Ⓑ contain
   - Ⓒ spread
   - Ⓓ extinguish

4 Glaciers <u>stop</u> when the rate of ice loss is equivalent to the forward advance of the glacier.
   - Ⓐ turn
   - Ⓑ rotate
   - Ⓒ crack
   - Ⓓ terminate

5 The secretary <u>concocted</u> an unlikely story for being late.
   - Ⓐ paid off
   - Ⓑ made out
   - Ⓒ made up
   - Ⓓ turned in

6 Arson is suspected in the fire that <u>razed</u> the Grand Hotel.
   - Ⓐ destroyed
   - Ⓑ spared
   - Ⓒ threatened
   - Ⓓ included

Answers   1. Ⓐ 2. Ⓐ 3. Ⓓ 4. Ⓓ 5. Ⓒ 6. Ⓐ

B. **Draw a line between a word and the matching meaning.**

7	vanish	Ⓐ	이동하다
8	crop up	Ⓑ	사라지다
9	lapse	Ⓒ	실효하다
		Ⓓ	황폐화하다
10	migrate	Ⓔ	시작하다
11	devastate	Ⓕ	나타나다

C. **Choose the most appropriate word in accordance with the context.**

The public trial was scheduled to 12. _____ on Monday but has been 13. _____ until further notice because of a strange thing that 14. _____ right before the hearing was supposed to begin. All the evidence the police collected relating to the custody case is gone. It has mysteriously 15. _____ . Now the court is waiting for the culprit to 16. _____ so that this case can finally be resolved.

Ⓐ adjourned	Ⓑ vanished	Ⓒ come forth
Ⓓ commence	Ⓔ happened	Ⓕ crucify

243 duplicate _ 복제하다

기존하는 사물, 특히 문건이나 예술품을 본떠서 모조하거나
베끼다.

duplicate
[djúːpləkit]
→ She **duplicated** her key to the front door.
그녀는 현관 열쇠를 복제했다.
<<< 재로는 「중복되다」, 「(하루에) 미사를 2번 거행하다」의 뜻이다.

reproduce
[rìːprədjúːs]
→ The crime scene was **reproduced** by the police.
경찰에 의해 범죄현장이 재현되었다.

copy
[kápi]
→ He **copied** her PIN number hurriedly into his notebook.
그는 그녀의 비밀번호를 급하게 자신의 노트에 베꼈다.

trace
[treis]
→ You can't **trace** a picture in my art class.
내 미술 수업에선 그림을 베껴서는 안 된다.
<<< 「(위에 대고) 베끼다」, 「투사하다」

replicate
[répləkèit]타
→ The video tape is not to be **replicated**.
이 비디오테이프는 사본을 만들어서는 안 된다.
<<< 「복제하다」, (잎 등을)「뒤로 접다」, 「접어젖히다」

print again
[print əgén]
→ Scientists **printed again** genes of a drosophila.
과학자들은 초파리의 유전자를 복제했다.

244 eliminate _ 제거하다, 버리다

남은 부분이나 불필요한 것, 혹은 특정 대상을 없애버리는
행위를 표현한다.

---

eliminate
[ilímənèit]回

→ Please help me **eliminate** this nail.

이 못을 제거하는 것을 좀 도와주시오.

<<< 【생리】「배출[배설]하다」

---

discard°
[diská:rd]

→ The new king **discarded** a heretical religion.

새로운 왕은 이단의 종교를 폐지했다.

<<< 「(폐습, 신앙) 버리다」, 「처분하다」

---

remove°
[rimú:v]

→ His name was **removed from** the guest list.

그의 이름은 초대 손님 명단에서 삭제되었다.

---

get rid of
[get rid ɑv]

→ He has **gotten rid of** the big mole on his face.

그는 얼굴의 큰 사마귀를 제거했다.

---

throw away
[θrou əwéi]

→ She **threw away** her old worn out jacket.

그녀는 오래되어 해진 자켓을 버렸다.

<<< 「(기회, 시기) 놓치다」, 「이용하지 않다」

---

clear away
[kliər əwéi]

→ He held a news conference to **clear away**
public suspicion.

그는 세간의 의혹을 일소하기 위해 기자회견을 열었다.

---

do away with
[du: əwéi wið]

→ Too strict a censorship system has to be **done
away with**.

너무 엄격한 검열 제도는 폐지되어야 한다.

245 contain _ 포함하다

어떤 사물을 부분이나 속성으로서 내부에 갖추고 있음, 혹은
그 안에 넣을 수 있음을 뜻한다.

contain***
[kəntéin]⊞

→ This book which **contains** no photos is boring.
사진을 한 장도 포함하고 있지 않는 이 책은 지루하다.

include**
[inklú:d]⊞

→ This fee is all charges **included**.
이 요금은 일체의 비용을 포함한 것이다.

comprise*
[kəmpráiz]

→ This volume **comprises** all his works.
이 책에는 그의 작품이 모두 들어 있다.

span**
[spæn]

→ The disease that tortured him **spanned** his
adolescence.
그를 괴롭힌 그 병은 청소년기에 걸친 것이었다.

comprehend**
[kàmprihénd]⊞

→ His words **comprehend** various meanings.
그의 말은 여러 의미를 함축한다.
<<< 「이해하다」, 「의미하다」

embrace**
[embréis]

→ Friendship **embraces** understanding and
tolerance.
우정은 이해와 관용을 포함한다.

imply**
[implái]⊞

→ Consent doesn't **imply** responsibility.
동의가 책임을 수반하는 것은 아니다.

246 exclude _ 제외하다

참여를 막거나 공유, 또는 분배에서 배제하다.

exclude˚˚
[iksklú:d]㉺

→ This ghost tour **excludes** old and feeble people.

이 유령 투어는 노약자를 제외한다.

expel˚
[ikspél]㉺

→ He was **expelled from** the committee for a scandal.

그는 추문으로 위원회에서 제명당했다.

rule out
[ru:l aut]

→ The foul player will be **ruled out** of the game.

그 반칙하는 선수는 그 경기에서 배제될 것이다.

<<< 「(규정 등에 의하여) 제외하다」, 「제거하나」

except˚˚˚
[iksépt]

→ She **excepted** an alumnus **from** the meeting.

그녀는 동창 한 명을 그 모임에서 제외했다.

<<< 재로는 「이의를 제기하다」, 「반대하다」의 뜻이다.

exempt˚
[igzémpt]㉺

→ She resigned for having **exempted** her son **from** military service.

그녀는 자신의 아들을 군복무에서 면제시킨 것 때문에 사임했다.

shut out
[ʃʌt aut]

→ This darkroom with heavy curtains **shuts out** light.

두꺼운 커튼이 있는 이 암실은 빛을 차단한다.

247 incorporate _ 통합하다

어떤 대상을 전체의 일부로서 포함시키거나, 두 가지 이상의
사물을 하나로 만드는 경우에 사용한다.

---

incorporate*
[inkɔ́ːrpərèit]

→ The organization is supposed to be
incorporated with the rival.

그 조직은 라이벌 조직과 통합될 예정이다.

---

integrate
[íntəgrèit]

→ We need to **integrate** our intelligence to cope
with the issue.

그 문제에 맞서기 위해서 우리는 지력을 합쳐야 한다.

---

join*
[dʒɔin]

→ He **joined** a pear twig **to** a plum stem.

그는 배의 작은 가지를 자두 줄기에 접합했다.

<<< 【기하】「(두 점을 선으로) 맺다」

---

combine**
[kəmbáin]

→ Two gigantic automotive companies were
strategically **combined**.

두 개의 거대 자동차 회사가 전략적으로 합병되었다.

---

mix*
[miks]

→ Please don't **mix** my liquor **with** anything.

내 술에 아무것도 섞지 마시오.

---

unite**
[juːnáit]

→ They **united** my country **to** theirs by force.

그들은 내 조국을 강제로 자기네 나라와 병합했다.

248 parcel _ 나누다

하나의 대상을 둘 이상으로 분할하여 쪼개다.

---

parcel··
[páːrsəl]

→ They **parceled out** the land and handed it out to settlers.

그들은 땅을 나누어 정착민들에게 분배해 주었다.

---

distribute··
[distríbjuːt]

→ Protestants were **distributing** leaflets to the crowd.

항의자들이 선전물을 군중에게 배포하고 있었다.

---

divide···
[diváid]

→ The eldest **divided** a cake **into** 4 equal parts.

맏이가 케이크를 똑같은 4 조각으로 나누었다.

---

allot··
[əlát]^타

→ He **allotted** assignments **to** each student.

그는 각각의 학생들에게 과제를 할당했다.

<<< 이 외에 「충당하다」, 「가져다 대다」의 의미가 있다.

---

portion·· **out**
[pɔ́ːrʃən aut]^타

→ The chairmen **portioned out** his real estate **to** his heirs.

회장은 상속인들에게 부동산을 분배해 주었다.

---

apportion
[əpɔ́ːrʃən]^타

→ Peace-keeping forces **apportion** relief supplies **to** refugees.

평화 유지군은 구호물자를 난민들에게 배분해 준다.

---

carve up
[kɑːrv ʌp]

→ You can't **carve up** my legacy at your disposal.

내 유산을 당신 마음대로 분할할 수는 없다.

---

249 retain _ 유지하다

이미 갖고 있는 것을 잃어버리지 않고 계속 보존함을 의미한다.

retain"
[ritéin]囲

→ The legendary actress marvelously **retains** her beauty at old age.

그 전설적인 여배우는 고령에도 기적적으로 아름다움을 유지하고 있다.

keep"""
[ki:p]

→ We **kept** the original fireplace when we decorated the room.

우리는 그 방을 장식할 때 원래의 벽난로를 그대로 두었다.

maintain"
[meintéin]囲

→ You should **maintain** an average speed of 450mph here.

여기서는 시속 450 마일의 평균 속도를 유지해야 한다.

hold"""
[hould]

→ He was **holding** still as a picture was being taken of him.

그는 사진을 찍으면서 가만히 서 있는 자세를 유지했다.

withhold
[wiðhóuld]

→ The principal **withheld** his consent.

회장은 승낙을 보류했다.

250 change _ 바꾸다

사물의 성질이나 형태를 변하게 하거나 사회, 환경, 사고 등을
변화하게 할 때에도 사용한다.

---

change···
[tʃeindʒ]

→ The idea of money has **changed** his mind.
돈에 대한 생각이 그의 마음을 바꾸어 놓았다.

---

transform··
[trænsfɔ́ːrm]

→ This temporarily **transforms** curly hair **into** straight hair.
이것은 일시적으로 곱슬머리를 곧은 머리로 변형시킨다.

---

convert··
[kənvə́ːrt]

→ The major affliction **converted** him **to** another religion.
그 커다란 불행은 그를 다른 종교로 개종하게 했다.

---

alter··
[ɔ́ːltər]

→ Their attitude **altered** his course toward them.
그들의 태도가 그들에 대한 그의 방침을 변경시켰다.

---

vary··
[vέəri]

→ You can **vary** the amount of text that appears on each page.
각 페이지에서 보이는 본문의 양을 변경해도 좋다.

---

modify··
[mάdəfài]

→ The acts will be **modified** sooner or later.
그 법령은 조만간 변경될 것이다.
<<< 「(요구, 조건 등을)완화하다」, 【문법】「(단어, 구를)수식하다」

251 persist _ 지속하다

어떤 상태나 행동을 단절이나 중지 없이 연속적으로 유지하거나
진행함을 뜻한다.

---

persist··
[pəːrsíst]재
→ The scholar surprisingly **persisted in** hard work all his life.

그 학자는 놀랍게도 평생 동안 노력을 지속했다.

---

last···
[læst]
→ The stain seems to **last** even after washing.

그 얼룩은 세탁 후에도 남을 것 같다.

<<< 「견디다」, 「오래 가다」, 「질기다」

---

continue···
[kəntínjuː]
→ The tiresome rain **continued** all day.

성가신 비가 하루 종일 계속됐다.

---

sustain··
[səstéin]타
→ Let's **sustain** the meeting until it is lunchtime.

점심 시간까지 회의를 계속하도록 하자.

---

maintain··
[meintéin]타
→ You have to be true to **maintain** good relationships.

좋은 관계를 유지하려면 진실해야 한다.

---

keep up
[kiːp ʌp]
→ John just **kept up** sleeping for 9 hours in a straight.

존은 연속해서 9 시간 동안 잠자기를 지속했다.

252 replace _ 교체하다

원래 있던 사물, 사람 대신 다른 대용물로 그 자리나 역할을
대신하게 하다.

replace**
[ripléis]圖

→ She **replaced** the withered roses **with** fresh
lilies.

그녀는 시든 장미를 백합으로 교체했다.

change***
[tʃeindʒ]

→ A traveller **changed** a hundred dollar bill **into**
ten smaller bills.

한 여행자가 100달러짜리 지폐를 작은 돈 10장으로 교환했다.

substitute**
[sʌ́bstitjùːt]

→ She is **substituting for** a teacher on
postpartum care.

그녀는 산후조리 중인 선생님을 대체하고 있다.

alternate*
[ɔ́ːltərnit]

→ They are scheduled to **alternate with** each
other every hour.

그들은 매시간 서로 교대하기로 되어 있다.

A. Choose the synonym for the underlined word in the sentence.

1 The teacher asked the student to <u>eliminate</u> all the wrong words from the text.
   - Ⓐ replace
   - Ⓑ take out
   - Ⓒ increase
   - Ⓓ get rid of

2 Horseback riding <u>embraces</u> both the skill of handling a horse and the mastery of diverse riding styles.
   - Ⓐ fosters
   - Ⓑ emphasizes
   - Ⓒ includes
   - Ⓓ exaggerates

3 They all <u>ruled out</u> his suggestion for the new plan.
   - Ⓐ excluded
   - Ⓑ discussed
   - Ⓒ mentioned
   - Ⓓ concluded

4 The small banks were <u>combined</u> into one large organization.
   - Ⓐ changed
   - Ⓑ shifted
   - Ⓒ bound
   - Ⓓ united

5 The sons of lord wished to <u>portion out</u> his fathers territory in allotments among themselves.
   - Ⓐ condense
   - Ⓑ merge
   - Ⓒ donate
   - Ⓓ divide

6 The politician subtly <u>altered</u> his position from the hawks to the doves.
   - Ⓐ stayed
   - Ⓑ converted
   - Ⓒ interrupted
   - Ⓓ persisted

B. Draw a line between a word and the matching meaning.

7	duplicate	Ⓐ	포함하다
8	comprise	Ⓑ	할당하다
9	exempt	Ⓒ	대체하다
		Ⓓ	복제하다
10	allot	Ⓔ	교전하다
11	substitute	Ⓕ	면제하다

C. Choose the most appropriate word in accordance with the context.

"Many of the pictures were 12. _____ and all typing errors were 13. _____ in this book. We think it will completely 14. _____ what you believe you know about what really happened in our modern ages", an editor from the compilation committee said. This long planned modern history-themed tome 15. _____ valuable documents and testimonies from which any prejudice or preference was 16. _____ .

Ⓐ excepted	Ⓑ cooperates	Ⓒ erased
Ⓓ change	Ⓔ reproduced	Ⓕ contains

253 link _ 연결하다

사물이 서로 관련을 맺고 연접해 있거나 이어져 있음을
표현한다.

link^{**} [liŋk]	➡ This river **links** an upper hamlet **with** my village. 이 강은 오지의 작은 부락과 우리 마을을 연결한다.
bond^{**} [bɑnd]	➡ This glue won't work; you can't **bond** the fractured bricks. 이 접착제는 소용없을 것이다. 금이 간 벽돌들을 접합할 수는 없다.
connect^{**} [kənékt]	➡ The town **is connected by** a railway to London. 그 마을은 철로로 런던까지 연결되어 있다.
tie^{***} [tai]	➡ The marquis **is tied to** the traitor by his niece's marriage. 그 후작은 조카딸의 결혼에 의해 반역자와 관련되었다.
associate^{**} [əsóuʃièit]	➡ I **associate** the sea **with** summer vacation. 나는 바다를 여름휴가와 연관시킨다.
pertain[*] [pəːrtéin]재	➡ He wanted to buy some information **pertaining** to the trial. 그는 그 재판에 관계되는 정보를 사기를 원했다.
affiliate [əfílièit]	➡ Star hotel and restaurant are **affiliated with** Planet association. 스타 호텔과 레스토랑은 플래닛 협회에 가맹되어 있다.

254 slope _ 경사지다

사물이 기울어져 있음을 뜻하기도 하고, 한쪽으로 기대거나 구부리는 경우에도 사용한다.

slope**
[sloup]

→ The land **slopes towards** the sea.

땅이 바다 쪽으로 경사져 있다.

slant**
[slænt]

→ An electric pole is not supposed to **slant in** any direction.

전주는 어떤 방향으로도 기울어져서는 안 된다.

lean**
[liːn]

→ The fatigued soldiers were **leaning against** one another.

피로한 군인들은 서로서로 기대어 있었다.

tilt*
[tilt]

→ He **tilted** the pan filled with soured soup to empty it.

그는 상한 수프로 가득 찬 냄비를 비우려고 그것을 기울였다.

tip*
[tip]

→ The lifeboat **tipped over** when it was hit by a swell.

큰 파도에 부딪치자 그 구명보트는 뒤집혔다.

255 repeat _ 반복하다

어떤 행위나 말을 계속 되풀이함을 의미한다.

repeat"
[ripíːt]
→ Don't you ever **repeat** the same mistake.
다신 같은 실수를 반복하지 마라.

recur°
[rikə́ːr]재
→ Shooting at school **recurred** in a few years.
학내 총기 난사 사건이 몇 년 만에 다시 일어났다.
<<< 「(사건, 문제 등)반복되다」

echo"
[ékou]
→ He **echoed** his big brother like a little parakeet.
그는 작은 앵무새처럼 자기 큰 형 말을 따라했다.

reiterate°
[riːítərèit]타
→ The congressman is just **reiterating** his opinion.
하원의원은 자기 입장 표명만을 반복하고 있다.

iterate
[ítərèit]타
→ The puzzled quizzee **iterated** a wrong answer.
당황한 퀴즈 참가자는 틀린 답을 되풀이해서 말했다.

256 cancel _ 취소하다

정해진 의도나 계획을 물리는 것, 또는 기존의 법률이나 명령,
협의 등을 무효화하는 것을 말한다.

cancel**
[kǽnsəl]

→ As the schedule went wrong, he **canceled** his reservation at a French restaurant.

일정이 잘못되자, 그는 프랑스 레스토랑의 예약을 취소했다.

repeal*
[ripíːl]🖭

→ The Stamp Act has been finally **repealed**.

인지조례법이 마침내 폐지되었다.

nullify*
[nʌ́ləfài]🖭

→ The court **nullified** the preposterous claim .

법원은 그 얼토당토않은 청구를 폐기했다.
‹‹‹ 「(법적으로)무효로 하다」, 「수포로 돌리다」

revoke
[rivóuk]

→ The police will **revoke** the drunken driver's license.

경찰은 그 만취한 운전자의 면허증을 취소할 것이다.

annul
[ənʌ́l]🖭

→ They wanted to **annul** their marriage after facing reality.

그들은 현실을 직시한 후에 결혼을 무효화하기를 바랐다.

rescind
[risínd]🖭

→ CEO wants to **rescind** the contract drawn by his predecessor.

CEO는 자신의 전임자가 체결한 그 계약을 무효화시키고 싶어 한다.

257 merge _ 융합하다

두 개 이상의 조직을 통합하여 하나로 만든다는 뜻으로 사용된다.

---

merge
[məːrdʒ]

→ Two different views by steps **merged into** one.
두 개의 다른 관점은 점차 하나로 융합되었다.

---

combine
[kəmbáin]

→ The feud ended when they **combined** tribes.
부족들이 통합되며 불화가 끝이 났다.
<<< 【화학】「화합시키다」

---

unite
[juːnáit]

→ Countries against imperialism are **united with** one another.
제국주의에 반대하는 국가들은 서로서로 일치단결했다.

---

annex
[ənéks]⊞

→ The history book says Hawaii **was annexed to** the United States in 1990.
그 역사책에 따르면 하와이는 1990년에 미국에 합병되었다.

---

swallow up
[swálou]

→ The Roman empire **swallowed up** the Gaul.
로마 제국은 갈리아 지방을 집어삼켰다.

---

amalgamate
[əmǽlgəméit]

→ They want to **amalgamate** their culture **with** that of superior race's.
그들은 자신들의 문화를 더 우세한 종족의 문화와 혼합하고 싶어 한다.

258 shatter _ 부서지다

물체가 가루처럼 부스러지거나, 완전히 파괴되는 것을 의미한다.

shatter··
[ʃǽtər]

→ The explosion **shattered** the windows of the building.

그 폭발로 건물 유리창이 부서졌다.

break···
[breik]

→ The plate **broke into pieces** when it fell on the floor.

접시는 바닥에 떨어질 때 산산조각이 났다.

smash·
[smæʃ]

→ His brand new car **smashed up** on the highway when it hit the guardrail.

그의 새 차는 고속도로에서 가드레일을 들이 받았을 때 박살이 났다.

pulverize
[pʌ́lvəràiz]

→ A certain amount of oats is to be **pulverized**.

일정량의 귀리는 가루로 만들 것이다.

259　project _ 내밀다

무언가가 불거져 나와 있는 상태를 말한다.

project··
[prədʒékt]

→ The mischief **projected** his tongue as a mockery.

그 장난꾸러기는 조롱을 하려고 혀를 내밀어 보였다.

protrude·
[proutrúːd]

→ His pronunciation sounds a bit inaccurate as the lower jaw of his **protrudes**.

그는 아래턱이 돌출해 있어서 발음이 조금 부정확하게 들린다.

stick out
[stik aut]

→ An enormous lump **stuck out** from his forehead.

그의 이마에서는 거대한 혹이 솟아올랐다.

jut out
[dʒʌt aut]

→ A reef **juts out** of the surface of the sea.

암초가 해면 위로 돌출해 있다.

<<< 「돌출하다[시키다]」, 「튀어나오다」

260 recede _ 철회하다

원래 있던 지점에서 뒤로 물러나거나, 철수하는 것을 표현하는 단어들이다.

recede[*]
[riːsíːd]제

→ They are **receding from** the contract with worsening financial state.

자금 사정이 악화되자 그들은 계약을 철회하고 있다.

withdraw[**]
[wiðdrɔ́ː]

→ The general decided to **withdraw** his army from the front.

장군은 그의 군대를 전선에서 철수시키기로 결정했다.

retreat[**]
[ritríːt]

→ The invaders are said to be **retreating from** the city.

침략자들이 그 도시로부터 퇴각하고 있다고 한다.

recoil[*]
[rikɔ́il]제

→ They recovered their morale when they saw the enemy **recoiling**.

그들은 적군이 퇴각하는 것을 보고 사기를 되찾았다.

retract
[ritrǽkt]

→ The mayor has **retracted** his words at the taxpayers' demand.

시장은 납세자들의 요구대로 자신의 말을 철회했다.

quit[***]
[kwit]

→ The landlord said he **quitted from** the duplex apartment and went away.

집주인이 말하기를 그는 복층 아파트를 비우고 나가버렸다고 했다.

draw back
[drɔː]

→ Cavalrymen couldn't **draw back** because there was nowhere to go.

기마병들은 더 이상 갈 곳이 없었기 때문에 물러설 수가 없었다.

261 fluctuate _ 변동하다

사물의 양이나 질 등이 움직이며 변화를 보이는 것, 혹은 사람의
입장이나 사회 분위기 따위가 흔들리는 것을 표현한다.

fluctuate
[flʌ́ktʃuèit]

→ The price of gold **fluctuates** daily as the market changes.

금의 가격은 시장상황이 변함에 따라 매일 변동한다.

jolt°
[dʒoult]

→ The chariot **jolted** him turning the curve.

2륜 마차는 커브를 돌면서 그를 세게 흔들었다.

agitate
[ǽdʒətèit]

→ The grief for the coach's death has **agitated** the team.

감독의 죽음으로 인한 슬픔이 그 팀을 동요시켜 놓았다.

roll°°°
[roul]

→ The whim and fancy **rolled on** in his mind all day long.

하루 종일 그의 마음속에서는 변덕과 공상이 넘실거렸다.

pitch°°
[pitʃ]

→ The plane caught in a turbulence kept **pitching**.

비행기가 난기류에 갇혀 계속 앞뒤로 흔들렸다.

shake°°
[ʃeik]

→ The financial market was badly **shaken** by the stock plunge.

금융시장은 주식 폭락에 의해 심하게 요동쳤다.

waver°°
[wéivər]재

→ His resolution started to **waver** when he felt scared.

두려움을 느끼자 그의 결심은 흔들리기 시작했다.

262 attach _ 접착하다

어떤 사물을 다른 사물 혹은 어떤 장소에 단단히 붙이는 것,
혹은 신앙이나 사상 등을 고수함을 뜻한다.

attach[**] [ətǽtʃt]	➡ He **attached** the notice to the bulletin board. 그는 게시판에 벽보를 접착했다. <<< 「첨부하다」, 【법률】「구속하다」, 「(재산을)압류하다」
adhere[**] [ædhíər]	➡ The books damped in the rainy season **adhered** to one another. 장마철에 습기를 먹은 책들이 서로 들러붙었다.
stick to [stik tu:]	➡ This stamp won't **stick to** the envelope. 이 우표는 봉투에 잘 붙지 않는다.
fasten[**] [fǽsn]	➡ He **fastened** down the brace to the plywood with pegs. 그는 나무못으로 버팀대를 합판에 고정시켰다.
cling [kliŋ][자]	➡ The wet garment has **clung to** him. 젖은 옷이 그의 몸에 달라붙었다. <<< 「집착하다」, 「(냄새, 습관, 편견 등이) 배어들다」
hold fast to [hould fǽst tu:]	➡ The child **held fast to** his mother's skirt. 그 아이는 엄마의 스커트를 잡고 매달렸다.

A. Choose the synonym for the underlined word in the sentence.

1 That picture still does not hang straight; <u>tip</u> it just a little to the right.

  Ⓐ tick   Ⓑ tilt

  Ⓒ tidy   Ⓓ toil

2 The governor <u>reiterated</u> his views on the pending legislation.

  Ⓐ changed   Ⓑ repeated

  Ⓒ publicized   Ⓓ discussed

3 The contract was <u>annulled</u> by the judge because one of the parties was a minor.

  Ⓐ nullified   Ⓑ notified

  Ⓒ outlined   Ⓓ disagreed

4 An ordinary rubber ball dipped in liquid oxygen for a few moments will <u>shatter</u> if thrown against a wall.

  Ⓐ swell   Ⓑ twist

  Ⓒ bounce   Ⓓ smash

5 For frogs and toads, the tongue is fixed to the front of the mouth in order to facilitate <u>projecting</u> it across some distance, greatly aiding in the capture of insects.

  Ⓐ rotating   Ⓑ protruding

  Ⓒ vibrating   Ⓓ contracting

6 Gooseneck barnacles <u>attach</u> themselves to objects such as docks and boats.

  Ⓐ fasten   Ⓑ limit

  Ⓒ propel   Ⓓ compare

B. **Draw a line between a word and the matching meaning.**

7 affiliate
                      Ⓐ 혼합하다

8 amalgamate
                   Ⓑ 가맹하다

                              Ⓒ 접착하다
9 recede
                             Ⓓ 흔들리다

10 waver
                         Ⓔ 철회하다

11 adhere
                       Ⓕ 수락하다

C. **Choose the most appropriate word for the blank.**

12 Lake Erie is _____ to Lake Ontario by the Niagara River.

13 He _____ the query with a cynical smile.

14 You _____ your head forward when you bow.

15 In Utah, two major copper mining companies are about to _____ .

16 Most people would _____ at seeing a snake in the path.

| Ⓐ recoil | Ⓑ iterated | Ⓒ divert | Ⓓ sulk |
| Ⓔ lean | Ⓕ connected | Ⓖ merge | Ⓗ refuse |

263 mount _ 증가하다

사물, 사람의 위치나 수량의 상승에 대해 사용한다.

---

mount··
[maunt]

→ The degree of control over individual freedom is **mounting up**.

개인 자유의 침해 정도가 증가하고 있다.

---

escalate·
[éskəlèit]

→ The cost of living is **escalating**.

생활비가 상승하고 있다.
‹‹‹ 「(군사행동 등을) 단계적으로 강화하다」

---

increase··
[inkrí:s]

→ The actress' popularity has **increased** since the movie came out.

그 영화가 개봉된 뒤로 그 여배우의 인기가 올라갔다.

---

rise···
[raiz]

→ They say the global wheat prices have **risen** surprisingly.

세계 곡물 가격이 놀랄 정도로 올랐다고 한다.

---

multiply··
[mʌ́ltəplài]

→ Mildew and green mold **multiplied** on the loaf of bread.

흰곰팡이와 푸른곰팡이가 빵 덩어리 위에서 번식했다.

---

augment·
[ɔːgmént]

→ We have to **augment** our forces for any possible attack.

공격에 대비해 우리 병력을 증대시켜야 한다.

264 decrease _ 감소하다

규모를 축소하거나, 정도를 약하게 하거나 수량이나 세력을
줄일 때에 쓰는 단어들이다.

decrease"
[díːkriːs]
→ The rural population began to **decrease** after the industrialization.

산업화 이후 농촌 인구가 감소하기 시작했다.

reduce"
[ridʒúːs]
→ The conductor has **reduced** the speed of the train.

차장이 기차의 속도를 늦추었다.

diminish"
[dəmíniʃ]
→ Inflation **diminishes** the value of money and ruins the economy.

인플레이션은 돈의 가치를 떨어뜨리고 경제를 망친다.

minimize
[mínəmàiz]타
→ He cut corners to **minimize** the financial bleeding.

그는 금전적 출혈을 최소화하기 위해 돈을 절약했다.

shrink"
[ʃriŋk]
→ Those clothes must be dry cleaned because they can **shrink** in the wash.

이 천은 세탁을 하면 줄어들기 때문에 반드시 드라이클리닝을 해야 한다.

subside'
[səbsáid]자
→ The show storm **subsided** at dawn.

폭설은 결국 새벽에 가라앉았다.

<<< 「내려앉다」, 「잠잠해지다」

265 | raise _ 높이다

사물의 물리적 위치나 가치, 수준 등을 원래보다 더 높게 하다.

raise***
[reiz]

→ An industrial society can **raise** the living standards of its citizens.
산업사회는 시민의 생활수준을 높일 수 있다.

boost*
[buːst]태

→ The manager scolds his staff for not producing effective plans to **boost** sales.
부장은 매상을 올릴 수 있는 좋은 계획을 안 내놓는다며 사원들을 닦달한다.

enhance*
[enhǽns]

→ Many athletes take supplements to **enhance** their performance.
많은 운동 선수들이 성적을 올리기 위해 보조제를 섭취한다.

lift***
[lift]

→ I **lifted** the youngest in my arms with a smile.
나는 웃으며 막내 아이를 두 팔로 안아 올렸다.

hoist*
[hɔist]

→ He was ordered to **hoist** the flag.
그는 깃발을 높이 올리라는 명령을 받았다.

jack up
[dʒæk ʌp]

→ To change a tire, you must **jack up** the car.
타이어를 갈기 위해서는 차체를 들어 올려야 한다.
<<< 「(질, 정도를)높이다」, 「격려하다」

266 subdue _ 낮추다

사물의 물리적 위치, 혹은 가치나 수준 등을 원래보다 떨어지게
하다.

subdue**
[səbdʒúː]目

→ These pills can help **subdue** a fever.

이 약들은 고열을 낮추는 데 도움이 된다.

<<< (빛깔, 소리, 통증, 태도 등을)「약화시키다」,「완화하다」,「경감하다」

decline**
[dikláin]

→ My son's grades began to **decline** when his
dog ran away.

개가 집을 나가자 내 아들의 성적이 떨어지기 시작했다.

drop***
[drɑp]

→ They **dropped** the anchor and bended the sail.

그들은 닻을 내리고 돛을 동여맸다.

<<< 「(수, 양, 질을)낮추다」,「(눈길, 목소리 등을)내리깔다」

lower**
[lóuər]

→ The water level of the Han is to be **lowered**
when heavy rains pour down.

비가 많이 올 때면 한강의 수위를 낮춰야 한다.

debase
[dibéis]目

→ The scandal on peculation **debased** his honor.

공금 유용에 관한 추문은 그의 명예를 떨어뜨렸다.

<<< 「(품성, 인격, 가치 등을)저하시키다」

267 extend _ 늘이다

원래의 길이보다 더 길게 뻗게 하다.

---

extend··
[iksténd]

→ She intended to **extend** her stay in the states because of health.

그녀는 건강상의 이유로 미국에서의 체류기간을 늘이려고 했다.

---

expand··
[ikspǽnd]

→ They made an un unreasonable demand **to expand** the interpretation of the treaty.

그들은 조약의 해석을 확대하기 위해 부당한 요구를 해왔다.

---

stretch··
[stretʃ]

→ The goalkeeper had to stretch out his arms to block the ball.

골키퍼는 공을 막으려고 팔을 뻗쳐야 했다.

---

lengthen··
[léŋkθən]

→ The bank **lengthened** his loan repayment term.

은행은 그의 대출금 상환 기간을 연장해 주었다.

---

enlarge··
[enláːrdʒ]

→ They say experience usually **enlarges** your understanding of life.

경험은 보통 삶에 대한 이해를 넓힌다고들 한다.

---

widen··
[wáidn]

→ This two lane road will be **widened** next year.

이 이차선 도로는 내년에 확장될 것이다.

---

aggrandize
[əgrǽndaiz]타

→ The nomadic tribe has gradually **aggrandized** its territory.

그 유목 민족은 점진적으로 그들의 영역을 확대했다.

268 lessen _ 줄이다

길이나 넓이, 부피 등을 원래보다 작아지게 하다.

---

lessen··
[lésn]

→ My little daughter wants these pants to be **lessened** by its length.

내 작은 딸아이는 이 바지의 길이를 줄이기를 원한다.

---

contract··
[kəntrǽkt]

→ I have to **contract** my sleeping time due to overwork.

나는 잔업 때문에 수면 시간을 줄여야 한다.

---

abate·
[əbéit]

→ The store **abated** the price by half during its going out of business sale.

그 상점은 폐섬 세일을 하면서 가격을 반으로 내렸다.

---

cut down
[kʌt daun]

→ We must drastically **cut down** expenses.

우리는 대폭적으로 지출을 줄여야 한다.

---

cut back on
[kʌt bæk ɑn]

→ Marlo got a doctor's order to **cut back on** fast food due to his obesity.

말로는 비만때문에 패스트푸드 섭취를 줄이라는 의사의 지시를 받았다.

---

constrict
[kənstríkt]⑤

→ The pupils of her eyes **constricted** because of the bright light.

밝은 빛 때문에 그녀 눈의 동공이 수축했다.

269　wander _ 빗나가다

원래의 방향에서 다른 방향으로 치우쳐 변화됨을 뜻한다.

wander**
[wándər]

➡ The runaway child **wandered from** the right path and went astray.

그 가출한 아이는 옳은 길을 빗나가 방황했다.

miss***
[mis]

➡ Luckily the bullet has **missed** his heart.

다행히도 총알은 그의 심장을 빗맞췄다.

<<< 「모면하다」, 「피하다」의 뜻도 있다.

swerve*
[swəːrv]

➡ The car **swerved** in the heavy rain.

폭우로 차가 빗나갔다.

<<< 「벗어나다」, 「일탈하다」

turn aside
[təːr əsáid]

➡ The writer **turned aside from** the traditional style of his earlier days.

그 작가는 초기의 전통적인 문체에서 벗어났다.

deflect
[diflékt]

➡ The ball **deflected off** a defender.

공이 수비를 비껴갔다.

<<< 「빗나가다」, 「(생각 등이) 편향하다」

deviate
[díːvièit]

➡ This method **deviates from** the principle.

이 방식은 원칙에 벗어난다.

<<< 「(상도, 규칙 등에서) 빗나가다」, 「일탈하다」

270　pierce _ 관통하다

어떤 사물이 다른 물체를 처음부터 끝까지 꿰뚫고 지나가다.

pierce*
[piərs]
→ A lance **pierced through** Arthur's shield.
창이 아서의 방패를 관통했다.

penetrate*
[pénətrèit]
→ He felt a spike **penetrating** the top of his foot.
그는 못이 발등을 관통하는 것을 느꼈다.
<<< 「(사상 등이) 스며들다」, 「(조직 등에) 침투하다」

puncture*
[pʌ́ŋktʃər]
→ She **punctured** a thick bundle of papers to keep them on file.
그녀는 철을 해서 보관하기 위해 두꺼운 서류 묶음에 구멍을 뚫었다.

perforate
[pə́ːrfərèit]
→ They have **perforated** an orifice into an underground cave.
그들은 지하 동굴에 빠끔한 구멍을 냈다.

bore*
[bɔːr]
→ Construction workers **bored into** the road.
공사 인부들이 도로에 구멍을 뚫었다.
<<< 「도려내다」, 「시굴하다」, 【경마】「(말이) 다른 말을 제치다」

drill*
[dril]
→ Scientists planned to **drill** into Earth's mantle.
과학자들은 지구의 맨틀에 구멍을 뚫으려고 계획했다.

pass through
[pæs θruː]
→ This sewer **passes through** the town.
이 하수도는 마을을 관통한다.

271 fix _ 수리, 수선하다

파손된 물건을 고쳐서 원래대로 복구함을 의미한다.

fix**
[fiks]

→ He didn't know how to **fix** his car.

그는 차를 수리하는 법을 몰랐다.
<<< [미국] 「수선하다」, 「고치다」

patch**
[pætʃ]

→ He **patched up** the leaky roof but it was nothing but a temporary expedient.

그는 비가 새는 지붕을 땜질했지만 그것은 임시방편에 불과했다.

mend**
[mend]

→ His father **mended** the broken toy for him.

그의 아버지가 그를 위해 부서진 장난감을 고쳐주었다.

amend**
[əménd]

→ His propensity for theft needs **amending**.

그의 도벽은 고쳐져야 한다.
<<< 「(행실 등) 개선하다」, 「(의안 등) 개정하다」

repair
[ripéər]

→ You had better get this doorknob **repaired**.

이 문 손잡이를 수리하도록 하는 게 좋겠다.

remodel*
[riːmádl]㉫

→ She wants to **remodel** her teenage daughter's posture.

그녀는 십대 딸의 태도를 고치고 싶어 한다.

272 mar _ 손상하다

외부적으로 상하게 하거나 질을 떨어지게 하다.

---

mar··
[mɑːr]타

→ The scar **mars** the beauty of her bright face.

그 흉터가 그녀의 밝은 얼굴이 지닌 아름다움을 손상한다.

---

damage··
[dǽmidʒ]

→ His habitual lies **damaged** the mutual confidence between us.

그의 상습적 거짓말이 우리의 상호 신뢰를 손상시켰다.

---

impair·
[impέər]

→ Loud music will **impair** your hearing.

시끄러운 음악은 너의 청력을 손상시킬 것이다.

ㅅㅅㅅ 「약하게 하다」, 「감하다」, 「해치다」

---

bruise··
[bruːz]

→ His pride is **bruised** by the crushing defeat at street basketball.

그는 길거리 농구에서 크게 패해 자존심이 상했다.

---

harm··
[hɑːrm]타

→ The bankruptcy of the company **harmed** his financial standing.

회사의 도산은 그의 재정 상태에 손해를 끼쳤다.

A. Choose the synonym for the underlined word in the sentence.

1 It is expected that recent farm surpluses will <u>lower</u> food costs.
- Ⓐ improve
- Ⓑ dislocate
- Ⓒ drop
- Ⓓ stabilize

2 The growth of a city often <u>enhances</u> the value of land close to it.
- Ⓐ raises
- Ⓑ influences
- Ⓒ decreases
- Ⓓ diminishes

3 The factory workers' wages were <u>reduced</u> after they joined the picket line.
- Ⓐ stopped
- Ⓑ altered
- Ⓒ decreased
- Ⓓ adjusted

4 Catalytic converters have been installed in cars to <u>abate</u> air pollution.
- Ⓐ signal
- Ⓑ cut down
- Ⓒ disguise
- Ⓓ measure

5 An arrow has a sharp-pointed head with which it <u>perforates</u> its target.
- Ⓐ pierces
- Ⓑ faces toward
- Ⓒ follows
- Ⓓ flies toward

6 Mrs. Jones sat by the window <u>patching</u> the hole in her coat.
- Ⓐ mangling
- Ⓑ healing
- Ⓒ mending
- Ⓓ resuming

B. Draw a line between a word and the matching meaning.

7 augment

     Ⓐ 벗어나다

8 debase

     Ⓑ 증가하다

9 deviate

     Ⓒ 개선하다

     Ⓓ 저하시키다

10 penetrate

     Ⓔ 관통하다

11 remodel

     Ⓕ 개관하다

C. Choose the most appropriate word in accordance with the context.

In recent years, the number of stock investors has

12. _____ with hopeful possibilities to 13. _____

property. As stock markets tumble worldwide, however, the

expectation now 14. _____ . Analysts 15. _____

the mark on stock predictions and it partly caused them to

be financially 16. _____ .

  Ⓐ missed   Ⓑ urged   Ⓒ subsides

  Ⓓ enlarge   Ⓔ risen   Ⓕ damaged

273 surpass _ 능가하다

양적, 혹은 질적으로 목표했던 정도를 넘어설 때, 혹은 능력이나
수준이 상대를 넘어설 때 사용한다.

surpass"
[sərpǽs]๒

→ She **surpasses** her sister **in** beauty and
intelligence.

그녀는 미모와 지성에서 언니를 능가한다.

exceed"
[iksíːd]

→ His car was pulled over for **exceeding** the
speed limit.

그의 차는 속도 제한을 초과해서 길가에 세워졌다.

transcend
[trænsénd]

→ This task **transcends** the limits of my ability.

이 과제는 내 능력의 한계를 넘어선다.

excel"
[iksél]

→ Everybody has something that they **excel**
others **in**.

누구에게나 남보다 뛰어나게 잘하는 분야가 있다.

outrun
[áutrʌ́n]๒

→ Her ambition **outruns** her ability.

그녀의 야심은 자신의 능력의 범위를 넘어 선다.
<<< 「달려서 이기다」, 「~를 초과하다」

better"""
[bétər]

→ This gadget **betters** any other that is
presented in the fair.

이 고안은 박람회에 출품된 다른 어떤 것보다 우수하다.

274 match _ 필적하다

힘이나 능력이 비등하여 서로 겨루어 맞섬을 표현하는 단어들
이다.

match˚˚ [mætʃ]	➡ His skill in carving **matched** that of the most experienced sculptor. 그의 조각술은 가장 숙련된 조각가의 실력에 필적했다.
equal˚˚ [íːkwəl]	➡ No one can possibly **equal** his acting ability. 아무도 그의 연기력에 맞먹을 수는 없다.
parallel˚˚ [pǽrəlèl]國	➡ His stately speech **paralleled** his seniors'. 그의 장중한 연설은 그의 선배의 연설에 필적했다. ‹‹‹ 「~와 유사하다」, 「필적하다」
compare˚˚ [kəmpέər]	➡ Do you think this product **compares with** ours? 이것이 우리 제품에 필적한다고 생각하는가?
peer˚ [piər]	➡ The immense volume of his work **peers** the encyclopedia. 그의 저서의 거대한 분량은 백과사전에 필적한다.

275 reach _ 도착하다

사람이나 교통수단, 기타 다른 것들이 어떤 장소나 지점에 왔음을 뜻한다.

reach***
[riːtʃ]

→ The letter he sent didn't **reach** me.

그가 나에게 보낸 편지는 내게 도착하지 않았다.

<<< 「~에 도달하다」, 「~에 닿다」, 「~에 달하다」

land***
[lænd]

→ We **landed on** the island in 2 hours.

우리는 두 시간 후에 섬에 착륙했다.

<<< 「상륙하다」, 「도착하다」

arrive***
[əráiv]

→ A group of tourists **arrived at** a beach resort.

일단의 관광객들이 해변가 리조트에 도착했다.

<<< 「(공항에) 도착하다」

touch down
[tʌtʃ daun]

→ The plane **touched down at** the airport for refueling.

그 비행기는 연료 보급을 위해 공항에 착륙했다.

come to
[kʌm tuː]

→ The cruiser has **come to** a pirate-dominated harbor.

그 유람선은 해적들의 지배하에 있는 항구에 정박했다.

276 leave _ 떠나다

어떤 물리적 지점에서 떠나거나 이동하기 시작함, 혹은 정해진
기준이나 계획된 진로를 벗어남을 의미한다.

leave···
[liːv]

→ The students **left** Seoul **for** their graduation trip to Hawaii.

학생들은 졸업여행을 위해 서울을 떠나 하와이로 떠났다.

depart··
[dipάːrt]

→ The train **departed** at 6: 15 in the morning.

열차는 아침 6시 15분에 출발했다.

‹‹‹ 「떠나다」, 「(상도, 습관에서) 벗어나다」, [미국] 「세상을 떠나다」

take off
[teik ɔːf]

→ You should **turn off** your cell phone when the plane takes off.

비행기가 이륙할 때에는 핸드폰을 꺼야 한다.

start out[off]
[staːrt aut]

→ She **started out[off] for** the New World with a dream.

그녀는 꿈을 안고 아메리카 대륙을 향해 출발했다.

set out[off]
[set aut]

→ He **set out[off]** on a journey dragging his weary mind and body.

그는 지친 몸과 마음을 끌고 여행을 떠났다.

277 tame _ 길들이다

야생 동물을 장기적으로 훈련시켜 사람의 명령에 따르게 하다.

---

tame**
[teim]

→ The circus master ordered a trainer to **tame** a bear.

서커스 단장은 조련사에게 곰을 길들이라고 명령했다.

---

domesticate*
[douméstəkèit]

→ Elephants can be **domesticated** for a show.

코끼리는 쇼를 위해 길들여질 수 있다.

<<< 「(식물을) 재배할 수 있게 하다」, 「(야만인을) 교화하다」

---

subdue**
[səbdjúː]탭

→ All the keepers at the zoo failed to **subdue** this lioness.

동물원에 있는 모든 사육자들이 이 암사자를 복종시키는 데 실패했다.

---

charm**
[tʃɑːrm]

→ An Indian snake-charmer is **charming** a cobra by playing a flute.

뱀 부리는 사람이 피리를 불며 코브라를 부리고 있다.

---

train***
[trein]

→ The boy has **trained** beagles using jerked beef.

그 소년은 육포를 이용해 사냥개들을 훈련시켰다.

---

break
[breik in]

→ We can't seem to **break** this wild horse.

이 야생마는 길들 일 수 없을 것 같다.

<<< 「(말 등을) 길들이다」, 「(사람을) 새로운 일에 익숙해지게 하다」

---

278 ensue _ 따르다

어떤 대상을 추종, 또는 계승하거나 추적하는 것을 의미한다.

---

ensue*
[ensúː]

➡ Violent melees **ensued** one after another.

거친 난투전이 차례로 뒤따랐다.

<<< 「후에 일어나다」, 「~의 결과로서 일어나다」

---

follow**
[fálou]

➡ You go first and I will **follow** you.

네가 먼저 가면 내가 뒤따라가겠다.

---

succeed**
[səksíːd]

➡ Who **succeeded** Kennedy as president?

누가 케네디의 뒤를 이어 대통령이 되었는가?

---

pursue*
[pərsúː]

➡ The police officer is tenaciously **pursuing** the thief in the alley.

경찰관이 골목에서 도둑을 끈질기게 뒤쫓고 있다.

---

chase*
[tʃeis]

➡ They never stopped **chasing** after suspected war criminals.

그들은 전범 용의자들을 계속 추적했다.

---

go after
[gou ǽftər]

➡ The beggar persistently **went after** John asking him for money.

거지는 돈을 달라고 하면서 끈덕지게 존의 뒤를 쫓아갔다.

279 assemble _ 모으다

사람을 소집하거나, 사물을 수집하는 경우에 사용한다.

---

assemble^{••}
[əsémbəl]

➜ All the members were **assembled**.
모든 회원들이 모였다.
<<< 「집합[소집]시키다」, 「(물건을)모아 정리하다」

---

amass
[əmǽs]

➜ She **amassed** such stores of knowledge.
그녀는 지식을 많이 축적했다.
<<< 「대량으로 수집하다」

---

pile up
[pail ʌp]

➜ A sweeper is **piling up** leaves on the sidewalk.
청소부 한 사람이 보도에 낙엽을 쌓아 올리고 있다.

---

compile[•]
[kəmpáil]團

➜ The candidate is expected to **compile** a good many votes.
그 후보자는 꽤 많은 표를 모을 것으로 예상된다.

---

muster[•]
[mʌ́stər]

➜ The bandit leader **mustered** his men to plunder the village.
산적 두목은 마을을 노략질하기 위해 부하들을 소집했다.

---

congregate[•]
[kǽŋgrigèit]

➜ A bugle horn has **congregated** privates.
나팔 소리가 병사들을 집합시켰다.
<<< 「모이다」, 「소집하다」, 「군집하다」

---

heap up
[hi:p ʌp]

➜ Masons **heaped up** stones to make a fence.
벽돌공들이 담장을 만들기 위해 벽돌을 쌓았다.

---

280 scatter _ 흩뜨리다

한 데 있던 것들을 이곳저곳으로 넓게 퍼뜨리다.

scatter[asterisk][asterisk]
[skǽtər]

→ He madly **scattered** the money all over from the rooftop.

그는 미친 듯이 옥상에서 사방에 돈을 흩뜨렸다.

disseminate
[disémənèit]

→ Farmers **disseminated** the vegetable seeds.

농부들은 채소 씨앗을 흩뿌렸다.

dissipate[asterisk]
[dísəpèit]

→ Black clouds blanketing the horizon have finally started **dissipating**.

지평선을 뒤덮고 있던 먹구름이 마침내 흩어져 사라지기 시작했다.

dismiss[asterisk][asterisk]
[dismís]

→ The meeting was **dismissed** without any gain.

그 모임은 아무런 소득도 없이 해산되었다.

dissolve[asterisk][asterisk]
[dizálv]

→ The tyrant forcibly **dissolved** Parliament for objecting to his tyranny.

독재자는 자신의 독재에 반대하는 의회를 강제 해산시켰다.

disperse[asterisk]
[dispə́:rs]

→ The whirlwind from the propeller has **dispersed** a thick fog.

프로펠러에서 나오는 회오리바람이 농무를 흩어지게 했다.

disband
[disbǽnd]

→ At least two artillery brigades at the fort are to be **disbanded**.

최소한, 상설 주둔지에 있는 포병 여단 두 개는 해산될 것이다.

281　glow _ 빛나다

광선을 반사하여 환하게 비치거나 윤이 나다.

---

glow[dir]
[glou]재

→ 'Noctilucent' means it **glows** in the dark.

'야광의'란 말은 그것이 어둠 속에서 빛난다는 것을 의미한다.
<<< 「백열하다」, 「(뺨이) 홍조를 띠다」, 「(몸이) 달아오르다」

---

beam[dir]
[bi:m]

→ The face of the valedictorian was **beaming** with pride and joy.

졸업생 대표의 얼굴은 기쁨과 자부심으로 빛을 발했다.

---

shine[dir]
[ʃain]

→ The chandelier **shines** so brightly that it irritates my eyes.

샹들리에가 너무 밝게 빛이 나서 눈이 아프다.

---

ray[dir]
[rei]

→ A streak of sunshine **rays off** through a small hole.

작은 구멍을 통해 햇빛 한줄기가 빛났다.

---

glitter[dir]
[glítər]재

→ This dog has a habit of biting something that **glitters**.

이 개는 반짝반짝 빛나는 것을 무는 버릇이 있다.

---

gleam[dir]
[gli:m]재

→ A dim light **gleamed** in the heart of the mountains.

첩첩산중에서 희미한 불빛 하나가 깜박깜박 빛났다.

---

282 die _ 시들다, 마르다

식물이 수분이나 양분의 부족으로 생기가 없어지는 것, 혹은
생물의 기력이나 세력이 약해지는 것을 말한다.

---

die*
[dai]

→ The festoon flowers have gradually **died**.

꽃줄 장식의 꽃들이 점차 시들어 죽었다.

---

wither
[wíðər]

→ The flowers in the pot have already **withered**.

화분에 있는 꽃들이 벌써 시들었다.

<<< 「(색이) 바래다」, 「(소리가) 사라져 가다」

---

droop
[dru:p]

→ The plants in my garden **drooped from**
intense sunshine

내 화단의 식물들이 강렬한 햇빛 때문에 시들었다.

---

shrivel*
[ʃrívəl]

→ The plant **shriveled** and died from not being
watered.

물을 주지 않아 식물이 시들어 죽었다.

---

dry up
[drai ʌp]

→ Due to old age, the writer's initiative spirit has
dried up.

노령으로 인해, 그 작가의 창의력은 말라버렸다.

---

wilt
[wilt]

→ Even cactuses are **wilting** owing to a long
drought.

긴 가뭄 때문에 선인장들도 시들고 있다.

A. Choose the synonym for the underlined word in the sentence.

1 Elizabeth Cady Stanton's intelligence <u>outran</u> the educational and vocational opportunities that were open to her.
Ⓐ was tested by   Ⓑ escaped
Ⓒ ran counter to   Ⓓ surpassed

2 In spite of the damaged wheel, the plane <u>touched down</u> safely in the hands of the skilled pilot.
Ⓐ stopped   Ⓑ seated
Ⓒ landed   Ⓓ halted

3 The reindeer is probably the only deer that people have ever <u>tamed</u>.
Ⓐ eaten   Ⓑ captured
Ⓒ ridden   Ⓓ domesticated

4 He is going to <u>compile</u> the data requested by the tax collector.
Ⓐ evade   Ⓑ assemble
Ⓒ sprout   Ⓓ redeem

5 The committee has no reason to exist anymore; now it is time for it to <u>dissolve</u>.
Ⓐ disengage   Ⓑ withdraw
Ⓒ disentangle   Ⓓ dismiss

6 All the plants in the office are <u>wilting</u> as no one is watering them.
Ⓐ slouching   Ⓑ tilting
Ⓒ drooping   Ⓓ lying

B. Draw a line between a word and the matching meaning.

7 equal

8 ensue

9 congregate

10 disband

11 shrivel

Ⓐ 필적하다

Ⓑ 해산하다

Ⓒ 뒤따르다

Ⓓ 집합하다

Ⓔ 고소하다

Ⓕ 줄어들다

C. Choose the most appropriate word for the blank.

12 Their success has _____ all expectations.

13 Once a year, she _____ all her old clothes and takes them to the Salvation Army.

14 Dust on the floor was _____ when she dropped a voluminous book on it.

15 The flower will _____ in a few hours.

16 The armlet around her wrist _____ between her sleeves.

Ⓐ return	Ⓑ exceeded	Ⓒ piles up	Ⓓ glitters
Ⓔ disseminated	Ⓕ connected	Ⓖ dry up	Ⓗ fringed

spoil _ 부패하다

원래 유기물을 분해하는 미생물의 작용을 뜻하나, 사회나 풍조
등이 타락한 것을 뜻하기도 한다.

spoil··
[spɔil]

→ Some kinds of food quickly **spoil** in summer.

몇몇 종류의 음식은 여름에 쉽게 부패한다.

rot·
[rɑt]

→ You'd better remove the foods **rotting** in your refrigerator.

네 냉장고 안에서 썩어가는 음식을 치우는 게 좋겠다.

decay··
[dikéi]

→ Salt was used to keep the dead from **decaying**.

소금은 시체가 썩지 않도록 하기 위해서 사용되었다.

decompose·
[dìːkəmpóuz]

→ Remains naturally **decompose** by bacteria and germs.

시신은 박테리아와 미생물에 의해 자연히 부패한다.

putrefy
[pjúːtrəfài]

→ Egyptians used linen and flax oil to prevent corpses from **putrefying**.

이집트인들은 시체가 부패하는 것을 막으려고 아마포와 아마기름을 썼다.

addle
[ǽdl]

→ He bought dozens of eggs and let them **addle**.

그는 달걀 수십 개를 사서 썩혔다.

<<< 国「(달걀) 썩히다」, 困「썩다」

284 generate _ 생성하다

원래 없던 것이 생겨나 존재하게 되는 것, 혹은 새로운 것을
만들어 내는 것을 말한다.

generate*
[dʒénərèit]
→ Solar heat and the wind can **generate** energy.
태양열과 바람은 에너지를 생성할 수 있다.

create***
[kriéit]
→ A dilettante for literature has **created** an organization for writers.
한 문학 애호가가 작가들을 위한 단체를 창설했다.

produce**
[prədjúːs]
→ The country both **produces** and consumes vast amounts of oil.
그 나라는 방대한 양의 석유를 생산하고 또 소비한다.

form**
[fɔːrm]
→ The House is to be **formed** after the election of the assemblymen.
의회는 국회의원 선거 후에 구성되기로 되어 있다.

procreate
[próukrièit]
→ His persuasive words **procreate** the right action at the right time.
그의 설득력 있는 말이 시기 적절한 행동을 낳았다.

285 aggravate _ 악화하다

원래보다 그 상태, 성질, 관계 등을 더 나쁘게 되는 것을 표현할 때 사용한다.

aggravate*
[ǽgrəvèit]타

➡ The press release **aggravated** the current tension.
신문 발표는 현재의 긴장을 악화했다.

worsen
[wə́ːrsən]

➡ Relations between the two countries are **worsened** by violation of territorial waters.
양국 간의 관계는 영해 침범 사건으로 악화되었다.

deteriorate*
[ditíəriərèit]

➡ His health has abruptly **deteriorated** in 2 months.
그의 건강은 2달 만에 급격히 저하되었다.

debase
[dibéis]타

➡ The senator's honor is **debased** by his son's misdemeanor.
아들의 비행이 그 상원의원의 명예를 떨어뜨렸다.

slump
[slʌmp]자

➡ The world economy **slumped** into recession.
세계 경제가 불경기에 빠졌다.
‹‹‹ 「(물가, 매상이)폭락하다」, 「(사업, 인기가)쇠퇴하다」

286 improve _ 개선하다

결점이나 약점 등을 바로 잡아 원래 상태보다 더 좋게 만들다.

improve··
[imprúːv]
→ This tonic won't help you **improve** your health.

이 강장제가 건강을 개선하는 데 도움이 되지는 않을 것이다.

enhance·
[enhǽns]
→ The current educational system is being **enhanced**.

현행 교육 체계가 향상되고 있다.

better···
[bétər]
→ His speaking abilities are dramatically **bettered** after taking lessons.

그의 웅변 실력은 강의를 들은 다음 극적으로 개선되었다.

ameliorate
[əmíːljərèit]
→ The troubled child's behavior **ameliorated**.

그 문제 아동의 행동이 좋아졌다.

<<< 【문어】「개량하다[되다]」,「좋아지다」

innovate
[ínouvèit]
→ His invention made a huge contribution to **innovating** in technology.

그의 발명은 과학 기술을 혁신하는 데 큰 공헌을 했다.

renovate
[rénəvèit]㉺
→ The bishop aimed to **renovate** the clergy role in modern society.

주교는 현대 사회에서의 성직자 역할을 쇄신하려 했다.

287　capture _ 포획하다

대상을 단단히 쥐고 놓치지 않음, 혹은 떠나거나 도망가지 못
하게 함을 뜻한다.

---

capture‥
[kǽptʃər]圈
→ The enemy ship was **captured** as soon as it entered the port.

적의 배가 항구에 들어오자마자 포획되었다.

---

seize˙
[si:z]
→ The bully firmly **seized** a feeble child by his arm.

골목대장은 한 약한 아이의 팔을 꽉 붙잡았다.

---

apprehend˙
[æ̀prihénd]
→ The police announced that the swindler was **apprehended**.

경찰은 그 사기꾼을 체포했다고 발표했다.

---

grasp‥
[ɡræsp]
→ He decided to **grasp** the opportunity without any questions.

그는 아무런 질문도 하지 않고 그 기회를 붙들기로 결심했다.

---

arrest‥
[ərést]
→ A drug dealer is being **arrested** by the police.

마약거래상이 경찰에 의해 체포되고 있다.

‹‹‹ 区「(사람의) 심장 박동이 정지되다」

---

grab˙
[ɡræb]
→ The thief was **grabbed** by the security guard.

그 도둑은 경비원에게 붙잡혔다.

288　escape _ 탈출하다

속박, 유해함 또는 싫어하는 것으로부터 피해 도망하다.

---

escape[***]
[iskéip]

→ The brothers succeeded in **escaping from** prison.

그 형제는 감옥에서 탈출하는 데 성공했다.

---

flee[**]
[fli:]

→ The former prime minster who was facing a trial **fled to** France.

재판을 앞두고 있던 전 수상은 프랑스로 달아났다.

---

elude[*]
[ilú:d]囲

→ They committed insider trading while **eluding** the law.

그들은 교묘히 법망을 피하면서 내부거래를 했다.

---

evade[*]
[ivéid]

→ He feigned to be sick to **evade** military service.

그는 병역을 회피하려고 아픈 척 했다.

<<< 위험, 불쾌 등을 적극적으로 피할 때 사용한다.

---

break away
[breik əwéi]

→ The boy has **broken away from** Fagin.

소년은 어린이들을 꾀어 나쁜 짓을 시키는 노인으로부터 달아났다.

<<< (주제, 패거리 등으로부터)「이탈하다」, 「탈퇴하다」

---

run away
[rʌn əwéi]

→ They have **run away from** the grip of gangsters.

그들은 갱단의 손아귀에서 도망쳤다.

---

slip away
[slip əwéi]

→ The fox **slipped away from** the hounds.

여우는 사냥개들의 추격을 벗어났다.

289　keep _ 소유하다

어떤 사물을 차지하고 있거나, 어떤 특성을 구비하고 있음을
의미한다.

keep
[kiːp]

→ She has decided to **keep** her mother's pearl necklace.

그녀는 어머니의 진주목걸이를 지니고 있기로 했다.

have
[hæv]

→ Snakes **do not have** legs; many lizards do.

뱀은 다리를 가지고 있지 않지만, 많은 도마뱀들은 있다.
<<< 재 「재산이 있다」

own
[oun]

→ I **own** many books, including some ancient ones in my library.

나는 내 서재에 약간의 고서를 포함한 많은 책들을 가지고 있다.

hold
[hould]

→ He **holds** a 10 percent stake in the company.

그는 회사 지분의 10%의 소유권을 갖고 있다.

possess
[pəzés]타

→ He **possesses** a large house on sunny Daytona beach.

그는 햇빛 좋은 데이토나 비치에 커다란 집을 소유하고 있다.

in possession of
[in pəzéʃən ɑv]

→ He raised a suit against his sister who is in **possession of** the family mansion.

그는 가족의 저택을 점유하고 있는 여자형제를 상대로 소송을 걸었다.

be endowed with
[biː endáud wið]

→ William, whose father is a pianist, **is endowed with** a musical flair.

아버지가 피아니스트인 윌리엄은 음악적 재능을 타고 났다.

seize _ 압류하다, 몰수하다

민법, 형법에 의하여 개인이나 법인의 재산에 대한 처분권을
국가가 빼앗는 것을 말한다. 이중 confiscate를 제외한 다른
단어들은 법률용어로 사용된다.

seize*
[siːz]

→ The police have **seized** all the gold they had.

경찰은 그들이 가진 금을 모두 압류했다.

<<< 재물, 문서 등에 대해 사용한다.

attach**
[ətǽtʃ]

→ His bank accounts and assets were **attached** during the property lawsuit.

그의 은행 계좌와 자산은 재산 분쟁 중에 압류되었다.

confiscate*
[kánfiskèit]타

→ A bowie knife found in a student's backpack was **confiscated**.

한 학생의 가방에서 나온 사냥용 칼은 압수되었다.

sequestrate
[sikwéstreit]타

→ His concealed properties were **sequestrated**.

그의 은닉 재산은 가압류되었다.

distrain
[distréin]

→ The justice court **distrained** her movable property.

법원이 그녀의 동산을 압류했다.

levy
[lévi]

→ The police **levied** a key videotape from him.

경찰은 그로부터 중요한 비디오테이프를 압류했다.

291 draw _ 끌어당기다

어떤 대상을 손으로 쥐고 자기 쪽으로 끌다.

draw*
[drɔ:]
→ He **drew** his chair toward himself.
그는 의자를 자기 쪽으로 끌어당겼다.
<<< 부드럽게 한결같이 당길 때 사용한다.

haul
[hɔ:l]
→ Fishermen are **hauling up** the fishing net.
어부들이 어망을 끌어올리고 있다.

pull*
[pul]
→ The baby **pulled** his sister's hair.
아기가 그 누나의 머리카락을 잡아당겼다.
<<< 상하, 전후의 방향으로 당길 때 사용한다.

drag
[dræg]
→ The elephants **dragged** logs at a circus.
곡예장에서 코끼리들이 통나무를 끌었다.
<<< 무거운 것을 질질 끌어당길 때 사용한다.

tug
[tʌg]
→ We **tugged** the boat to the shore.
우리는 배를 해변가로 끌었다.
<<< 뭔가를 힘들여 당길 때 사용한다.

jerk
[dʒəːrk]
→ A pickpocket **jerked** her purse in a twinkle.
소매치기가 눈 깜짝할 사이에 그녀의 핸드백을 홱 잡아당겼다.
<<< 갑자기 급히 당길 때 사용한다.

292 push _ 밀다

어떤 대상을 의도하는 방향으로 움직이게 하기 위하여 그
반대 방향으로 힘을 가하다.

push***
[puʃ]

→ I hate being **pushed** to the back in a subway.

나는 지하철에서 뒤에서 떠밀리는 것이 싫다.

thrust**
[θrʌst]

→ My boss **thrust** me **into** the task force team.

나의 상관은 나를 태스크포스 팀에 밀어 넣었다.

<<< thrust-thrust-thrust

jostle*
[dʒɑ́sl]

→ The escaped convict **jostled away** a baby carriage and ran.

그 탈주범은 아기 유모차를 밀어제치고 뛰었다.

shove*
[ʃʌv]

→ His propulsive force helped him **shove** obstacles out of his way.

추진력이 그가 자신의 앞길에서 난관을 밀어내게 해 주었다.

give a push
[giv ə puʃ]

→ They **gave a push to** the rocking stone for a joke.

그들은 장난으로 흔들바위를 밀었다.

A. Choose the synonym for the underlined word in the sentence.

1 The outlook of my room has <u>deteriorated</u> because of newly built high buildings.
Ⓐ worsened   Ⓑ brightened
Ⓒ confused   Ⓓ darkened

2 Reducing phosphorus inputs could help <u>ameliorate</u> the effect of algal blooms in the sea.
Ⓐ hold   Ⓑ slow down
Ⓒ compress   Ⓓ better

3 It is useless to <u>flee</u> from every danger; some risks must be taken.
Ⓐ hide oneself   Ⓑ hesitate
Ⓒ protect oneself   Ⓓ run away

4 The world's most influential actress Angie <u>possesses</u> great beauty and wisdom.
Ⓐ owns   Ⓑ wants
Ⓒ gathers   Ⓓ needs

5 The officers <u>seized</u> weapons and forged papers during the raid.
Ⓐ withheld   Ⓑ confiscated
Ⓒ surrounded   Ⓓ surrendered

6 Young adults must <u>break away from</u> their parent's control in order to achieve independence and maturity.
Ⓐ submit to   Ⓑ come from
Ⓒ escape from   Ⓓ react to

B. Draw a line between a word and the matching meaning.

7 debase   Ⓐ 갑자기 당기다

8 renovate   Ⓑ 저하시키다

                          Ⓒ 쇄신하다

9 elude   Ⓓ 회피하다

10 levy   Ⓔ 압류하다

11 jerk   Ⓕ 응대하다

C. Choose the most appropriate word for the blank.

12 A fallen tree soon _____ in the rainy season.

13 Scott _____ the opportunity to present his proposal to the director.

14 When Father asked who broke the window, Sam tried to _____ the question.

15 An alarmed chemistry student _____ her hand back and spilled the acid.

16 The pusher has _____ too many people into one subway car.

Ⓐ caused	Ⓑ pulled	Ⓒ gyrate	Ⓓ thrust
Ⓔ seized	Ⓕ rots	Ⓖ evade	Ⓗ admit

293 cast _ 던지다

물체를 손과 팔을 이용하여 공중으로 나가게 하다.

cast
[kæst]

→ I didn't **cast** a vote for the corrupt politician.
나는 그 부패한 정치가에게 표를 던지지 않았다.
<<< cast-cast-cast

project
[prədʒékt]

→ He **projected** a large amount of money into investment fiasco.
그는 큰돈을 실패한 투자에 내던졌다.

throw
[θrou]

→ The girl **threw** the ball that rolled to her.
소녀는 자신에게 굴러온 공을 내던졌다.

fling
[fliŋ]

→ He was a libertarian who **flung away** the old conventionalities.
그는 낡은 인습을 벗어던진 자유주의자였다.

pitch
[pitʃ]

→ The lady **pitched** several silver coins to her gardener.
귀부인은 정원사에게 은화 몇 닢을 던졌다.

hurl
[hə:rl]

→ A naughty boy **hurled** a stone **at** the dog.
그 개구쟁이 소년은 개에게 돌을 던졌다.
<<< hurl oneself 「~에게 덤벼[달려]들다」

294 avoid _ 피하다

의도적으로 사물, 사람 등과 직면하는 것을 모면하려 하거나,
어떤 사건의 발생을 막다.

---

avoid˙˙
[əvɔ́id]타

→ They are **avoiding** violent confrontations with opponents.

그들은 적들과의 무력 대결을 피하고 있다.

---

avert˙
[əvə́ːrt]타

→ He had to **avert** his eyes from the bright sun.

그는 밝은 햇빛으로부터 눈을 돌려야 했다.

<<< 「비키다」, 「외면하다」, 「(타격, 위성을)피하다」

---

shun˙
[ʃʌn]타

→ I think you had better **shun** such a bad company

그렇게 나쁜 친구는 멀리하는 것이 좋다고 생각한다.

---

ward˙˙
[wɔːrd]타

→ Doctors say regular exercise can help **ward off** memory loss.

의사들은 규칙적인 운동이 기억력 감퇴를 막는 데 도움이 된다고 한다.

---

dodge˙
[dɑdʒ]

→ The mayor **dodged** an egg being thrown at him.

시장은 그를 향해 날아오는 달걀을 날쌔게 피했다.

---

keep off
[kiːp ɔːf]타

→ Try to **keep off** the grass since there are snakes there.

뱀이 있으니 풀밭을 피하도록 해라.

295   tie _ 묶다

두 개 이상의 대상을 연결시켜 붙들어 두는 것을 의미한다.

---

tie***
[tai]

→ The cavalier **tied** the horse reins **to** a tree to take a rest.

기사는 휴식을 취하려고 나무에 말고삐를 묶었다.

---

lash
[læʃ]㉤

→ He **lashed** a pit bull terrier **to** a rail.

그는 핏불 테리어를 난간에 동여맸다.

---

bind**
[baind]

→ They **bound** his arms and legs so that he couldn't escape.

그들은 그가 달아나지 못하도록 팔과 다리를 묶었다.

---

fasten**
[fǽsn]

→ His thought was **fastened to** a single idea of accession to power.

그의 사고는 오로지 정권 획득이라는 생각 하나에 묶여있었다.

---

hitch*
[hitʃ]

→ The farmer is **hitching** horses and oxen **to** a stake.

농부가 마소를 말뚝에 묶고 있다.

어떤 사물을 자르고 베어서 둘 이상의 부분으로 끊다.

---

sever°
[sévər]

→ The prisoner **severed** the rope with a knife and broke free.

포로는 칼로 밧줄을 자르고 달아났다.

---

split°°
[split]

→ The Great Powers **split** the dark continent at their convenience.

열강들은 아프리카를 마음대로 분할하였다.

---

carve°°
[kɑːrv]

→ His father used to **carve** a roast turkey on Thanksgiving Day.

추수감사절에는 그의 아버지가 칠면조를 베어 나누곤 했다.

---

slice°°
[slais]

→ To **slice** meat, you have to use a sharper knife.

고기를 얇게 썰기 위해서는 더 날카로운 칼을 사용해야 한다.

---

trim°°
[trim]

→ My younger brother sometimes bothered me to **trim** his hair.

내 남동생은 때때로 자기 머리를 다듬어달라고 귀찮게 했다.

---

slash°
[slæʃ]

→ Rumor has it that they are **slashing** the budget for social welfare.

소문에 따르면 국회가 사회 복지 예산을 삭감할 것이라고 한다.

---

prune°
[pruːn]㉺

→ The gardener will **prune** the persimmon trees.

정원사가 감나무 가지치기를 할 것이다.

297 soar _ 솟다

공중에 떠 있거나 날아다니는 것을 말한다.

---

soar··
[sɔːr]

→ The cost of living has **soared** by over 19% due to economic uneasiness.

경기 불안으로 인해 물가가 19% 넘게 치솟았다.

---

fly···
[flai]

→ The hot-air balloon is **flying** over the Atlantic.

그 열기구는 대서양을 날아서 여행하고 있다.

---

hover··
[hʌ́vər]

→ A swallow-shaped kite is **hovering over** my head.

제비 모양의 연 하나가 내 머리 위에서 맴돌고 있다.

---

circle··
[sə́ːrkl]

→ The buzzard **circles around** before it swoops down on a prey.

말똥가리는 먹이를 덮치기 전에 공중에서 선회한다.

---

aviate
[éivièit]

→ Hughes had dreamed about **aviating** since he was a boy.

휴즈는 어릴 때부터 비행하는 꿈을 꾸었다.

---

take wing(s)
[teik wiŋ]

→ The aircraft was able to **take wings** and fly.

그 비행기는 날아오를 수 있었다.

<<< 「달아나다」, 「열중하다」, 「비약적으로 신장하다」

298 plunge _ 추락하다

보통 의도하지 않고 높은 지점에서 그 아래로 떨어짐을 의미한다.

plunge**
[plʌndʒ]

→ The car **plunged into** the vortex in the river.

차가 강물의 소용돌이 속으로 추락했다.
<<< 「뛰어들다」, 「돌진하다」, 「갑자기 시작하다」

fall***
[fɔːl]

→ 'That which **falls** has wings' is a novel of an Austrian authoress.

'추락하는 것은 날개가 있다 '는 오스트리아 여류작가의 소설이다.

drop***
[drɑp]

→ He threw himself to catch a boy **dropping** from the roof.

그는 지붕에서 떨어지는 소년을 받기 위해 몸을 날렸다.

crash**
[kræʃ]

→ The helicopter **crashed into** the peak of the mountain.

헬리콥터가 산꼭대기로 추락했다.

precipitate*
[prisípətèit]

→ He **precipitated** himself **onto** the trampoline and sprung again.

그는 트램펄린 위로 거꾸로 떨어졌다가 다시 튀어올랐다.

plummet
[plʌmit]째

→ Popularity of the actor **plummeted** after being convicted of drunk driving.

그 배우의 인기는 음주운전으로 유죄판결을 받으며 폭락했다.

toboggan
[təbágən]째

→ His luck seems to keep **tobogganing** after he won the lottery.

복권에 당첨된 이후에 그의 운은 계속 떨어지는 것 같다.

299 roam _ 배회하다, 산책하다

기분전환이나 건강을 위해 걷는 일이나, 특별한 목적 없이
시간을 보내며 여기 저기 돌아다니는 행동을 말한다.

roam
[roum]

→ A vagabond **roamed about** here and there.

한 방랑자가 이리저리 배회했다.
<<< 「(정처없이) 걸어다니다」, 「(눈이) 두리번거리다」

walk
[wɔːk]

→ I usually **walk** for a while after dinner to help with digestion.

나는 보통 저녁 먹은 후에는 소화를 위해 잠깐 산책한다.

stroll
[stroul]

→ The couple **strolled** arm in arm.

그 커플은 팔짱을 끼고 산책을 했다.

promenade
[pràmənéid]

→ Immanuel used to **promenade** at the same time every day.

이마누엘은 매일 같은 시간에 산보하곤 했다.

prowl
[praul]

→ Some measures are needed for scoundrels **prowling about** in the neighborhood.

동네를 어슬렁거리는 불량배들에 대한 조치가 필요하다.

ramble
[rǽmbəl]

→ My father always loves to **ramble** along a path through a forest.

나의 아버지는 언제나 숲속 오솔길을 만보하기를 좋아한다.

saunter
[sɔ́ːntər]재

→ She **saunters** with her dogs at least once a week without fail.

그녀는 반드시 적어도 일주일에 한번은 개들과 산책한다.

374

300 rest _ 쉬다, 잠자다

하던 일을 멈추고 몸을 편히 하거나, 활동을 멈추고 수면을 취하는
것을 말한다.

rest*** [rest]	➔ You should **rest** him **from** overwork even for a short period. 그를 과도한 업무에서 잠깐이라도 쉬게 해야한다.
sleep*** [sli:p]	➔ He can't **sleep** well at night ever since the accident happened. 그는 사고 이후 잠을 잘 못 잔다.
repose** [ripóuz]	➔ My patriot grandfather **reposes** at the national cemetery. 우국지사였던 나의 조부는 국립묘지에서 영면하고 계신다.
slumber** [slΛ́mbər]	➔ Vesuvius had **slumbered** for over a millennium. 베수비오 화산은 천년 이상 활동을 쉬고 있었다.
take a breath [teik breθ]	➔ The staff could **take a breath** as the acute situation calmed down. 급박한 사태가 진정되자 참모들은 한숨 돌릴 수 있었다.
take a break [teik ə breik]	➔ **Take a break**; you can't just keep working all the time. 좀 쉬어라. 계속 일만 할 수는 없는 거다.

stagger _ 비틀거리다

발을 헛디뎌 중심을 잃고 쓰러질 듯 걷는 것을 표현한다.

---

stagger[*]
[stǽgər]

→ He is definitely drunk judging from the fact that he keeps **staggering along**.

계속 비틀거리는 것으로 봐서 그는 확실히 취했다.

---

stumble[**]
[stʌ́mbəl]

→ The injured man **stumbled along** the street.

부상자가 거리에서 비틀거렸다.

---

reel
[riːl]

→ He always **reels** due to chronic excessive consumption of alcohol.

장기적으로 지나치게 음주를 하여 그는 항상 갈짓자 걸음으로 걷는다.

---

falter[*]
[fɔ́ːltər]

→ Her father helps her to her feet whenever she **falters**.

그녀가 넘어질 때는 언제나 그녀의 아버지가 일으켜 세워 준다.

---

totter
[tátər]재

→ The toddler **tottered** and threw herself into her mother's arm.

그 어린 아기는 아장아장 걸어가서 엄마에게 안겼다.

---

shamble
[ʃǽmbəl]재

→ It is a sign that there is something wrong with your dog if it **shambles**.

당신의 개가 휘청휘청 걷는 것은 문제가 있다는 신호이다.

당당하고 활기찬 걸음으로 크게 걷다.

---

stride··
[straid]

→ The depraved are **striding** a street without being held in check.

불한당들이 아무런 제지도 받지 않고 거리를 활보하고 있다.

---

swagger·
[swǽgər]

→ A video game tycoon **swaggered into** the banquet hall.

비디오 게임계의 거물은 거들먹거리며 연회장으로 들어 왔다.

---

strut·
[strʌt]

→ The actor usually **struts** in an extravagant designer suit.

그 배우는 보통 사치스러운 디자이너 수트를 입고 점잔빼며 걷는다.

---

stalk·
[stɔ:k]

→ The professor **stalked** out of the conference room.

그 교수는 젠체하며 회의실에서 나갔다.

A. Choose the synonym for the underlined word in the sentence.

1 In the western United States one can still find posts to which nineteenth-century cowboys <u>hitched</u> their horses.

   Ⓐ tied   Ⓑ led

   Ⓒ pulled   Ⓓ brought

2 The rose may grow as a low bush or as a tree, depending on how it is <u>pruned</u>.

   Ⓐ nourished   Ⓑ watered

   Ⓒ planted   Ⓓ trimmed

3 Amelia Earhart, an American flyer was the first woman to <u>fly</u> solo across the Atlantic Ocean.

   Ⓐ circle   Ⓑ step up

   Ⓒ aviate   Ⓓ clamber

4 Republican vice-presidential candidate Pollin's popularity has <u>plummeted</u>.

   Ⓐ upheaved   Ⓑ precipitated

   Ⓒ beat off   Ⓓ ceased

5 Students in the midterm examination period are <u>taking a break</u> from their study.

   Ⓐ resting   Ⓑ sleeping

   Ⓒ squatting   Ⓓ inhaling

6 I left the theater when three zombies <u>shambled</u> towards the main character.

   Ⓐ forsook   Ⓑ staggered

   Ⓒ cleared   Ⓓ leapt

B. Draw a line between a word and the matching meaning.

7   plunge

Ⓐ 산책하다

8   saunter

Ⓑ 아장아장 걷다

Ⓒ 휴식하다

9   prowl

Ⓓ 접견하다

10   repose

Ⓔ 어슬렁거리다

11   totter

Ⓕ 추락하다

C. Choose the most appropriate word in accordance with the context.

The hunter who was resolved to capture the legendary bear would 12. _____ in the forest hoping that he might meet it. Yet, it seemed like the shrewd animal kept 13. _____ a confrontation with its deadliest enemy. When he finally spotted it in a steep and isolated place in the deep woods, he realized that it was now a milking mother with young cubs. His spear and arrows were all ready to be 14. _____ at it but hesitation held back his hand. Then he 15. _____ small hunting gears to the knapsack and turned around shaking away 16. _____ regret.

Ⓐ flung   Ⓑ pursuing   Ⓒ averting

Ⓓ bound   Ⓔ prowl   Ⓕ hovering

303 race _ 뛰다

발을 움직여 빨리 달려가는 행동, 또는 그 자리에서 몸을
솟구치는 행동을 말한다.

---

race***
[reis]

→ The child being chased by a dog **raced** into the house.

개에게 쫓기는 아이는 집으로 질주했다.

---

jump***
[dʒʌmp]

→ There must be the missing link as the evolution suddenly **jumped**.

진화 과정이 갑자기 도약하였으니 분명히 잃어버린 고리가 있을 것이다.

---

leap**
[liːp]

→ The price of necessities of life has **leapt** overnight in the city.

그 도시의 생필품의 가격이 하룻밤 사이에 뛰었다.

---

romp*
[rɑmp]째

→ My loving mother constantly says, "Let kids **romp** and grow."

나의 인자한 어머니는 항상 "아이들이 뛰어놀며 자라게 하라"고 하신다.

---

frolic
[frάlik]째

→ Several juveniles were **frolicking** like children.

청소년 몇 명이 아이들처럼 장난치며 뛰놀고 있었다.
<<< frolic-frolicked-frolicked

304 collapse _ 넘어지다

사물이 몸의 균형을 잃고 쓰러짐, 혹은 어떤 일이 성공하지 못하고 중단됨을 의미한다.

collapse[**] [kəlǽps]	→ He **collapsed** from heat exhaustion in the middle of a parade. 그는 한창 행진하는 도중에 일사병으로 쓰러졌다.
tumble[**] [tʌ́mbl]	→ The student ended up **tumbling down** trying to make haste. 그 학생은 서두르려고 하다가 넘어지고 말았다.
fall over [fɔːl óuvər]	→ The standing audience **fell over** one another from being pushed from behind. 서 있던 관중들은 뒤로부터 밀려서 서로의 위로 넘어졌다.
trip up [trip ʌp]	→ The fisherman was **tripped up** by the net. 그 어부는 그물에 걸려 넘어졌다.
come down [kʌm daun]	→ To his regret, his big old oak **came down**. 애석하게도 크고 오래된 그의 떡갈나무는 잘려 넘어졌다.

305 witness _ 목격하다

시각을 통해 사물의 존재나 특징을 인식하다.

---

witness``
[wítnis]

→ He has been hiding since he **witnessed** the assassination.

그는 그 암살 사건을 목격한 이후 은신해 왔다.

---

observe``
[əbzə́:rv]

→ The class **observed** how the instructor experimented.

학급 학생들은 교사가 어떻게 실험을 하는지 주시했다.

---

watch```
[wɑtʃ]

→ He did nothing but **watch** the situation develop.

그는 상황이 진행되는 것을 지켜보기만 했을 뿐이다.

---

sight```
[sait]

→ A controller **sighted** an enemy plane in the territorial sky.

한 관제사가 영공에서 적기를 발견했다.

---

lay eyes on
[lei aiz ɔ:n]

→ The boy **laid eyes on** a robot toy without movement.

소년은 꼼짝하지 않고 로봇 장난감에 시선을 고정시켰다.

---

keep an eye on
[ki:p ən ai ɔ:n]

→ You don't distract a mother **keeping an eye on** her baby.

자기 아이에게 주의를 쏟고 있는 어머니를 정신 산만하게 하지 마라.

---

look through
[luk θru:]

→ On the first sight, I could **look through** his dark design.

나는 첫눈에 그의 간계를 간파할 수 있었다.

306 cast a look _ 일별하다

자세히 보거나 관찰하지 않고 한번 흘깃 보는 행동을 말한다.

---

cast a look
[kæst ə luk]

→ The champion **cast a look** at the winner of the semifinals.

우승자가 준우승자를 일별했다.

---

glance··
[glæns]

→ He at times **glanced at** a patient next to him.

그는 가끔 자기 옆의 환자를 흘끗 보았다.
<<< 의도적으로 시선을 던질 때 사용한다.

---

steal a glance at
[stiːl ə glæns æt]

→ The clerk **stole a glance at** the jewelry she was wearing.

점원은 그녀가 하고 있던 보석들을 슬쩍 보았다.

---

catch a glimpse
[kætʃ ə glimps]

→ I **caught a glimpse** of him and that was it.

나는 그를 얼핏 보았고, 그것이 마지막이었다.
<<< 저절로 잠깐 눈에 들어올 때 사용한다.

---

give a brief look at
[giv ə briːf luk æt]

→ He cherishes the illusion that she **gave a brief look at** him.

그는 그녀가 자신을 흘깃 보았다고 착각하고 있다.

307 smile _ 웃다

보통 즐거움이나 만족을 나타내는 표정을 나타내나, 때로 경멸
이나 불만의 표현이 되기도 한다.

smile***
[smail]

➡ Peter gently **smiled** when he was given the candy.

피터는 사탕을 받고 얌전히 웃음을 지었다.

laugh***
[læf]

➡ The girl student kept **laughing** foolishly remembering the joke.

여학생은 그 농담을 떠올리며 계속 바보처럼 웃었다.

grin**
[grín]

➡ The girl **grinned** with satisfaction at the raised allowance.

소녀는 용돈이 오르자 만족감으로 이를 드러내고 싱긋이 웃었다.

chuckle**
[tʃʌ́kl]젠

➡ He nastily **chuckled** when he saw his neighbor fall down.

그는 이웃이 넘어지는 것을 보고 야비하게 킬킬 웃었다.

giggle*
[gígəl]

➡ I didn't think there was anybody else but me before I heard them **giggling**.

그들이 낄낄거리며 웃는 걸 듣기 전까지 그곳에 누가 있는 줄 몰랐다.

308 cry _ 울다

슬픔이나 고통, 때로는 격한 기쁨으로 눈물을 흘리는 것을
표현한다.

cry[…] [krai]	➡ A customer of the bankrupt trust company **cried** as he complained. 파산한 신탁회사의 고객 한 명은 항의를 하며 울었다.
wail[…] [weil]	➡ Mothers of fallen soldiers are **wailing**. 전사자들의 어머니들이 울부짖고 있다.
weep[…] [wi:p]	➡ The producer **wept** upon seeing the bitter reviews of his play. 연출가는 자신의 공연에 대한 악평으로 눈물을 흘렸다.
sob[…] [sɑb]	➡ On disclosure of her lies, she started **sobbing**. 자신의 거짓말이 발각되자, 그녀는 흐느껴 울기 시작했다. <<< 「(바람, 파도가) 쏴쏴 소리내다」, 「(기관이) 쉭쉭 소리내다」
whimper[·] [hwímpər]	➡ I just watched the scolded child **whimper**. 나는 그저 그 야단맞은 아이가 훌쩍훌쩍 우는 것을 지켜만 보았다. <<< 「(어린아이 등이) 울먹이다」, 「(개 등이) 낑낑거리다」
blubber [blʌ́bər]	➡ Tom **blubbered** saying that he has been bullied. 탐은 괴롭힘을 당했다고 말하며 엉엉 울었다.

309 feed _ 먹다

음식 등을 입으로 씹어 삼키는 행동을 의미한다.

feed···
[fi:d]

→ Hyenas and condors **feed on** the carcasses of other animals.

하이에나와 콘도르 독수리는 다른 동물의 시체를 먹고 산다.

consume··
[kənsú:m]

→ The hungry refugees **consumed** the rice and asked for more.

굶주린 난민들은 쌀을 다 먹어버리고 더 달라고 했다.

prey··
[prei]짜

→ Raptorial birds **prey on** little animals.

맹금류의 새들은 작은 짐승들을 잡아먹는다.

<<< 「착취하다」, 「(걱정, 근심 등이) 괴롭히다」

graze··
[greiz]

→ A herd of cattle is **grazing** in the pasture.

소떼가 목초지에서 풀을 뜯어먹고 있다.

nibble·
[níbəl]

→ The boy likes to watch his hamsters **nibble at** the fodder.

소년은 자기 햄스터들이 사료를 조금씩 갉아먹는 걸 즐겨 본다.

gnaw·
[nɔ:]

→ We didn't know a mouse **gnawed** on the foot of an antique table.

우리는 쥐가 골동품 테이블의 다리를 갉아먹은 것을 몰랐다.

masticate
[mǽstəkèit]타

→ You should always **masticate** your food thoroughly.

음식은 항상 꼭꼭 씹어 먹어야 한다.

310 gorge _ 게걸스럽게 먹다

몹시 욕심스럽고 급하게 먹는 모양을 표현하는 단어들이다.

gorge
[gɔːrdʒ]

→ The boy **gorged on** the food like he has never eaten.

그 소년은 평생 굶은 것처럼 음식을 게걸스럽게 먹었다.

wolf
[wulf]

→ He **wolfed down** breakfast in a hurry.

그는 서둘러서 아침을 마구 먹었다.

<<< 자로는 「늑대 사냥을 하다」의 의미이다.

devour
[diváuər]

→ The sly panther sneaked into a farm and **devoured** a calf.

그 영악한 표범은 농가로 침입해 송아지를 게걸스레 먹었다.

bolt
[boult]

→ A rattlesnake is **bolting down** a rat.

방울뱀이 쥐를 통째로 삼키고 있다.

munch
[mʌntʃ]

→ The horses were **munching** their fodder in the foul stable.

악취나는 마굿간에서 말들이 꼴을 우적우적 씹어 먹고 있었다.

gobble
[gábəl]

→ She has **gobbled up** the leftover pudding.

그녀는 남은 푸딩을 게걸스럽게 먹었다.

<<< 「게걸스레 삼키다」, 「탐독하다」

311 drink _ 마시다

물이나 술 등의 음료를 입을 통해 들이키는 것을 의미한다.

drink•••
[driŋk]

→ She freely ate and **drank** at the party.

그녀는 그 파티에서 마음껏 먹고 마셨다.

have•••
[hæv]

→ "Please **have** some camomile tea," she said gently.

"카밀레 차 좀 드세요"라고 그녀는 부드럽게 말했다.

take•••
[teik]

→ He always **takes** double shot espresso.

그는 항상 에스프레소를 더블 샷으로 마신다.

sip••
[sip]

→ The prudish girl **sipped** a cup of black tea.

얌전빼는 소녀는 홍차를 찔끔찔끔 마셨다.

swallow••
[swɑ́lou]

→ I could hear him **swallow** his saliva.

나는 그가 침을 꿀떡 삼키는 소리를 들을 수 있었다.

<<< 「(이익, 수익 등을)다 써버리다」, 「(모욕 등을)감내하다」, 「(말을)취소하다」

gulp•
[gʌlp]

→ A drunkard **gulped down** half a bottle of brandy in an instant.

술고래가 브랜디 반병을 순식간에 꿀꺽꿀꺽 마셨다.

312 secrete _ 분비하다, 배출하다

원래 있던 물질을 밖으로 밀어내서 어떤 공간을 비우다.

---

secrete
[sikríːt]哥

→ Hormones are more actively **secreted** during adolescence.

청소년기에는 호르몬이 더 활발히 분비된다.

---

exhaust*
[igzɔ́ːst]哥

→ Plants **exhaust** carbon dioxide at night.

식물은 밤에는 이산화탄소를 배출한다.

<<< 공기, 가스 등에 대해 사용한다.

---

discharge··
[distʃáːrdʒ]

→ The garbage is **discharged** on Tuesday.

쓰레기는 화요일에 배출된다.

---

eliminate
[ilímənèit]哥

→ The gas has been finally **eliminated from** the patient's intestines.

환자가 드디어 장에서 가스를 배출했다.

---

evacuate*
[ivǽkjuèit]

→ You should **evacuate** your bowels before a comprehensive medical testing.

종합검진 전에는 장을 비워야 한다.

---

transpire
[trǽnspáiər]

→ This aromatic **transpires** a fresh fragrance.

이 방향제는 상쾌한 향기를 발산한다.

---

excrete
[ikskríːt]哥

→ My veterinarian says dogs **excrete** liquid secretions from their anal sac.

수의사가 말하길, 개는 항문낭에서 항문낭 액을 분비한다고 한다.

A. Choose the synonym for the underlined word in the sentence.

1 The grasshopper is an insect that can <u>leap</u> about twenty times the length of its own body.

   Ⓐ roll   Ⓑ jump

   Ⓒ lie down   Ⓓ pedestrianize

2 The cougar has been <u>observed</u> in every Canadian province except Newfoundland and Prince Edward Island.

   Ⓐ tamed   Ⓑ sighted

   Ⓒ studied   Ⓓ trapped

3 The <u>weeping</u> child hid in the closet not to be seen.

   Ⓐ twitting   Ⓑ warning

   Ⓒ whipping   Ⓓ crying

4 A female mantis does not hesitate to <u>devour</u> her mate if she is hungry.

   Ⓐ hurt   Ⓑ fight

   Ⓒ consume   Ⓓ ignore

5 She <u>sips</u> her drinks slowly while he gulps them down.

   Ⓐ pours   Ⓑ boils

   Ⓒ drinks   Ⓓ obtains

6 Some sort of cell is known to <u>secrete</u> bile acids.

   Ⓐ expiate   Ⓑ extirpate

   Ⓒ execrate   Ⓓ excrete

B. **Draw a line between a word and the matching meaning.**

7	romp		Ⓐ 발산하다
8	blubber		Ⓑ 엉엉 울다
			Ⓒ 게걸스럽게 먹다
9	masticate		Ⓓ 씹어 먹다
10	gobble		Ⓔ 속죄하다
11	transpire		Ⓕ 뛰어 놀다

C. **Choose the most appropriate word in accordance with the context.**

Francis 12. _____ his cat, tailgated by a neighbor's
Rottweiler, rush in and 13. _____ on the kitchen
table. He 14. _____ around to find something to
thwart away the dangerous creature. He tried to spring on it
after grabbing the nearest cooking utensil but 15. _____
a rolling pin on the floor within a few steps. That's when he
heard the owner of the beast 16. _____ nastily.

| Ⓐ plot | Ⓑ tripped on | Ⓒ jump |
| Ⓓ chuckle | Ⓔ witnessed | Ⓕ glanced |

313 hail _ 소리치다

크게 고함을 질러 감정을 표현하거나 주의를 끄는 행동을 말한다.

---

hail^{**}
[heil]

→ Some latecomers are **hailing** to the ship.

일부 늦게 온 사람들이 배에 소리를 지르고 있다.

<<< 団 「환호하며 맞이하다」

---

bellow[*]
[bélou]

→ They **bellowed** out a drinking song.

그들은 주연의 노래를 큰 소리로 불렀다.

<<< 「노호하다」, 「(대포, 천둥 등이) 크게 울리다」

---

yelp[*]
[jelp]

→ A burnt victim kept **yelping** all night long.

화상 환자는 밤새도록 비명을 질렀다.

<<< 「(개가) 깽깽 울다」, 「(사람이) 쇳된 소리를 지르다」

---

cry out
[krai aut]

→ A sentry **cried out** at dawn, "Enemies!"

보초병이 새벽에 "적군이다!"라고 크게 외쳤다.

---

raise a hue and cry
[reiz ə hju: n krai]

→ The child **raised a hue and cry** witnessing a crime.

아이는 범죄를 목격하고 크게 소리를 질렀다.

pen _ 쓰다

생각이나 의견의 전달, 혹은 사실의 기록을 위해 문자를 이용해
적어두다.

---

pen***
[pen]타

→ The best-selling author is now **penning** a
nonfiction.

그 베스트셀러의 작가는 현재 논픽션을 쓰고 있다.

---

compose**
[kəmpóuz]

→ This essay was **composed** by a schoolboy.

이 에세이는 남자 초등학생이 작문했다.

<<< 【미술】「구도하다」, 【인쇄】「(활자를) 짜다」, 「조판하다」

---

write***
[rait]

→ Nobody could understand what he **wrote**.

아무도 그가 쓴 것을 이해할 수 없었다.

---

note***
[nout]

→ He has **noted** down what the president said.

그는 사장이 한 말을 적어두었다.

---

scribble*
[skríbəl]

→ A bank clerk handed me a note with 'HELP
US' **scribbled** on it.

은행 직원은 내게 '도와주세요' 라고 급하게 갈겨쓴 쪽지를 건네주었다.

---

scrawl*
[skrɔːl]

→ The professor **scrawled** formulas on the
whiteboard.

교수는 플라스틱 칠판 위에 수학공식들을 갈겨썼다.

---

put down
[put daun]

→ He brazenly **put down** his own name as a
recommended candidate.

그는 뻔뻔스럽게 추천후보로 자기 이름을 써넣었다.

engage _ 종사하다

어떤 사업이나 일에 시간과 노력을 기울이고 있음을 의미한다.

engage** [engéidʒ]	➡ She **engages** herself in English teaching. 그녀는 영어를 가르치는 일에 종사한다. <<< engage oneself in 「~에 종사하다」, 「참여하다」
practice*** [prǽktis]	➡ My father used to **practice** medicine. 나의 아버지는 개원의셨다. <<< 「(의사, 변호사 등이) 개업하다」, 「(의술, 법률 관계의 일을) 업으로 하다」
attend*** [əténd]	➡ My fiance **attends to** the floricultural industry. 내 약혼자는 화훼산업에 종사하고 있다.
pursue** [pərsú:]	➡ My brother has decided to **pursue** a career in medicine. 내 남자형제는 의료계의 직업에 종사하기로 결심했다.
indulge** [indʌ́ldʒ]	➡ She has been **indulging in** medical research all her life. 그녀는 평생 동안 의학 연구에 종사해 왔다.
employ* [emplɔ́i]타	➡ She **employs** herself by composing music. 그녀는 음악을 작곡하는 일을 하고 있다.
carry on [kǽri ɔ:n]	➡ His family **carries on** a funeral parlor. 그의 가족은 장례식장을 운영한다.

316 quit _ 사직하다, 은퇴하다

자신의 직업이나 지위에서 물러나 그 분야에서의 활동을 그치는 것을 말한다.

quit˚˚
[kwit]

→ One day he just **quit** his job and went to the competitor.

그는 어느 날 사직하고 경쟁업체로 가버렸다.

withdraw˚˚
[wiðdrɔ́:]

→ He declared that he would **withdraw from** management.

그는 경영에서 물러나겠다고 공언했다.

recede˚
[ri:sí:d]째

→ The representative director **receded from** the board of directors.

그 대표 이사는 이사회에서 물러났다.

retire˚˚
[ritáiər]

→ Hilda **retired from** politics for good and left for the country.

힐다는 정계에서 영영 은퇴하고 낙향했다.

resign˚˚
[rizáin]

→ The minster is scheduled to **resign from** the Cabinet.

그 장관은 내각에서 사임할 예정이다.

subsist _ 존속하다

현재 생명 활동을 하고 있거나, 다른 사람들보다 오래 살거나,
어떤 어려움으로부터 살아남음을 표현한다.

subsist*
[səbsíst]

→ Dinosaurs don't **subsist on** the earth anymore.

공룡은 더 이상 지구에 존속하지 않는다.

<<< 【철학】「(자기 자신에 의한)존재를 가지다」, 「자존하다」

outlive*
[àutlív]타

→ She has **outlived** her two husbands and children.

그녀는 두 명의 남편과 자식들을 앞세웠다.

survive••
[sərváiv]

→ His wife **survived** him with a long term ailment.

그의 아내는 장기간의 병을 갖고도 그보다 오래 살았다.

exist*
[igzíst]자

→ Every single living creature struggles to **exist**.

살아 있는 모든 피조물은 생존하기 위해 분투한다.

outlast
[àutlǽst]타

→ A marine turtle **outlasts** human beings.

바다거북은 사람보다 오래 산다.

<<< 「~보다 오래 가다」, 「~보다 오래 계속하다」

remain alive after
[riméin əláiv ǽftər]

→ Only ten of the crew **remained alive after** the shipwreck.

난파 이후 오직 열 명의 선원들만 살아남았다.

생명이 다하여 더 이상 존재하거나 활동하지 않게 되다.

die***
[dai]

➡ The veteran colonel **died of** old age and it was a peaceful death.

퇴역한 대령은 노령으로 평화롭게 죽었다.

starve**
[stɑːrv]

➡ Many a man **starved** in the Great Famine of the 1840's.

1840년대의 아일랜드 감자 기근 때 많은 사람이 굶어 죽었다.

expire*
[ikspáiər]

➡ The feudal lord **expired** without leaving a will.

영주는 유언을 남기지 않고 숨을 거두었다.

<<< 【문어】「죽다」, 「(등불 등이) 꺼지다」

pass away
[pæs əwéi]

➡ He **passed away** on April 5, 1994 at the age of 27 leaving behind his daughter.

그는 딸을 남기고 1994년 4월 5일 27살의 나이로 죽었다.

be famished to death
[bi: fǽmiʃid tu: deθ]

➡ Haitians **are famished to death** eating mud cookies.

아이티 사람들은 진흙 쿠키를 먹으며 굶어 죽어가고 있다.

join the majority
[dʒɔin ðə məʤɔ́(:)rəti]

➡ He came to **join the majority** due to leukemia.

그는 백혈병으로 인해 망자들과 합류하게 되었다.

본래의 성분에 더 가까워지도록 불순물이나 오염물을 없애고
깨끗이 하다.

clean[***]
[kliːn]

→ It is necessary to **clean up** the corrupt political circles.

부패한 정치계를 정화해야 한다.

cleanse[*]
[klenz]

→ The doctor **cleansed** a patient's wound and bandaged it.

의사는 환자의 상처를 청결하게 하고 밴드를 감았다.

purge[**]
[pəːrdʒ]

→ He **purged** himself before he went into a fast.

그는 단식에 들어가기에 앞서 스스로를 깨끗이 했다.

<<< 【법률】「(죄를) 보상하다」, 「(형기를) 마치다」

purify[*]
[pjúərəfài][타]

→ For the process, the raw material should be **purified** first.

공정을 진행하기 위해서는 먼저 원료를 정화해야 한다.

refine[*]
[rifáin]

→ He works at a mill where they **refine** salt.

그는 소금을 정제하는 공장에서 일한다.

clarify[*]
[klǽrəfài]

→ Workers at waterworks **clarify** and fluoridate water for public use.

상수도에서는 공공용수를 정화하고 불소처리를 한다.

decontaminate
[dìːkəntǽmənèit][타]

→ Thousands of volunteers have gathered to **decontaminate** the shore.

수천 명의 자원봉사자들이 해안의 오염을 제거하러 모였다.

320 spoil _ 오염시키다

음식물이나 환경뿐만 아니라, 사회, 분위기 등을 더럽게 만드는
행위를 말한다.

---

spoil··
[spɔil]

→ An inordinate amount of food waste **spoils** the soil.

과도한 음식쓰레기는 토양을 오염시킨다.

---

dirty···
[də́ːrti]

→ The great author completely **dirtied** his hand by plagiarism.

대문호는 표절로 완전히 명예를 더럽혔다.

---

pollute·
[pəlúːt]圈

→ The dye factory by the river **pollutes** water with chemicals.

강가의 염색약 공장은 강물을 화학 물질로 오염시킨다.

---

litter·
[lítər]

→ The mischievous children **littered** the garden with cans and bottles.

장난꾸러기 아이들은 깡통과 병으로 정원을 어질렀다.

---

contaminate
[kəntǽmənèit]圈

→ The infamous oil spill severely **contaminated** the sea.

그 악명 높은 기름 유출 사고가 바다를 심각하게 오염시켰다.

---

adulterate
[ədʌ́ltərèit]圈

→ He **adulterated** the flour by putting chalk in it.

그는 분필가루를 넣어서 밀가루의 질을 떨어뜨렸다.

<<< 「(식품, 약 등에) 섞음질하다」

321 check _ 검사하다

어떤 대상의 구명을 목표로 자세히 살피고 조사하다.

---

check···
[tʃek]

→ A gas-meter reader **checked on** a possible gas leak.

가스 검침원은 가스가 새는지 검사했다.

---

search··
[səːrtʃ]

→ She has been **searching for** the key for hours.

그녀는 몇 시간째 열쇠를 찾고 있다.

---

scan·
[skæn]

→ The prosecution **scanned** the company's chief executives.

검찰은 그 기업 수뇌부를 자세히 조사했다.

---

probe·
[proub]

→ The unmanned spacecraft will **probe** mars.

그 무인 우주선은 화성을 탐사할 것이다.

<<< 「탐침으로 검사하다」, 「엄밀히 조사하다」

---

look for
[luk fɔːr]

→ He is **looking for** excuses to pass his work.

그는 업무를 떠넘길 핑계를 찾고 있다.

---

quest··
[kwest]

→ The hound has been **questing about for** the rabbit's scent for hours.

사냥개가 몇 시간째 토끼의 냄새를 추적해 찾고 있다.

---

grope·
[group]

→ I **groped about for** the light switch in the dark.

나는 어둠 속을 더듬어 스위치를 찾았다.

<<< 「암중모색하다」, (비밀 등을)「캐다」, 「찾다」

---

322 spot _ 알아내다

관찰, 탐색, 연구 등을 통해 아직 밝혀지지 않은 것을 찾아냄을
뜻한다.

spot··
[spɑt]

→ She couldn't **spot** the perpetrator among the suspects.

그녀는 용의자들 중에서 가해자를 알아내지 못했다.

discover···
[diskʌ́vər]

→ Maria **discovered** a new chemical hydrator.

마리아는 새로운 화학원소를 발견하였다.

<<< 「깨닫다」, 「알다」, 「(~의 존재를) 알아채다」

detect··
[ditékt]

→ I examined the equipment and **detected** a major defect.

나는 장비를 검토하여 중요한 결점을 발견했다.

unearth
[ʌnə́ːrθ]타

→ He **unearthed** substantial evidence relating to the lawsuit.

그는 그 재판에 관련한 중요한 증거들을 밝혀냈다.

come by
[kʌm bai]

→ My husband **came by** an antique document.

남편이 우연히 고문서를 손에 넣었다.

find out
[faind aut]

→ The professor has **found out** a new method for an integrated study.

그 교수는 통합 학습을 위한 새로운 방법을 찾아냈다.

A. **Choose the synonym for the underlined word in the sentence.**

1 By <u>carrying on</u> trade, the international business community exchanges ideas that influence world opinion.

   Ⓐ seeking   Ⓑ indulging in

   Ⓒ requesting   Ⓓ counting on

2 Two independent directors of the board members have <u>resigned</u> from the board at the request of the company.

   Ⓐ rewound   Ⓑ receded

   Ⓒ rewarded   Ⓓ resumed

3 He was the only person in his family who <u>outlasted</u> the earthquake.

   Ⓐ survived   Ⓑ encountered

   Ⓒ suffered   Ⓓ misunderstood

4 There is a belief that pig blood could help you <u>purge</u> intestines and relax bowels.

   Ⓐ clot   Ⓑ close

   Ⓒ clean   Ⓓ count

5 The Department of Resources notified the town council that the water supply was <u>polluted</u>.

   Ⓐ diluted   Ⓑ cremated

   Ⓒ contaminated   Ⓓ intoxicated

6 The oldest preserved manuscripts are those written on papyrus, which were <u>found</u> on Egyptian tombs.

   Ⓐ sought   Ⓑ unearthed

   Ⓒ hidden   Ⓓ protected

B. Draw a line between a word and the matching meaning.

7   expire

8   decontaminate

9   adulterate

10 probe

11 detect

Ⓐ 질을 저하시키다

Ⓑ 해고시키다

Ⓒ 정화하다

Ⓓ 탐사하다

Ⓔ 발견하다

Ⓕ 숨을 거두다

C. Choose the most appropriate word in accordance with the context.

As Guy was 12. _____ a new horror novel, there was a sudden 13. _____ outside his door. It sounded like an animal's last moment but the terrible scream was heard over and over again. He didn't wish to open the door. He made excuses about being 14. _____ in his writing. But the truth is he didn't want to see the remains of a life that has just 15. _____ . As he opened the door he 16. _____ a strange little boy mimicking the animal cry.

Ⓐ discovered   Ⓑ yelping   Ⓒ receiving

Ⓓ engaged   Ⓔ passed away   Ⓕ penning

323 wander _ 길을 잃다

목적지나 방향을 잊거나 분간하지 못하고 헤매다.

wander
[wɑ́ndər]

→ The child **wandered away** chasing after a cat.

그 아이는 고양이를 쫓다가 길을 잃었다.

<<< 「(옆으로) 빗나가다」, 「(이야기 등이) 옆길로 새다」, 「탈선하다」

stray
[strei]짜

→ The spotty sheep **strayed from** the flock.

얼룩무늬 양은 무리에서 벗어나 길을 잃었다.

<<< 「(생각, 논의 등이) ~에서 벗어나다」, 「타락하다」

go astray
[gou əstréi]

→ Marathon runners **went astray** by the escort's mistake.

마라톤 선수들은 호송자들의 실수로 길을 잃었다.

get lost
[get lɔ(:)st]

→ Driving without GPS caused us to **get lost**.

우리는 GPS 없이 운전하다가 길을 잃었다.

324 float _ 표류하다

사물이 목적지 없이 물위에 흔들리며 떠도는 상태를 말한다.

float^{**} [flout]	→ Empty life buoys **floated up on** the river after the pleasure boat wreck. 유람선 사고 이후 빈 구명부표들이 강물 위로 표류했다.
drift^{**} [drift]	→ He helplessly **drifted** on a boundless ocean. 그는 끝없는 바다를 속수무책으로 표류했다.
go adrift [gou ədríft]	→ A seminar, attended only by students, always **goes adrift**. 학생들끼리의 세미나는 항상 주제에서 벗어나 진행된다.
move aimlessly [muːv éimlisli]	→ You may as well wait and see for a while when stocks are **moving aimlessly**. 주식시장이 뭉그적거릴 때에는 형세를 관망하는 것도 좋다.

enclose _ 둘러싸다

어떤 대상을 에워싸거나 포위하고 있는 것을 표현하는 단어들
이다. 이중 envelop와 besiege는 군사용어로 사용된다.

---

enclose[**]
[enklóuz]^타

→ The country is **enclosed by** powerful enemies.

그 나라는 강력한 적들에 둘러싸여 있다.

---

encompass
[inkʌ́mpəs]^타

→ The cautious lord wished to have the castle **encompassed** by a wall.

신중한 그 영주는 성을 벽으로 에워싸기를 바랐다.

---

surround[**]
[səráund]^타

→ A pack of wolves has **surrounded** an astray climber.

늑대 한 떼가 길 잃은 등산객을 둘러쌌다.

---

envelop
[envéləp]^타

→ The attempt to **envelop** an enemy's outpost has largely fallen.

적의 전진기지를 포위하려는 시도는 크게 실패했다.

---

hem[*]
[hem]^타

→ Four war vessels **hemmed in** the hijacked nuclear ship.

네 척의 전함이 탈취된 원자력선을 포위했다.

---

besiege[*]
[bisíːd]^타

→ We are going to **besiege** the fortification.

우리는 그 요새를 포위 공격할 것이다.

<<< 「(요구, 문제 등으로) 괴롭히다」, 「(군중이) 몰려들다」

---

beleaguer
[bilíːgər]

→ The city got **beleaguered** by the enemy while a riot arose.

폭동이 일어난 사이 도시가 적으로부터 포위 공격을 당했다.

일정한 장소나 위치에 자리를 차지함을 의미한다.

□ **situate**"
[sítʃuèit]타

→ The city **is situated by** a big river.
도시는 큰 강가에 위치하고 있다.
<<< 「~를 (어떤 장소, 처지에) 놓다」, 「~의 위치를 정하다」

□ **set**"""
[set]

→ The cemetery **is set on** over the cypress hill.
공동묘지는 사이프러스 언덕 너머 있다.

□ **lie**"""
[lai]자

→ Chicago **lies** west of Detroit.
시카고는 디트로이트의 서쪽에 있다.

□ **locate**"
[loukéit]

→ She hated **locating** her office **in** the outskirts of the city.
그녀는 사무실을 도시 변두리에 차리고 싶지 않았다.

□ **station**"
[stéiʃən]타

→ My son has **been stationed at** Capital Defense Command.
나의 아들은 수도방위 사령부에 배치되었다.

□ **post**"
[poust]타

→ They decided to **post** him **at** an abroad dispatched office.
회사에서는 그를 해외출장소에 파견하기로 결정했다.

□ **perch**
[pəːrtʃ]

→ A plumpy cat peacefully **perched itself on** the owner's laps.
통통한 고양이가 주인의 무릎 위에 태평스럽게 자리를 잡았다.

snatch _ 빼앗다

보통 타인의 것을 완력이나 교묘한 수단을 이용하여 자기 것
으로 삼음을 말한다.

snatch··
[snætʃ]

→ She **snatched** a vial **from** her son's hand.

그녀는 아들의 손에서 약병을 잡아채 빼앗았다.

strip··
[strip]

→ He **stripped** the huge fortunes **of** his ex-wife.

그는 전부인에게서 막대한 재산을 빼앗았다.

take···
[teik]

→ They have **taken** a nuclear warhead in transit **from** the military.

그들은 수송 중인 핵무기를 군으로부터 탈취했다.

deprive··
[dipráiv]㉕

→ The act **deprived** smokers **of** the right to smoke freely.

그 법령은 애연가들에게서 자유롭게 흡연할 권리를 박탈했다.

rob··
[rɑb]

→ The robber got caught **robbing** a passerby of money on the street.

그 강도는 길에서 행인의 돈을 강탈하다가 잡혔다.

usurp·
[juːsə́rp]

→ The traitress **usurped** the right of succession and throned herself.

반역자는 왕자의 왕위계승권을 찬탈하고 스스로 여왕이 되었다.

328 plunder _ 약탈하다

다른 사람의 소유물을 정당한 권리나 허락 없이 몰래 가져가는
것을 의미한다.

---

plunder°
[plʌ́ndər]

➡ The barbaric aggressors **plundered** us in a haphazard fashion.

야만스런 침략자들은 되는 대로 우리를 약탈했다.

---

raid°
[reid]

➡ The police are planning to **raid on** illegal gambling.

경찰은 불법도박단을 급습할 계획이다.

---

pilfer
[pílfər]

➡ The boy habitually **pilfers** school supplies.

소년은 습관적으로 학용품을 좀도둑질한다.

<<< 「조금씩 슬쩍하다」, 「훔치다」

---

mug°
[mʌg]

➡ He reported he has been **mugged** in the alley.

그는 골목에서 강도를 당했다고 신고했다.

<<< 「(강도가) 뒤에서 공격하다」

---

burgle
[bə́:rgəl]

➡ Somebody has **burgled** my house during my vacation.

내가 휴가를 가 있는 동안 누군가 내 집에 불법 침입했다.

---

hold up
[hould ʌp]

➡ The group of robbers schemed to **hold up** the passenger train.

그 강도단은 여객열차를 강탈할 계획을 세웠다.

---

perpetrate a theft
[pə́:rpətrèit ə θeft]

➡ The sneak has never **perpetrated** a theft before.

그 좀도둑은 전에는 한번도 절도를 저지른 적이 없었다.

409

329 exert _ 노력하다

어떤 목적을 위해 진력을 다하여 애쓰고 시도하다.

---

exert``**
[igzə́:rt]타

→ The negotiator is **exerting herself** to bring the hostage out safe and free.

협상가는 인질을 구해내기 위해 노력하고 있다.

---

strive``**
[straiv]자

→ I **strove for** a doctoral degree in archaeology.

나는 고고학 박사 학위를 따기 위해 노력했다.

<<< strive-strove-striven

---

struggle``**
[strʌ́gəl]

→ The girl from Kansas **struggled** to be a star in California.

캔자스 출신의 소녀는 캘리포니아에서 스타가 되기 위해 몸부림쳤다.

---

toil``**
[tɔil]

→ He **toiled and moiled** to set up a business out of nothing.

그는 맨손으로 기업을 일으키기 위해 악착같이 일했다.

---

endeavor``**
[endévər]

→ She is **endeavoring** to finish her work within the deadline.

그녀는 기한 안에 일을 다 마치기 위해 노력하고 있다.

---

try```**
[trai]

→ He was heartbroken to see his son **trying** too hard to satisfy him.

그는 아들이 자신을 만족시키려 너무 애쓰는 것을 보고 가슴이 아팠다.

---

make an effort
[meik ən éfərt]

→ Nobody admitted that he had **made an effort** for the project.

그 사업을 위해 그가 노력했다는 것을 아무도 인정하지 않았다.

330 yield _ 포기하다

원래 가지고 있던 권리, 직무, 계획, 희망 등을 버리거나
내던지는 것을 말한다.

yield˚˚
[ji:ld]

→ The inventor **yielded up** the nonsensical plan.

발명가는 그 황당무계한 계획을 포기했다.

abandon
[əbǽndən]

→ The alcoholic father **abandoned** the parental rights of his son.

알코올 중독인 아버지는 아들의 부권을 포기했다.

surrender˚˚
[səréndər]

→ The political offender wouldn't **surrender** his hope for escape.

그 정치범은 탈출의 희망을 포기하지 않았다.

give up
[giv ʌp]

→ They had to **give up** their vacation and work overtime.

그들은 휴가를 포기하고 초과 근무를 해야 했다.

relinquish˚
[rilíŋkwiʃ]៉

→ Do you think he will **relinquish** his seat in the Senate?

그가 상원 의원직을 포기할 것이라고 생각하는가?

331 gleam _ 깜빡이다

불빛이 켜지고 꺼지는 것을 반복하거나, 시야에서 보이다가
사라지는 것을 반복할 때 사용한다.

gleam··
[gliːm]짜

→ The light from the lighthouse was **gleaming** far away.

멀리서 등대의 빛이 깜빡이고 있었다.

twinkle·
[twíŋkəl]짜

→ The eyes of an animal are **twinkling** in the dark.

어둠 속에서 짐승의 두 눈이 반짝반짝 빛나고 있다.

glimmer·
[glímər]짜

→ There is a candlelight **glimmering** in the darkened room.

어두워진 방안에 촛불이 깜빡이고 있다.

flicker·
[flíkər]

→ The stocks have bottomed out but there is still a **flickering** hope.

주식이 바닥을 쳤지만 여전히 희망이 깜빡이고 있다.

blink·
[bliŋk]

→ The border guards have informed them of the emergency by **blinking** a beacon.

국경수비대는 봉화를 명멸시켜 비상사태를 알렸다.

332 extinguish _ 진화하다

불이 타는 것을 멈추게 하거나 빛이 반짝이는 것을 없애다.

---

extinguish
[ikstíŋgwiʃ]타

→ The uprising is **extinguished** by the army.
반란은 군에 의해 진화되었다.

---

switch
[switʃ]

→ The janitor has **switched off** the whole building.
경비가 건물 전체의 전원을 꺼버렸다.

---

put out
[put aut]

→ The startled boy poured water to **put out** the fire on the hay.
놀란 그 소년은 건초에 붙은 불을 끄려고 물을 부었다.

---

quench
[kwéntʃ]

→ The fire of the hearth slowly **quenches**.
벽난로의 불이 서서히 꺼져간다.
<<< 【물리】「(발광, 방전을)소멸시키다」

---

turn off
[təːrn ɔːf]

→ He often forgets to **turn off** the light before he leaves the office.
그는 종종 사무실을 나가기 전에 불을 끄는 것을 잊는다.

---

blow out
[blou aut]

→ She **blew out** the lamplight hearing footsteps.
그녀는 발자국 소리가 들리자 등불을 껐다.

---

snuff
[snʌf]

→ Cut the candlewick or just **snuff out** the candle.
초의 심지를 자르든지, 아예 초를 꺼버려라.

A. Choose the synonym for the underlined word in the sentence.

1 Some of the sheep have <u>wandered away</u> while the shepherd boy took a nap under the oak tree.
  - Ⓐ are grimy
  - Ⓑ are lost
  - Ⓒ are crying
  - Ⓓ are grazing

2 The design of the great seal of the United States consists of the national coat of arms <u>enclosed</u> by two concentric rings.
  - Ⓐ highlighted
  - Ⓑ indented
  - Ⓒ intertwined
  - Ⓓ surrounded

3 The ancient Greek temple was <u>perched</u> on top of Athens' highest hill.
  - Ⓐ draw
  - Ⓑ seen
  - Ⓒ decided
  - Ⓓ located

4 The old lady was <u>mugged</u> by the two young rascals when she was taking a walk in the park last week.
  - Ⓐ beaten
  - Ⓑ punished
  - Ⓒ bullied
  - Ⓓ robbed

5 The car ahead <u>blinked</u> the taillights to inform that there was something on the road.
  - Ⓐ rubbed
  - Ⓑ flickered
  - Ⓒ shaded
  - Ⓓ opened

6 He is a vindictive sort of brute and won't <u>give up</u> a chance to spite an enemy.
  - Ⓐ distinguish
  - Ⓑ escape
  - Ⓒ relinquish
  - Ⓓ fail

B. Draw a line between a word and the matching meaning.

7 besiege   Ⓐ 강도질하다

8 burgle   Ⓑ 포위하다

                  Ⓒ 포기하다

9 exert   Ⓓ 노력하다

10 surrender   Ⓔ 진화하다

11 quench   Ⓕ 기약하다

C. Choose the most appropriate word for the blank.

12 The dog catcher has picked up a dog that is _____ with no collar.

13 The test site region _____ a ten square mile area.

14 The crown prince is intriguing with foreign forces against his father king to _____ the throne.

15 The eldest of the Bransons' always _____ to live up to his family's expectations of him.

16 He was ready to _____ his place even though he had been advised not to do so.

| Ⓐ encompassed | Ⓑ strives | Ⓒ strikes | Ⓓ use |
| Ⓔ usurp | Ⓕ yield | Ⓖ yell | Ⓗ straying |

Take a Break 03

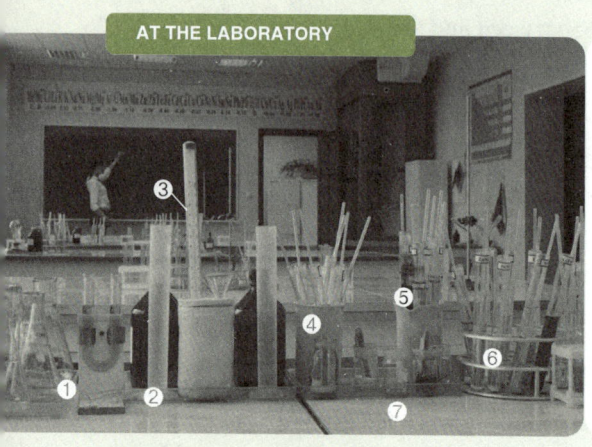

1 **Erlenmeyer flask** 삼각플라스크

2 **cylinder** 실린더

3 **thermometer** 온도계
  pyrometer 고온계

4 **beaker** 비커

5 **test tube** 시험관

6 **test tube support**
  시험관 받침대

7 **testing bench** 실험대
  experimentstand

WORDS & EXPRESSIONS

compound 화합물

inorganic compound 무기화합물

mixture 혼합물

constitutional formula 구조식

catalyst 촉매

equilibrium 평형

combination 화합

saturation 포화

extraction 추출

distillation 증류

dehydration 탈수

condensation reaction 축합반응

solvent 용제, 용매

solution 용액

solubility 용해도

flash point 인화점

critical point 임계점

reduction 환원

covalent bond 공유결합

melting, fusion 융해

hydrolysis 가수분해

reversible reaction 가역반응

evaporation, vaporization 증발

exothermic reaction 발열반응

embark on an experiment 실험에 착수하다

carry out [conduct, do, perform, run] an experiment on ～에 대해 실험을 실시하다